KB212009

Four Gospels, One Jesus?

복음서와 만나다

예수를 그린 네 편의 초상화

이 도서의 국립중앙도서관 출판시도서목록(CIP)은
서지정보유통지원시스템 홈페이지(http://seoji.nl.go.kr)와
국가자료공동목록시스템(http://www.nl.go.kr/kolisnet)에서
이용하실 수 있습니다. (CIP제어번호 : CIP2017001613)

FOUR GOSPELS, ONE JESUS? : A SYMBOLIC READING

복음서와 만나다

예수를 그린 네 편의 초상화

리처드 A. 버릿지 지음 · 손승우 옮김

| 차례 |

서문

초판 서문   / 11

개정판 서문   / 17

SPCK 클래식 판 서문   / 19

1. 네 편의 복음서 ...

네 개의 초상   / 21

복음서란 무엇인가
  - 장르   / 27

복음서는 어떻게 기록되었는가?
  - 자료   / 33

복음서가 담고 있는 자료의 종류는 무엇인가?
  - 양식   / 40

저자는 어떠한가?
  - 편집과 구성   / 44

본문에 문학적으로 접근하기
  - 내러티브와 독자   / 48

창조성과 영감
  - 성서 비평   / 55

네 동물
  - 상징을 복음서에 할당하기   / 59

시각적 교육 도구였던 네 상징
  - 근거와 설명   / 64

히에로니무스에서 켈스의 서까지
  - 채색된 복음서들   / 67

2. 포효하는 사자 – 마르코가 그린 예수

사자의 외양
 - 상징과 의미 / 75

날뛰는 사자
 - 마르코의 문체, 구조, 내러티브 기법 / 78

갈등을 일으키는 맹수
 - 대립과 활동(마르 1:1~8:21) / 86

사자와 그의 무리
 - 제자들의 역할 / 94

이 동물은 어떤 종류의 동물인가?
 - 정체와 막간극(마르 8:22~10:52) / 99

예루살렘은 사자의 보금자리인가, 강도의 소굴인가?
 - 성전(마르 11:1~13:37) / 106

죽음 앞에서
 - 수난(마르 14:1~15:47) / 115

사자처럼 일어났을까?
 - 부활(마르 16:1~8) / 119

3. 이스라엘의 선생 – 마태오가 그린 예수

인간의 얼굴
 - 상징과 의미 / 125

유대인의 왕으로 나신 분이 어디 계십니까?
 - 유년기 내러티브(마태 1:1~2:23) / 127

또 다른 모세?
 - 활동의 시작(마태 3:1~8:1) / 134

새로운 가르침
 - 담화(마태 5~7, 10, 13, 18, 23~25장) / 144

선생과 이스라엘의 갈등
 - 마태 8:1~23:39 / 156

선생이 받는 고난
 - 수난(마태 26:1~27:66) / 168

선생의 명예가 회복되다
 - 부활(마태 28:1~20) / 174

4. 짐을 짊어지고 가는 이 – 루가가 그린 예수

힘센 소
- 상징과 의미 / 179

성전과 마구간에 있는 소
- 유아기와 활동의 시작(루가 1:1~4:13) / 181

긴 여정을 느리게, 터벅터벅 걷는 소
- 루가의 복음서의 문체와 구조 / 188

소, 무리, 이를 몰고 가는 자들
- 루가의 인물 설정 / 193

무거운 짐을 진 사람들
- 소가 하는 활동 / 207

짐을 짊어지고 갈 힘
- 루가가 말하는 영성 / 214

우리를 구원하는 희생 제물
- 수난(루가 22:1~23:56) / 220

그는 다시 나아간다
- 부활(루가 24:1~53) / 226

5. 높이 나는 독수리 – 요한이 그린 예수

독수리 파사이트와 과이히르
- 상징과 의미 / 231

높이 날아 바라보는 전망
- 서문과 시작(요한 1:1~51) / 234

독수리가 하늘을 지나간 자리
- 요한이 전하는 이야기를 따라서, 문체와 구조 / 239

독수리가 땅에 내려앉았다?
- 예수의 인성 / 250

갈등으로 인해 드러난 발톱
- 표징의 책과 '유대인들'(요한 2:1~12:50) / 258

그의 날개 그늘 아래에서 산다는 것
- 제자됨과 최후의 만찬(요한 13:1~17:26) / 264

영광의 시간
　– 수난(요한 18:1~19:42)　　　　　　　　　　/ 273

떠올라 그 날개 아래서 치유하리라
　– 부활(요한 20:1~21:25)　　　　　　　　　　/ 278

6. ... 하나의 예수?　　　　　　　　　　　　　/ 285

네 편의 초상인가, 네 명의 예수인가?　　　　　/ 286

네 편의 복음서에서 다시 하나의 예수로　　　　/ 292

네 편의 복음서에서 나아가 여러 예수로　　　　/ 300

경계선 안에 있는 다양성　　　　　　　　　　　/ 305

전기, 신앙, 경배　　　　　　　　　　　　　　　/ 312

추천 도서 목록　　　　　　　　　　　　　　　/ 317

찾아보기　　　　　　　　　　　　　　　　　　/ 332

옮긴이의 글　　　　　　　　　　　　　　　　　/ 338

일러두기

· 역자 주석의 경우 *표시를 해 두었습니다.

· 성서 표기는 『공동번역 개정판』(대한성서공회, 1999)을 따르되
본문은 『새번역』(대한성서공회, 2004)을 사용하였습니다.

레베카와 새라, 두 딸이 무럭무럭 자라
네 복음서를 읽고 한 분 예수를 사랑하게 되길.

1928. 5. 4 ~ 1994. 5. 1.
어머니 아이리스 조이스 버릿지를 추억하며,
말로 할 수 없는 사랑과 사무치는 그리움을 담아.

이 책의 목적은 기도와 학술토론 사이의 간격을 좁히는 데 있다.

학문에 천착하는 이들에게는 영성이 필요하다.

복음서는 생기를 잃은 고대 문서가 아니다.

동시에 영적인 것에만 관심을 집중하는 이들에게는 학문이 필요하다.

하느님께서는 우리에게 사유할 수 있는 정신을 주셨다.

"자네는 복음서를 읽어야 할 것 같은데." 활활 타는 장작불을 바라보며 금빛으로 찰랑거리는 잔을 빙빙 돌리던 선생님께서 말씀하셨다. 날씨가 몹시 추웠던 그 날은 성탄절이었고 우리는 레스터셔 주 동쪽 한적한 곳에 자리한 론드 수도원Launde Abbey에서 피정 중이었다. 나는 어리둥절해서 선생님을 쳐다보았다. '드디어 이분이 정신을 놓으셨구나. 복음서 연구로 박사 학위를 받고 이를 다듬어 학술 전문 서적으로 출간하느라 거의 10년이라는 시간을 쏟아부은 사람에게 복음서를 읽으라니.'

다음날 잰걸음으로 산책을 하다 고요한 계곡 한 모퉁이를 돌았을 때 겨울 하늘이 눈에 들어왔다. 하늘에서, 이 책 제목과 책의 전개 방안, 각 장의 제목이 쏟아져 내렸다. 그리고 2년이 흘렀다. 책은 생각만큼 진척이 없었다. 계속 복음서를 읽었다. 그러다 얼마간 미국에서 강의와 강연을 하며 연구년을 보낼 수 있는 행운을 얻었고 연구 끝에 이 책을 완성할 수 있게 되었다.

연구년 막바지에 나는 다시 한번 피정을 갔다. 제라드 맨리 홉킨스Gerard Manley Hopkins가 "웨일스의 이마에 펼쳐진 전원 풍경, 사랑할 수밖에 없는 서편의 정경"이라 노래했던 성 베우노 대학St. Beuno's College이었다. 그곳에서 나는 처음 이 이야기가 떠올랐던, 그리고 끝을 맺었던 두 번의 피정과, 이를 구성하고 검증하며 다듬어 온 수많은 강의실과 강연장, 도서관과 연구실을 되돌아보았다. 양쪽 모두 없어서는 안 될 정황이었다. 이 책의 목적은 기도와 학술토론 사이의 간격을 좁히는 데 있기 때문이다. 학문에 천착하는 이들에게는 영성이 필요하다. 복음서는 생기를 잃은 고대 문서가 아니다. 동시에 영적인 것에만 관심을 집중하는 이들에게는 학문이 필요하다. 하느님께서는 우리에게 사유할 수 있는 정신을 주셨다. 이 책은 엄선된 최신 학문을 기반으로 네 편의 복음서가 그린 예수상을 그리스도교 전통에서 그렸던 복음서의 상징을 따라 읽어갈 것이다. 아무쪼록 이 책이 신학 연구를 시작하는 이와 생각하는 신앙인 모두에게 매력적으로 다가가기를 바란다. 읽기 쉽도록 본문에는 될 수 있으면 각주를 달지 않았으며 말미에는 심화된 읽기를 돕는 독서 목록을 정리해 두었다. 본문에 나오는 성서 구절은 개정표준역RSV: Revised Standard Version이나 신개정표준역NRSV: New Revised Standard Version에서 인용하거나 헬라어 성서에서 직접 번역했다.

책을 내기까지 도움을 준 모든 이에게 감사를 표한다. 많은 분이 다양한 방식으로 이 책에 기여했으므로 목록이 길어지더라도 독자들이 양해해 주기를 바란다. 먼저 엑서터 대학교University of Exeter 부총장이자 라젠비 재단Lazenby Trust 이사장인 데이비드 해리슨David Harrison 박사에게 감사를 표한다. 그는 연구년과 재정 지원을 승인해 주었다. 아울러 개인 연구 보조금을 지원한 영국학사원British Academy, 추가 지원을 한 성 루가 재단St Luke's Foundation과 엑서터 대성당 주교 및 사제단을 통해 지원한 필포츠 주교 재단Bishop Phillpotts Trust에도 감사를 전한다. 미국에서 나를 거두어 준 모든 이의 온정과 환대를 잊지 못한다. E. 얼 엘리스E. Earle Ellis 교수와 사우스웨스턴 침례교 신학교Southwestern Baptist Theological Seminary, 기억에 남을 부활절을 보낸 사우스 대학교University of the South의 크리스토퍼 브라이언Christopher Bryan 교수, 밴더빌트 대학교 Vanderbilt University의 대니얼 패트Daniel Patte 교수와 메리 앤 톨버트Mary Ann Tolbert 교수, 듀크 대학교 신학대학원Divinity School, Duke University의 D. 무디 스미스D. Moody Smith 교수와 데일 마틴Dale Martin, 노스캐롤라이나 대학교University of North Carolina의 필립 슈테터Philip Stadter 교수와 팻 모여Pat Moyer, 프린스턴 대학교Princeton University의 테드 챔플린Ted Champlin 교수와 존 게이지스John Gages 교수, 프린스턴 신학교Princeton Theological Seminary의 비벌리 가벤타Beverly Gaventa 교수와 신학 연구 센터Center for Theological Inquiry 의 댄 하디Dan Hardy 교수, 예일 신학대학원의 레안더 켁Leander Keck 교수, 로마 가톨릭 뉴욕 알바니 교구의 피터 설리번 3세Peter Sullivan III 신부, 뉴욕에서 환상적인 한 달을 함께한 제너럴 신학교General Theological Seminary의 교직원과 학생, 시버리-웨스턴 신학교Seabury-Western Seminary의 리처드 퍼보Richard Pervo 교수, 친절과 지속적인 관심을 보여준 로욜라 대학교Loyola University의 데이비드 아우니David Aune 교수에게 감사를 전한다. 강의와 토론에 참여해 많은 이야기를 나눔으로써 활력을 불어 넣어준 모든 학교 교직원과 학생들에게 감사를 전하고 싶다. 또한 도서관과 연구실, 그 외의 공간을 개방해 준, 또 집과 마음을 내어준 모든 분을 기억에 새기며 깊이 감사드린다.

연구년을 보내기 전이나 보낸 후에나, 나는 엑서터 대학교 동료 사제들과 토론했고 성 삼위일체 채플에서 설교했으며 교양학부에서 강의를 했다. 그리하여 설교와 학문이라는 두 세계를 결합할 수 있었다. 연구년을 마치고 돌아오면서 나는 1993년 11월에 학교 연례행사인 바운디 기념 강연Boundy Memorial Lectures에서 이 주제로 발표를 맡아달라는 제의를 받았다. 이 자리에 참석해 열띤 반응을 보여준 모든 이에게 감사드린다. 이들의 도움 덕에 지금의 모습으로 책이 나올 수 있었다. 신학과 동료들, 특히 앨러스테어 로건Alastair Logan은 예리한 눈으로 원고를 읽어주었고 이언 마컴Ian Markham은 특유의 열정으로 나를 지지했으며 데이비드 캐치폴David Catchpole 교수는 엄밀한 학문적 판단으로 내게 힘을 보태주었다. 나의 연구년과 책 작업 때문에 더 많은 수고를 흔쾌히 감내해 준 교목실 및 학과 비서관 앤 뉴컴Ann Newcombe 과 샐리 오셔Sally O'Shea에게도 감사를 전하고 싶다. 이 책 작업과 다른 일들로 인한 공백을 메워준 킹스 칼리지King's College의 레슬리 홀든Leslie Houlden 교수와 새로운 동료들에게도 감사드린다. 내 지도교수이자 오래 전 고전 전기에 관심을 두게 된 출발점이기도 한 크리스토퍼 펠링 Christopher Pelling 박사와 교수진의 초대로, 남은 연구년 동안 유니버시티 칼리지University College에서 연구할 수 있어 기뻤다. 콜린스앤콜린스 출판 에이전시의 제인과 토니 콜린스Jane and Tony Collins는, 원고를 갖고 늦은 밤까지도 전화기를 붙들게 했음에도 불구하고 오랜 우정과 공적인 업무가 충돌하지 않게 애썼다. SPCK의 필립 로Philip Law는 이 일을 진행하는 내내 아낌없는 격려로 큰 힘을 주었다. 교목실 동료이자 벗 크리스토퍼 사우스게이트Christopher Southgate 박사가 웃으며 도와주지 않았다면 어떤 일도 하지 못했을 것이다. 그는 내가 없는 동안 기말고사를 주관하느라 골머리를 앓으면서도 이를 잘 견뎌주었다. 시인이 아니어서 그가 보여 준 동료애에 어떻게 감사를 표할지 멋진 표현이 떠오르지 않아 안타까울 따름이다.

당연한 이야기지만, 마지막으로 내 가족은 내가 연구 때문에 멀리 떨어져 있거나 집에 있어도 글을 쓰느라 처박혀 있던 탓에 가장 큰 타격을 받았다. 하지만 그럼에도 그들은 내가 이 일에 보람을 느낄 수 있도록 애정을 보내주었다. 아내 수잔은 자신이 가장 예리한 독자이자 애정 어린 배우자임을 몸소 증명했다. 그녀가 없다면 나는 아무것도 할 수 없다. 연구년 중 집에 있는 동안 두 딸 레베카, 그리고 새라와 함께할 수 있어 기뻤다. 그래서 떨어져 있는 동안 두 딸이 몹시 리치게 그리웠다. 아이들을 생각하는 마음과 아이들을 웃게 하고 싶다는 열망이 이 책을 쓰는 데 커다란 동기가 되었다. 그러므로, 기꺼이, 이 책을 내 딸들에게 바친다.

그리고, 고든 선생님, 저는 여전히 복음서를 읽고 있습니다.

1993년 12월 예수 탄생 축일, 리처드 A. 버릿지

덧붙이는 말

책이 출간되기 직전 급작스럽게 어머니께서 돌아가셨다. 어머니의 사랑은 한결같았고, 나는 거기서 예수의 사랑을 보았다. 또한 그녀의 어머니, 그러니까 외할머니는 내게 처음으로 복음서 읽는 법을 가르쳐 주셨다. 어머니는 자랑스러워하시며 이 책의 출간을 고대하셨다. 이 책이 어머니께 바치는 값진 헌사가 되기를 바란다.

R.A.B.

이 작은 책이 처음 출간된 이래 10년이 넘는 시간 동안 보여준 파장은 놀랍기 그지 없다. 나는 여기에 겸손할 수 밖에 없다. 그사이 이 책은 대서양을 사이에 둔 두 대륙에서 수차례 중쇄 되었고 전 세계에 소개되었다. 해를 거듭하여 책이 꽤 꾸준히 판매되었다는 사실은 이 책이 대학과 강좌에서 여전히 이 책이 교재로 쓰이고 있음을 알려준다. 또한 학생들과 교사들이 보내준 수많은 평가와 지적이 이를 증명한다. 영국이나 미국에서 개최되는 학회에 참석할 때면, 종종 사람들이 옷깃에 달린 내 이름표를 발견하곤 다가와 자신이 어떻게 책을 활용하는지 이야기하곤 한다. 이는 언제나 신이 나고 힘이 되는 일이다. 나는 학교 일정이 없는 날 전국을 다니며 대중 연설이나 설교, 강연을 할 때가 많은데, 이런 날 사람들이 여러 번 읽어 손때가 묻은 책을 들고 찾아와 사인을 청하면 여전히 설렌다. 사람들이 복음서를 이해하는 데 이 책이 도움이 되었다면, 특히 복음서를 가르치고 설교하는 이들이 그런 도움을 받았다면 더없는 기쁨이다.

그래서 나는 지난 몇 년간 접한 수많은 서평과 반응에 화답하여 10년도 더 된 과거에 쓴 초판의 몇몇 부분을 새롭게 고친 개정판을 준비했다. 이 작업을 하는 동안 격려해준 모든 이에게 감사를 전한다.

개정판의 주요한 변화로 새로이 주목받는 방법론인 '수용사'에 관한 논의를 추가했으며, 개정공동성서정과Revised Common Lectionary가 채택되었다는 점을 고려하였다. 피터 잭슨 감독이 연출한 영화 '반지의 제왕'The Lord of the Rings을 인용했으며 지난 10년간 역사적 예수에 관한 성과를 비롯해 학계의 발전된 논의에 비추어 내용 전반을 다듬었다.

특별히 책을 꾸준히 홍보해 주었으며 기꺼이 개정판을 출간해 준 두 출판인, SPCK의 루스 맥커리Ruth McCurry와 미국 윌리엄 어드먼 William B. Eerdmans의 샘 어드먼Sam Eerdmans에게 감사를 전한다. 많은 대학교와 신학교, 교육 기관, 학교, 성당, 주교와 교수, 친구와 동료 학자가 나를 초청해 이 책과 책에 담긴 내용을 전할 수 있게 해주었는데 지금 그 명단을 나열하기에는 지면이 턱없이 부족하다. 하지만 모든 이에게 진심으로 감사하고 있으며 잊을 수 없는 수많은 만남과 대화는 소중한 자산으로 남았다. 초판은 킹스 칼리지 교목실장으로 막 부임하고 나서 나왔는데 지금도 나는 이곳에서 활동 중이다. 이는 실장실과 교목실, 신학과에서, 또한 그 밖에도 내가 계속해서 글을 쓰고 책을 펴낼 수 있도록 허락하고 격려해준 모든 학내 관계자들의 우정 덕이다. 초판 서문에서도 언급했듯 가장 큰 짐은 누구보다 가족이 떠안아 주었다. 수가 내게 준 모든 사랑에 감사한다는 말을 거듭 강조하고 싶다. 또 너무도 잘 자라주었고 이제 더 넓은 세상을 받아들이려 하는 두 딸 레베카와 새라에게 다시 한번 이 책을 바친다.

2004년 6월 11일 성 바나바 축일, 리처드 A. 버릿지

SPCK 클래식 판 서문

지난 20년을 돌아보면, 어떻게 네 편의 복음서에 담긴 예수 초상
이라는 이야기가 내게 떠올랐는지, 또한 어떻게 각 장을 나 자신의
힘으로 써 내려갔는지 믿기 어렵다. 20년간 여러 판본과 번역본이 끼
친 파급력 역시 놀라울 뿐이다. 나는 겸손한 태도로 머리를 숙이게
된다. 여러 대륙에서 셀 수 없이 많은 이가 들려준, 이 책이 자신들에
게 미친 영향에 관한 이야기에 몸 둘 바를 모르겠다. 초판의 편집자
이자 이 SPCK 클래식 판을 제안하며 SPCK로 다시 돌아온 필립 로에
게 감사를 전한다. 마음을 뭉클하게 하는 추천사를 써준 이들에게는
마음의 빚을 졌다. '클래식'이기에, 본문은 개정한 2판과 동일한 내용
을 유지했으며 다만 책 뒷부분에 실은 도서목록을 다시 살펴 갱신하
였다. 오늘도 나는 레베카와 새라를 위해, 또한 이 책을 뽑아 든 이들
을 위해 기도한다. 네 편의 복음서를 음미하며 성숙해지기를. 그리하
여 한 분 예수를 사랑하며 그를 따를 수 있기를.

2012년 11월 1일, 모든 성인의 축일, 리처드 A. 버릿지

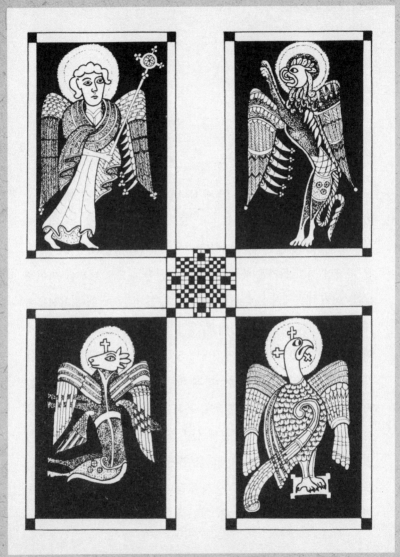

그림 1, 복음서의 네 상징, 켈스의 서, Folio 27V

01

네 편의 복음서 ...

네 개의 초상

잉글랜드 켄트 주, 런던 동남부 지역을 가로지르는 거대한 구릉 지대인 다운스the Downs에서 드넓은 켄트 평원the Kentish Weald을 향해 완만하게 비탈진 사면을 따라 내려가다 보면 전원 지대에 자리 잡은 커다란 집 한 채를 만날 수 있다. 차트웰Chartwell이라는 이름으로 알려진 이 시골집은 윈스턴 처칠Winston Churchill 경이 1922년부터 세상을 떠날 때까지 살던 곳이고 지금은 영국 내셔널 트러스트the National Trust가 소유하고 있다. 제2차 세계 대전이 일어난 암울한 시대에 영국 총리를 지낸 한 남자의 면면이 이 집 곳곳에 묻어나 있다. 벽에는 수많은 사진과 초상화가 걸려 있다. 일부는 화가이기도 했던 그가 직접 그린 작품이며 일부는 이 위대한 남자의 성격이나 특징을 사진이나 그림으로 담아내려 했던 이들이 창조한 작품이다.

한 사진에는 이 정치가가 동맹국의 수장들과 회담하는 장면이 담겨 있다. 루스벨트 미국 대통령의 모습도 보인다. 세계의 운명을 자신이 짊어지고 있다고 생각해서였을까? 처칠은 단호하고도 굳은 얼굴을 하고 있다. 어두운 색감의 정장과 넥타이를 매 절제된 복장을 하고 있지만 오른손에는 시가를 들고 있다. 뒤로는 일정한 거리를 두고 동료, 보좌관, 비서들이 서류를 들고 있다. 훗날 엄청난 파문을 일으킬 일을 준비하는 순간이다.

바로 옆에는 다른 그림이 있다. 현재 그림이 걸려 있는 방을 처칠이 직접 그린 작품인데, 차이가 있다면 그림 속 방에서는 유쾌한 분위기에 가족 모임이 벌어지고 있다는 점이다. '1927년 8월 29일, 차트웰에서 차를 마시며'라는 이 그림에서, 평상복 차림을 한 처칠은 식탁에 앉아 가족과 친지에 둘러싸인 채 미소 짓고 있다. 차를 마시고 있는 이 평범한 가정에 세계의 안위를 염려하는 모습은 전혀 보이지 않는다.

복도를 따라 걷다 보면 같은 남자가 전장에 있는 모습을 담은 사진이 눈에 들어온다. 그는 위장 차량에 올라탔고 주위에는 군복을 입은 남자들이 돌아다니고 있다. 그 역시 군복을 입고 있다. '사나이들과 함께해야 할' 중요한 순간이기 때문이다. 어김없이 입술에 시가를 문 채 그는 환히 웃으며 손가락으로 그 유명한 '승리의 V'를 만들어 인사한다. 사람들은 미소로 화답하며 같은 손 모양을 만든다. 그동안 머리 위로는 전투기들이 승리를 쟁취하기 위해 날아오른다. 아마도 의도하고 찍었겠지만, 사진 전체를 가득 채우고 있는 승리의 확신에 보는 이의 가슴은 벅차오른다.

계속 걸어가다 마지막으로 만나는 조용한 방은 이젤과 물감 통 여럿으로 꾸며두었고 벽에는 휴식을 취하는 처칠의 사진이 걸려 있다. 사진에서 그는 스위스 레만 호숫가Lac Léman 쇼위시 별장Villa Choisi 정원, 대나무로 만든 안락의자에 앉아 있다. 때는 1946년 8월, 그는 야당이 된 자신의 정당을 이끌어야 한다는 압박에서 벗어나 휴일을 보낸다. 한 해 전 보수당이 총선에서 참패한 까닭이다. 이제 그는 기분 좋게 그림을 그린다. 사진 속 그는 팔레트를 한쪽에 제쳐놓은 채 붓을 들어 나무와 호수가 담긴 평온한 풍경을 그리고 있다. 옷이 더러워지지 않도록 화가가 입는 흰색 가운을 두르고 머리에는 중절모를 썼으며 입에는 시가를 물고 있다. 뒤에서 이런 자신의 모습을 찍는 사진사의 존재도 잊은 채, 그는 그림 그리기에 집중한다. 그렇게 그는 홀로 평화로이 침잠해 있다.

네 개의 그림(혹은 사진)은 모두 다르다. 각 그림에는 고유의 이야기가 있어 각기 다른 분위기를 자아내 보는 이로 하여금 달리 반응하게 한다. 그러나 네 그림은 모두 한 사람을 담고 있다. 뛰어난 초상화가나 빼어난 사진가는 이렇게 자신의 기교와 실력을 뽐낸다. 각 그림은 특정한 영상을 우리에게 전달한다. 또한 각 그림에는 보는 이가 다른 그림과는 달리 반응하게끔 의도가 담겨 있다. 그 의도는 배경이 되는 환경에 따라, 사람이나 사물을 포함하거나 제외하는 방식으로 달리 드러나며 작가의 창조성이나 영감 또한 크게 작용한다. 그렇기에 우리는 각 그림을 통해 정치가, 가정적인 인물, 전쟁을 불사하는 이, 홀로 그림에 몰두하는 화가를 만난다. 그러나 이 인물은 모두 처칠이라는 한 사람임이 분명하다. 또한 시가처럼 네 그림에서 공통으로 발견되는 요소도 있다. 그리고 작가에게는 일정한 제약이 있으며 보는 이에게 모든 그림이 똑같이 와 닿는 것도 아니다. 예를 들어 부녀자와 어린아이들을 죽이고 턱밑으로 피를 뚝뚝 흘리고 있는 괴물 처칠을 담은 그림을 상상하기란 어렵다. 적국에서 만들어낸 선전용 만화가 아닌 이상 말이다. 이 몇 가지 초상들에서 우리는 일정한 차이와 연속성, 영감과 선별, 적정선에서 발휘되는 예술적 허용을 발견한다.

미디어 시대를 사는 우리는 이러한 사실을 이미 잘 알고 있다. 신문에 실린 사진에서 길거리에 있는 광고판까지, 직장에서 보는 기업 소개부터 집에서 보게 되는 텔레비전 광고에 이르기까지, 우리는 끊임없이 수많은 이미지의 세례를 받고 있다. 개에게 줄 사료부터 정치인에 이르기까지 온갖 이미지를 만들어 이를 파는 것은 거대한 사업이 되었다. 특정 의도를 지닌 이미지를 교묘히 전달하는 데 막대한 자금이 쓰이고 있으며 이는 사람과 상품을 가리지 않는다. 그렇다 할지라도, 홍보 담당자가 발휘할 수 있는 창조성에는 한계가 있다. 실제와 이미지, 광고와 제품, 인물과 그를 묘사한 이미지 사이에는 반드시 연속성이 있어야 한다. 한 사람을 그린 여러 초상을 나란히 놓고 보면 우리는 즉각적으로 차이와 연속성을 모두 발견한다. 이때 우리는 초상들을 비교함으로써 각 작가의 기교를 감상하고 대상을 해석하는 다양한 시각을 신중하게 따져본다. 이러한 학습을 통해 우리는 인물을 감상하는 능력을 키우고 그 인물을 더 온전하고 균형 잡힌 시각으로 볼 수 있게 된다. 그러나 한 그림 위에 다른 그림을 포개어 보거나 조화롭게 한다는 이유로 여러 그림을 하나로 만들거나 그림들의 최소공통분모를 찾아 환원하지는 않는다. 이 주제를 두고 강의할 때 나는 한 사람의 온전하고 '확실한' 한 장의 초상을 얻어내겠다며 네 장의 서로 각기 다른 초상을 투명 필름에 복사해 겹친 뒤 사람들에게 보여주곤 한다. 이러한 시도는 그저 보는 이의 웃음을 자아내며, 이렇게 만들어진 결과물은 엉망으로 뒤섞여버린, 확실함과는 동떨어진 그림일 뿐이다.

그런데 많은 그리스도교인이 네 복음서가 그리는 예수의 초상을 이렇게 취급한다. 이러한 시도는 기원후 2세기까지 거슬러 올라가는데 타티아누스Tatian는 처음으로 '네 복음서의 조합'이라 할 만한 통관복음Diatessaron(헬라어로 '네 가지 이야기를 통해'라는 뜻)을 만들어냈다. 오늘날 나오는 수많은 종류의 성서에도 이와 비슷한 조화를 이루어내기 위한 참조사항이 들어 있다. 성탄절에 교회에서는 촛불을 밝혀 놓고 예언서와 복음서 중 많은 사람이 암송하는 구절들을 캐럴 반주에 맞추어 읽는다. 루가의 복음서(누가복음)에 등장하는 목자들, 마태오의 복음서(마태복음)에 나오는 동방박사들, 그리스도교 전통으로 내려오는 소와 나귀가 하나의 마구간 장면에 함께 등장할 때도 있다. 성금요일이 되면 각 복음서가 묘사하는 십자가 처형 장면에 나오는 예수의 말들이 '가상칠언'이라는 이름으로 한데 묶여 기도와 묵상에 쓰인다. 며칠이 지나면 각기 다른 부활 이야기들이 루가가 이야기한 4

일간의 시간대별 설명에 따라 하나로 맞춰진다. 루가의 복음서도 아니고 사도행전 1장에서 언급한 시간의 흐름을 따라서 말이다.

이러한 괴상한 조합은 처칠을 담아낸 네 그림을 하나로 합치려는 시도나 다를 바 없다. 한 손에는 붓을 들고 다른 한 손으로는 승리의 V자를 그리며 바지는 일상복을, 상의는 군복을 입은 채 슬리퍼를 신고 차를 마시며 루스벨트와 협상을 벌이는 처칠의 모습을 상상해 보라. 이런 터무니없는 모습은 네 명의 작가들, 더 나아가서는 그림의 주 소재인 처칠에게도 온당치 않은 결과물이다. 처칠은 한 명뿐이지만 네 장의 그림은 각기 다른 방식으로 그의 개성을 묘사했음을 우리는 알고 있다. 한 사람을 온전히 음미하려면 다양한 초상이 있어야 하며 역사적 연구라는 도구를 가지고 각 초상을 숙고해야 한다. 그렇게 한 뒤에, 아니 그렇게 해야만 우리는 각각을 조화롭게 엮고 균형감 있게 아울러 한 사람을 온전히 이해할 수 있다. 네 장의 그림을 갈기갈기 뜯어 기괴한 한 장의 혼합물로 만든다면 제대로 된 이해는 불가능하다.

그런데 왜 우리는 예수의 네 초상을 그러한 식으로 다루는가? 별다른 고민 없이 네 개의 초상을 하나로 혼합하려는 시도는 복음서 저자들의 탁월함을 음미하는 데 전혀 도움이 되지 않으며 예수를 이상한 눈으로 이해하게 할 뿐이다. 다시 한번 말하지만 네 개의 초상은 모두 한 사람을 가리키고 있다. 이 한 사람을 온전히 이해하는 좋은 길은 초상들이 걸린 복도를 거닐며 각 초상을 찬찬히 살피는 것이다. 예수를 더 잘 이해하기 위해서는 각 복음서가 지닌 독특함을 제거한

채 무분별하게 섞지 말고 올바른 학습 도구와 역사적 연구를 활용해
야 한다. 모든 이가 알다시피, 그리스도교인들은 처칠을 열렬히 칭송
하는 이들과도 다른 방식으로 예수를 숭앙한다. 그렇기에 어떤 이들
은 이러한 방식에 불안함을 느낄지도 모른다. 그러므로 이 책에서는
많은 이가 거룩한 경전으로 대하는 책들에 비판적 도구를 사용할 때
발생하는 영향도 간략하게 살필 것이다. 또한 마지막 장에서는 네 개
의 복음서가 한 인물과 맺는 관계를 다루려 한다.

   그러나 이에 앞서 가장 먼저 해야 할 것은 각 초상을 하나씩, 찬찬
히 살피는 것이다. 신중하게, 더 나아가서는 기도하는 마음으로 시간
을 보내며 각 복음서 저자가 예수를 이해해 우리에게 전하려는 바를
숙고해야 한다. 그러므로 이 책에서는 각 복음서를 한 장씩 다룰 것
이다. 그리고 본격적으로 복음서를 살피기 전 일종의 준비 과정으로,
복음서를 살피기 위해 어떠한 도구를 사용할 것인지, 복음서를 잘 음
미할 방법이 무엇인지를 제시할 것이다. 처칠을 담은 그림들은 역사
학적 분석과 예술 비평이라는 도구를 사용할 때 더 잘 이해할 수 있
으며 이는 복음서가 그린 예수의 초상도 마찬가지다.

복음서란 무엇인가 - 장르

   먼저 우리는 우리가 맞닥뜨릴 문헌이 어떠한 종류의 문헌인지 확
인해야 한다. 처칠을 다룬 만평을 사진 보듯 이해한다면 우리는 해석
할 때 곧바로 실수를 저지르고 말 것이다. 우리는 옛날이야기를 라디
오 뉴스를 듣듯 듣지 않는다. 그림이나 이야기를 적절하게 해석하기

위해서는 그 이야기를 전달하는 수단이 무엇인지를, 즉 '장르'를 정확하게 식별해야 한다. 그림과 드라마, 이야기를 구분하고 입말과 글말을 구분하며, 실화를 바탕으로 한 이야기와 허구로 만들어진 이야기를 구분하는 것, 운문과 산문을 구분하고, 비극과 희극, 전설과 역사, 그 밖의 것들로 구분하는 것은 바로 이 때문이다.

장르는 글을 쓰거나 해석할 때 지침이 되어주는, 중요한 약속이다. 물론 글을 쓰는 대다수는 자신이 어떤 장르의 글을 쓰는지 언급하지도, 기록하지도 않으며 심지어 이를 의식하지 않을 때도 있다. 그러나 장르는 저자와 독자가 맺은 일종의 '약속', 혹은 합의다. 저자는 특정 장르에 따르는 기대와 약속에 부응하는 방식으로 글을 쓰며 독자는 이를 읽거나 해석할 때 그 글이 일정한 약속을 따른다는 것과 이에 따라 얻을 수 있는 내용이 무엇인지를 알 수 있다는 것을 받아들인다. 텔레비전 시트콤이나 드라마가 특정한 방식으로 만들어지는 것도 바로 이 때문이며, 그래서 프로그램을 보기 전에 시청자는 그 프로그램이 어떠한 프로그램인지를 파악하고 이에 따라 프로그램을 해석한다. 어떤 이가 드라마를 다큐멘터리로 간주하고 이를 해석하려 한다면 그는 오해에 빠져 당혹감을 느낄 수밖에 없다. 이러한 오해에 빠지지 않기 위해 우리는 큰 틀에서 '장르가 지닌 속성'generic features에 따라 장르를 구분하는 법을 배운다. 장르가 지닌 속성이라 하면 우선 사설이나 논평, 책 표지에 인쇄된 책 소개, 광고 등을 떠올리겠지만, 이는 작품의 형식적이며 구조적인 요소와 내용에도 담겨있다. 우리는 비슷한 종류의 책들을 읽거나 비슷한 텔레비전 프로그램들을 시청하면서 이러한 속성들을 알게 된다.

처칠을 담아낸 여러 그림을 제대로 보기 위해 공식 초상, 가족과 함께 찍은 일상 사진, 정치 만평을 구분하듯 우리는 복음서를 읽기 전에 복음서가 어떤 종류의 책인지를 알아야 한다. 그리스도교 전통은 복음서를 예수의 전기로 여겼다. 19세기를 거치며 전기문학은 위대한 인물이 양육을 받아 인격이 형성되던 시기, 학창 시절, 정신적인 성장 등을 다루어 인물의 특징을 설명하기 시작했다. 사람들의 눈에 이러한 전기와 복음서는 달리 보이기 시작했다. 1920년대 칼 슈미트Karl Lidwig Schmidt와 루돌프 불트만Rudolf Bultmann 같은 학자들은 복음서가 전기라는 주장을 거부했다. 복음서는 인간 예수의 성격, 외모, 특징에 전혀 관심을 보이지 않는다. 오로지 짧았던 공생애를 이야기하고 죽음에 많은 지면을 할애할 뿐, 그 삶의 나머지 부분에 관해서는 언급조차 하지 않는다. 그들에게 있어 복음서는 대중적인 민속 문학, 입에서 입으로 전해진 이야기 모음이다. 이들이 택한 접근 방식은 복음서에 담긴 각 이야기의 '양식'이나 '유형'에 주목한다는 점에서 후에 '양식 비평'form criticism이라 불렸다. 양식 비평가들은 복음서를 예수의 생애에 관한 전기가 아닌 '독특한' 문학 양식으로 여겼고 이러한 접근이 이후 반 세기가량 복음서 연구를 지배했다.

그러나 최근 30~40년 사이 학계는 복음서 저자들에게 다시금 주목하게 되었다. 이들을 신학자이자 특정 의도를 지닌 문예가literary artist로 여기게 된 것이다. 이로 인해 복음서의 장르와 1세기 문학이라는 맥락에 자리한 복음서의 위치를 다시금 묻게 되었다. 복음서가 어떤 장르인가와 관련해 다양한 의견이 제시되었지만 복음서는 다시금 전기로 간주되기 시작했다. 표본이 된 여러 고대 전기와 복음서를 상세하게 분석한 결과 둘은 전기라는 장르가 지닌 속성을 다수 공유하고 있음이 드러났다. 양식이나 구조의 관점에서 볼 때 고대 전기들과 복음서는 모두 끊어지지 않는 산문 이야기체로 기록되었으며 1~2만 단어로 이루어져 있다. 이는 두루마리를 펼치면 10m 정도 되는 분량이다(당대 이 정도의 중간 길이, 즉 두루마리 하나 분량의 산문 저작으로는 고대 로망스(고대 소설)ancient romance, 역사연구서historical monographs, 전기가 있다).

현대 전기와 달리 그리스-로마인의 일대기Lives는 엄격한 시간 순서에 따라 한 사람의 전 생애를 다루지 않으며 인물의 성격을 심리학적으로 상세하게 분석하지도 않는다. 많은 경우 그리스-로마 전기에는 꼭 필요한 시간상의 윤곽만 드러날 뿐이다. 말하자면 출생이나 대중 앞에 등장하는 장면으로 시작해서 죽음으로 끝나는 식이다. 그 사이 지면은 선별된 이야기, 일화, 연설과 어록 등으로 채워지며 이 모든 요소는 주인공의 일면을 보여준다. 이러한 사실을 고려할 때 복음서가 예수의 세례 장면에서 시작해 죽음에 이르는 공생애에 집중한다는 점은 다른 전기물과 크게 다르지 않다.

그리스-로마 전기와 복음서는 수록된 내용도 유사하다. 이러한 전기물은 혈통, 가계나 출신 도시를 짧막하게 언급한 다음 인물의 출생, 양육기에 일어난 특정 일화를 다룬다. 그리고 대부분의 경우 이야기는 인물의 생애에서는 후반부에 해당하는, 대중 앞에 처음 모습을 드러내는 장면으로 순식간에 이동한다. 장수將帥, 경세가나 정치가의 경우에는 그들의 업적이나 선행을 언급할 때 시간의 흐름에 따라 배열하는 경우가 많은 반면 철학자, 문필가 혹은 사상가의 전기는 좀 더 일화 중심이며 그들의 사상과 가르침을 보여주기 위한 자료material들을 모아 배열하는 경우가 많다. 저자가 주인공과 관련한 정보를 제공하겠다고 표방할지라도 실제 그의 목표는 변증(다른 사람들의 공격에 대항해 주인공의 기억을 변호하는 것), 논박(그의 대적자를 공격하는 것), 혹은 교훈(그의 추종자들에게 그에 관해 가르치는 것)에 있을 때도 있다. 이와 유사하게 복음서는 예수의 가르침, 위대한 업적에 초점을 맞추어 초기 그리스도교인들의 신앙을 해명하려 한다. 복음서의 절정 부분을 보면 복음서 저자들은 예수의 생애 중 마지막 일주일, 즉 죽음과 부활에 전체 분량의 15~20%를 할애한다. 플루타르코스Plutarch, 타키투스Tacitus, 네포스Nepos, 필로스트라투스Philostratus 역시 자신들이 기록한 전기에서 주인공의 죽음에 비슷한 분량을 할당했는데, 영웅이란 위기 가운데 자신의 진가를 드러내며 결정적인 가르침을 주거나 가장 위대한 업적을 남긴다고 생각했기 때문이다. 이러한 면들을 보았을 때 복음서와 고대 전기는 형식과 내용에 있어 뚜렷한 유사성을 지니고 있다고 할 수 있다.

마지막으로 복음서와 고대 전기의 언어 구조를 자세히 분석해 보면 또 다른 장르 상 연결 고리가 입증된다. 영어와 고대 언어의 모든 문장에는 주어, 즉 동사를 행위하는 사람이나 사물이 있어야 한다. 주어는 문장 하나를 분석하는 데서 단락, 나아가 작품 전체를 분석하는 데까지 범위를 넓힐 수 있다. 고대 내러티브든 현대 내러티브든 내러티브라면 대부분 다양한 주어가 등장한다. 다양한 사람과 사물이 내러티브에서 중요한 역할을 맡기 때문이다. 특정 인물 한 사람에게 관심을 집중하고 이를 놓치지 않는 것은 전기 장르가 지닌 독특한 점이다. 나는 이 책을 쓰기 전 다른 연구물에서 고대 전기를 분석해 일반적으로 고대 전기에 나오는 1/4에서 1/3 정도의 동사가 한 사람, 곧 영웅을 주어로 한다는 점을 입증한 바 있다. 더 나아가 고대 전기의 또 다른 특징은 15~30%의 동사가 주인공의 어록이나 연설, 혹은 인용을 기술하는 데 쓰인다는 점이다. 이는 복음서도 마찬가지다. 마르코의 복음서(마가복음)에 등장하는 전체 동사 1/4의 주어는 예수이며 동사 중 1/5은 그가 가르치거나 비유를 들어 설명할 때 쓰였다. 마태오(마태)와 루가(누가)의 경우 예수를 주어로 삼은 동사가 1/5 정도, 그리고 그가 전한 말에 40% 정도의 동사가 사용된다. 요한의 복음서(요한복음)에 사용된 동사 중 절반 정도는 예수를 주어로 삼거나 그의 입술에서 나온 말에 등장한다. 이를 고려하면 복음서 저자들이 각기 다른 예수상을 그릴 때 다른 고대 전기와 마찬가지로 예수가 한 일과 한 말이 꼭 필요하고 중요했음을 분명하게 알 수 있다.

그러므로 복음서는 일종의 고대 전기다. 복음서를 연구하며 우리는 고대의 초상 화랑을 따라 걷는다. 복음서들은 다른 고대 전기들과 같은 공간에 걸려 있으며 그렇기에 각 저자가 자신의 예수 이해를 그려낸 방식을 알기 위해서는 저자처럼 똑같이 주인공에 집중하며 복음서를 연구해야 한다. 복음서는 내러티브 양식으로 기록된 그리스도론, 좀 덜 엄밀하게 말한다면 예수 이야기라고도 할 수 있다. 문학 비평literary criticism이라는 방법이 복음서 연구에서 필수불가결하며 중요한 것은 바로 이 때문이다. 복음서를 이해하려면 복음서가 어떻게 기록되었는지, 어떠한 내용을 담고 있는지, 책에 담긴 내러티브들이 어떤 기능을 하는지 익혀야 한다. 이러한 방법은 네 이야기가 우리에게 전하는 소리에 귀 기울일 수 있게 하며, 다른 것에 의지하지 않고 각 초상을 음미하는 데도 도움이 될 것이다. 처칠의 그림들을 볼 때처럼 말이다.

복음서는 어떻게 기록되었는가? - 자료

교사 시절, 저녁 늦게까지 아이들이 제출한 숙제를 검사하다 보면 나는 어느 아이 답안지가 이전에 본 답안지와 똑같거나 비슷하다는 사실을 알아차리곤 했다. 그럴 때면 곧바로 무언가에 홀리기라도 한 듯 숙제 더미를 뒤적여 다른 답안지를 찾으려 했다. 문제의 답안지 두 개를 나란히 놓고 보면 한 아이가 다른 아이의 것을 베꼈음을 확인할 수 있었다. 그러나 진짜 재미는 그때부터다. 문체나 잘못 이해한 부분을 살피며 누가 누구의 것을 베꼈는지 밝혀내는 작업은 흥미진진한 일이었다. 다행스럽게도 현재 가르치고 있는 대학교에서는 이러한 일이 거의 일어나지 않는다. 그러나 이따금 어떤 보고서를 보면 조금 전에 본 보고서의 특정 부분과 유사한 자료를 무더기로 발견할 때가 있다. 이런 경우는 지금까지 꽤 다양했다. 이렇게 일정 부분을 공유하는 단락이 끝나면 두 보고서는 한두 쪽가량 서로 다른 방식으로 흘러가다가 예고 없이 같은 내용으로 돌아오곤 했다. 분명 두 대학생 중 누구도 서로의 것을 베끼지는 않았다. 그렇다면 이 중복된 자료는 어떻게 설명해야 할까? 두 학생의 참고도서 목록을 보니 같은 교재를 사용했을 때가 많았다. 아마도 그들은 글을 작성하며 같은 참고 도서를 펼쳐 놓고, 혹은 같은 참고 도서에 담긴 구체적인 내용을 자신들의 노트에 옮겨두었다가 보고서를 작성할 때 활용했을 것이다. 일부러 한 일은 아니겠지만(일단은 이들을 믿겠다), 학생들은 우리가 가진 진실성과 정확성 개념concepts of truth and accuracy 때문에라도 비판의 대상이 될 수밖에 없다. 표절, 다시 말해 한 아이가 다른 아이의 숙제를 베끼거나 대학생이 기존에 나온 책을 그대로 베끼는 행위는 저작권 개념이 존재하는 오늘날에는 용인되지 않는다. 우리가 아는 한 오늘날 학문적인 글을 쓰는 사람들은 모든 출처를 정확하게 표기해야 하며 인용할 때는 인용부호와 함께 어떠한 문헌을 참고했는지 철저하게 밝혀야 한다.

그러나 고대세계는 상황이 달랐다. 손으로 직접 쓴 데다 단락 구분도, 구두점도 없는 10m짜리 두루마리에서 참고문헌을 확인하기란 매우 어려운 일이었다. 플리니우스Pliny는 『서한집』Epistle 제3권 5절에서 자신의 숙부 대★ 플리니우스가 『박물지』Natural History라는 역작을 저술하며 사용한 방법론을 소개한다(이 저작은 복음서와 거의 동시대의 기록물이다). 플리니우스에 따르면 숙부에게는 '보조 연구원'이 몇 명 있었는데 이 교육 받은 노예들이 수많은 두루마리를 읽어주었고 그동안 그는 나중에 자신의 책에 써넣을 내용을 밀랍 먹인 서판에 기록했다. 두루마리는 다루기가 너무 불편했기에 작가는 책상 위에 단 한 개의 두루마리만을 펼쳐둘 수 있었다. 그리고 대부분 이 두루마리가 1차 자료가 되곤 했다. 이러한 행위는 '베끼기'나 속임수로 간주되지 않았다. 오히려 이는 전임자에 대한 찬사, 말하자면 전임자의 것을 자기 것에 결합함으로써 그의 작품이 지닌 가치를 인정하는 것이었다.

복음서를 연구할 때 '현대 전기문학'이 아니라 '고대 일대기'와 비교해야 하듯, 오늘날 연구 규정을 복음서 저자들에게 적용해서는 안 된다. 그들은 자신들이 활동하던 시대에 통용되던 방법론을 사용했다. 루가는 처음부터 예수를 눈으로 직접 보고 말씀을 전파한 이들에게 전해 받은 구전 전승oral traditions을 사용할 뿐 아니라 "여러 사람"이 엮어내려 손을 댄 이야기를 "순서대로 정리하였다"고 말하는 등, '서문'에 자신이 사용한 자료를 언급함으로써 고대 문학의 관습을 충실히 따른다(루가 1:1~4). 이는 고대 저작물의 전형이며 이를 통해 우리는 별다른 언급이 없더라도 그들이 다른 자료들을 빈번히 사용했을 것으로 추측할 수 있다.

마르코의 복음서 661개 절 중 90% 정도는 마태오의 복음서에도 나오며 루가의 복음서에도 대략 절반 정도가 있다. 이 세 복음서에 모두 등장하는 자료는 '삼중 전승'triple tradition으로 알려져 있다. 오늘날 학교 교사라면 즉각 '커닝'을 의심하고 누가 누구의 것을 베꼈는지 밝혀내려 할 것이다. 이러한 생각이 고대 자료에는 적절치 않겠지만, 무엇이 먼저 만들어졌고 누가 다른 이가 작업한 것을 사용했는지를 물을 수는 있다. 한동안 사람들은 신약성서 첫 번째 책이라는 이유로 마태오의 복음서가 가장 먼저 기록되었다고 여겼다. 아우구스티누스

Augustinus of Hippo는 마르코를 두고 "마태오를 따랐으며 그의 복음서를 축약한 사람"이라고 설명했다.[1] 그러나 19세기에 등장한 여러 문학 비평 방법론은 몇 가지 이유를 들어 그럴 가능성이 작다고 주장했다. 첫째, 마태오와 루가의 복음서가 마르코의 복음서에 담긴 내용을 너무 많이 포함하고 있으며 마르코의 순서를 따른다는 사실은 두 복음서 모두 마르코의 복음서 기사를 활용했음을 시사한다. 둘째, 마르코의 헬라어 문체는 비교적 초기 형태이며 예수 시대 팔레스타인에서 사용하던 언어인 아람어처럼 들리는 구절로 가득 차 있는 반면, 마태오와 루가는 마르코의 구절을 자신들의 이야기로 다시 쓸 때 마르코의 헬라어를 '다듬어서' 사용한다. 셋째, 마태오와 루가의 복음서는 모두 별도의 자료를 많은 분량 포함하고 있다. 마르코의 복음서가 나머지 두 복음서를 활용했다면 왜 이 부분을 배제했는지 설명하기 어렵다. 어떤 학생이 누구의 과제를 베꼈는지 개연성을 따져보는 교사처럼, 이러한 이유를 들어 오늘날 많은 성서학자는 '마르코 우선설', 곧 마르코의 복음서가 가장 먼저 기록되었음을 인정한다.

그런가 하면 마태오와 루가의 복음서에는 나머지 절 중 200개 이상이 양쪽 모두에서 발견된다. 이 경우 마태오가 루가를 베낀 것일까, 아니면 그 반대일까? 이러한 '이중 전승' 자료는 주로 예수 어록과 비유다. 예를 들어 마태오의 복음서에서 이에 해당하는 자료는 '산상 설교'Sermon on the Mount처럼 부문에 따라 묶여 있다(마태 5:1~7:27). 반

---

[1] Augustinus of Hippo, *De consensu evangelistarum*(복음서 저자들의 일치에 관하여) II.

면 루가는 이를 복음서 전체에 흩어 놓았다. 한쪽이 다른 쪽을 따랐다고 보면 이러한 차이를 이해하기 어렵다. 또한 한쪽에서 활용한 별도의 자료를 다른 쪽에서는 언급하지 않는 이유는 무엇일까? 교사 시절 아이들이 그랬듯 한쪽이 다른 쪽을 베꼈다고 보기는 어렵다. 그보다는 하나의 교과서를 각자 나름대로 의존했던 대학교 제자들의 경우에 가깝다. 많은 학자는 마태오와 루가가 활용한 자료가 동일한 자료, 곧 초기 그리스도교 교회에서 전해지던 예수 어록 모음이라고 추정한다. 이 자료는 독일어 Quelle에서 첫 글자를 따 'Q'라고, 혹은 'Q 자료'라고 불린다. 그러나 이 자료는 현재 남아있지 않기에 그것이 실존했는지, 어느 정도 규모였는지는 논란으로 남아있다. 이렇게 자료를 공유하는 것으로 보이는 절들 가운데 절반 정도만이 언어상으로 동일하게 겹친다는 점을 고려할 때, Q가 존재한다면 이에 해당하는 것은 단지 이 부분뿐일 수도 있다. 나머지 100개가량의 절은 비슷한 내용을 다르게 표현하려는 경향을 보인다. 이 부분의 경우 마태오와 루가가 각자 구전을 통해 들은 이야기일 수도 있다.

세 복음서에 모두 등장하는 삼중 전승, 마태오와 루가가 공유하고 있는 이중 전승 외에도 우리는 '단일 전승', 즉 한 복음서에만 등장하는 자료를 만나게 된다. 마태오의 고유한 자료에는 요셉 이야기, 예수 탄생, 동방박사의 방문, 다양한 가르침 장면, 그리고 예수가 죽기 전 마지막 주간과 부활 이야기 중 일부가 있다. 루가의 자료로는 세례자 요한의 유아기 이야기, 예수의 탄생을 바라보는 마리아의 시각, 목자들의 방문, 많은 이의 사랑을 받는 다양한 비유, 십자가 처형과 부활에 관한 루가 자신의 설명 등을 들 수 있다. 이 내용의 출처는 알려져 있지 않다. 이 이야기들은 복음서 저자들이 속한 교회가 귀중히 여기던 이야기일 수도 있고, 그들이 직접 조사한 결과물일 수도 있으며(루가 1:1~4), 저자 중 하나에게는 전해졌지만 나머지에게는 전해지지 않은 구전일 수도 있다.

마지막으로 우리는 네 번째 복음서인 요한의 복음서와 만나게 된다. 전통적으로 사람들은 요한이 나머지 세 복음서를 알고 있었다고 여겼다. 예를 들어 2세기 말 알렉산드리아의 클레멘스Clement of Alexandria는 요한이 다른 복음서에 담긴 '육체적'인 사실에 대한 보충으로 '영적 복음서'를 썼다고 보았다.[2] 실제로 요한의 복음서와 다른 복음서들 사이에 겹치는 부분은 그리 많지 않아서, 세 복음서가 사용한 자료 중 요한의 복음서에서 나타나는 것은 10%도 채 되지 않는다. 네 번째 복음서에 빠진 것(예수의 변모 사건transfiguration, 악령 축출, 비유, 최후의 만찬 중 성찬례 제정 등)이 있는 반면 새로 포함된 부분(니고데모, 라자로, 길게 나눈 대화 등)이 있다는 점을 들어 학자들은 대개 이 복음서가 나머지 세 복음서와는 상당히 동떨어진 채 기록되었다고 생각한다. 겹치는 부분이 있다면 이는 예수에 관한 구전이 이 복음서 저자에게 따로 전해졌다는 설명이 가장 설득력 있다.

정리하면, 현재 복음서를 연구하는 학자들은 복음서들이 복잡하게 겹쳐 있는 양상에 관해 다음과 같이 의견 일치를 이룬다. 즉 마르

---

[2] Eusebius of Caesarea, *Historia Ecclesiastica*, IV.14.7. 『유세비우스의 교회사』(은성)

코의 복음서가 가장 먼저 기록되었고 마태오와 루가는 마르코의 복음서와 또 다른 출처인 'Q', 이에 더해 각자 갖고 있던 자료를 사용했다. 요한의 복음서는 이 세 복음서와는 별개로 기록되었으며 가장 마지막에 기록되었을 것이다. 이를 그림 2와 같이 표현할 수 있다.

다른 설명 또한 가능하다. 아우구스티누스는 마태오의 복음서가 가장 먼저 쓰였고 마르코가 이를 축약했으며 루가가 두 복음서를 활용했다고 생각했다. 1776년 그리스바흐J.J.Griesbach는 복음서를 평행한 세로 단으로 배열해 펴냈으며, 마태오가 첫 번째, 루가가 뒤를 이으며 마르코가 마지막으로 이 둘을 자신의 이야기에 요약했다고 주장했다. 그러나 두 가설은 마르코의 복음서가 나머지 두 복음서에 있는 내용을 왜 그리 많이 배제했는지를 설명해야 하며, 이는 학자들이 마르코 우선설로 의견 일치를 이루는 이유 중 하나이기도 하다. 최근

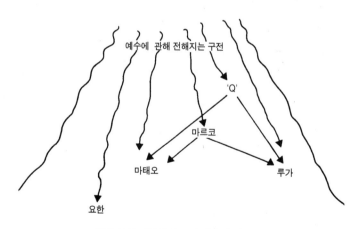

그림 2. 복음서들의 관계에 대한 합의된 견해

에는 마르코의 복음서가 가장 먼저 기록되었으며 다음으로 마태오가 복음서를 썼고 루가가 이 둘을 활용했다는 주장이 등장했다. 이러한 주장에는 마태오와 루가의 복음서에서 나타나는 이중 자료를 루가가 마태오의 것을 이용했다고 설명함으로써 'Q'라는 가상의 자료를 폐기할 수 있다는 점에서 장점이 있지만, 루가가 마태오의 자료를 왜 그리 많이 빠뜨렸는지 그리고 이를 왜 그렇게 광범위하게 개정했는지 설명해야 한다는 난점이 존재한다.

이러한 이론들은 답변할 수 있는 것보다 더 많은 의문을 불러일으키기에 이 책에서는 네 편의 예수 초상을 이해하려 할 때 의견 일치를 이룬 견해를 따라 이야기를 전개하겠다. 이와 함께 현대의 학문적 기준에서 잠시 벗어나, 원자료source를 뒤따르되 이를 자유로이 편집했던 고대의 관습을 염두에 둔다면 저자들 각각이 자신이 갖고 있던 원자료를 어떻게 다루었는지가 드러날 것이다.

복음서가 담고 있는 자료의 종류는 무엇인가? - 양식

데이비드 왓슨David Watson은 언변이 탁월한 재능있는 설교자였다. 이야기, 일화, 농담을 가지고 설교를 풀어가곤 했던 그는 설교에 사용한 소재를 책을 쓸 때 활용하기도 했다. 그의 설교를 듣고 그가 쓴 책을 읽었던 학창 시절을 떠올려 보면, 그는 익숙한 이야기를 들어 핵심을 강조할 때가 많았다. 이야기의 흐름과 맥락에 맞추어 '집어넣다' 보니 이야기의 시작은 조금씩 달랐지만 결국 전하고자 하는 바는 똑같았다. 농담도 마찬가지였다. 청중에 따라 상황, 인물, 펼쳐지는 대화는 다양했지만 결정적인 메시지는 같았다. 1984년 데이비드가 암으로 세상을 떠난 뒤 그의 서재에서는 일목요연하게 정리된 이야기, 예화와 일화 모음이 발견되었고 그중 일부는 이후 책으로 출간되기도 했다.

코미디언이나 연예인은 말할 것도 없이, 설교하는 이와 가르치는 이들은 대부분 이러한 방식으로 자료를 보관해 놓는다. 슈미트와 불트만은 이와 유사한 일이 복음서에서도 일어났음에 주목했다. 복음서의 많은 부분은 200~300 단어로 된 짧은 이야기들로 구성되어 있으며 각 이야기는 느슨하게 연결되어 내러티브를 이룬다. 슈미트는 각 이야기가 시작하는 지점에 있는, 이전 이야기와 연결되는 '이음매들'에 주목했다. 이야기는 내러티브에서 '잘라낼' 수 있으며 그 자체만으로도 의미를 가질 수 있다. 이러한 이유로 복음서 구절 하나를 뜻하는 전문 용어 '단화'pericope(헬라어 '페리콥토'περικόπτω를 어원으로 함)는 '오려낸다'는 뜻을 갖고 있다. 복음서가 지닌 이러한 특징은 이미 전례나 독서Bible readings를 통해 잘 알려져 있다. 전례 중에, 성서 독서를 하는 중에 우리는 복음서에 있는 한 이야기를 '잘라내' 사용하지 않는가.

마르코의 복음서 초반부는 이 점을 잘 보여준다. 1장에는 예수가 공생애를 시작한 후 나병 환자를 치유한 이야기가 나오는데(1:40~45), 이야기는 "나병 환자 한 사람이 예수께로 와서…"라는 말로 시작할 뿐 언제 어디서 벌어진 일인지 아무런 암시도 남기지 않는다. 이어서 또 다른 이야기들이 등장하는데 일부는 치유와 관련이 있지만 모든 이야기가 그렇지는 않다. 그리고 이 모든 이야기는 예수와 유대교 지도자들 간에 갈등이 벌어지는 것으로 끝난다(2:1~12, 13~17, 18~22, 23~28, 3:1~6). 이어지는 4장에서도 독자들은 또 다른 이야기 모음, 곧 하느님 나라 비유들을 발견한다. 씨 뿌리는 사람 비유(4:1~9)와 그 해석(4:10~20), 등불과 저울질 비유(4:21~25), 자라나는 씨 비유(4:26~29), 겨자씨 비유(4:30~32)로 이어지는 이야기는 4장 33~34절에서 예수가 비유를 사용했다는 '요약'으로 마무리된다. 여기서 마르코는 자신이 체계적으로 모아둔 자료 중 '갈등 이야기'로 분류해둔, 그리고 '비유'라고 이름 붙여 둔 일부 '단화들'을 끄집어내 맞춘 것처럼 보인다.

이처럼 불트만이나 슈미트 같은 '양식 비평가'는 복음서 이야기들을 그 '양식'에 따라 분석했다. 오늘날에도 사람들은 '옛날, 아주 먼 옛날...' 혹은 '안녕하십니까, 저녁 뉴스를 전해드리겠습니다'와 같은 첫머리를 통해 옛날이야기와 뉴스 속보를 구분하며 이어지는 양식이 다르리라고 예상한다. 아마도 옛날이야기는 사람들과 신화에 나올 법한 동물들이 나와 행복한 결말로 끝날 테고 속보는 구분된 항목을 순서대로 보도한 뒤 결론을 요약하며 끝날 것이다. 마찬가지 방식으로 복음서의 많은 부분을 분류할 수 있다. 먼저 '기적 이야기'miracle stories에는 자연 현상을 통한 기적(예를 들면 마르 4:35~41의 거센 바람과 풍랑 이야기)과 기적적인 치유(마르 3:1~6)가 있는데, 많은 경우 상황, 기적, 그리고 성공적 결과라는 3단계 양식으로 되어 있다. 개별적인 '어록'sayings은 명확한 정황이 없다(예를 들면 마르 2:21~22). '비유'parables는 의도를 담은 이야기인데, 예수만 사용한다는 특징이 있다(예를 들면 마르

4). '선포 이야기'pronouncement stories는 바리사이파(바리새파) 사람들의 질문, 이들과 벌이는 논쟁으로 시작해 예수의 선포로 끝난다. 마르코의 복음서 2장 23~28절이 전하는 선포 이야기의 경우 좌중이 말을 잃게 하는 가장 중요한 한 마디는 28절이다.*

데이비드 왓슨이 자신의 설교에 힘을 싣고자 이야기들을 사용하고 또 사용했던 것처럼 최초의 그리스도교인들은 설교하고 가르칠 때 이 이야기들을 전하고 또 전했다. 이와 같은 분류를 통해 우리는 예수가 활동하던 때부터 복음서가 기록되던 때까지의 세대, 달리 말해 '구전 과정'oral tunnel을 살필 수 있게 된다. 우리는 이 이야기들을 사용했던 초대 교회 생활을 이루는 정황이 어떠했는지, 그리고 이들에게 영향을 끼친 사안들이 무엇이었는지 상상할 수 있다. 요한은 예수가 행했던, 그러나 "이 책에 기록하지 않은 수많은 표징"을 언급한다 (요한 20:30, 21:25). 자료는 교회들 안에서 구전, 설교, 가르침, 지도를 통해 돌고 돌았다. 따라서 '양식'에 주목함으로써 우리는 자료가 보전된 이유를 이해하는 데 도움을 얻을 수 있다. 이 초기 교회들을 충분히 알지 못하기 때문에, 이야기에서 정황을 추론해 다시금 이야기를 해석하는 데 사용하는 순환논증을 경계해야 한다. 게다가 모든 자료가 이 양식이라는 범주에 잘 들어맞는 것도 아니다. 어떤 자료는 한 가지 이상의 양식에 맞기도 한다. 그러나 신중히 사용한다면 복음서 구절의 양식이나 유형을 고찰하는 일을 통해 독자는 이야기가 기능

---

* "...인자는 또한 안식일에도 주인이다." (마르 2:28)

하던 방식, 또한 교회들이 실질적으로 활용하기 위해 이야기를 주고 받던 방식(가령 초대 교회 교사들이 자신들이 속한 교회 회중을 위해 예수라는 인물과 메시지를 해석하고 재해석하던 방식, 오늘날까지 모든 설교자가 해온 방식)을 이해하는 데 도움을 얻을 수 있다. 이러한 통찰은 복음서 저자들이 자신이 속한 교회가 갖고 있던 이야기들과 이들이 갖고 있던 원자료들을 통해 자신들의 예수상을 구성하는 방식을 살피는 데 도움을 준다.

저자는 어떠한가? - 편집과 구성

교직원 휴게실에서 커피 한잔하며 신문을 읽으려는데 자주 찾던 신문이 없을 때가 있다. 누군가가 그 신문을 가방에 넣어 갔기 때문일 것이다. 안타깝지만 다행인 것은 휴게실에 다른 신문들도 있다는 점이다. 다양한 신문을 읽으면 신문이 각각 특정 사건을 어떻게 표현하고 바라보는지를 알게 된다. 신문을 서너 개 펼쳐두고 같은 사건을 다룬 기사를 비교하는 일은 무척이나 재미있는 일이다(하지만 사람들이 붐비는 휴식 시간에는 하지 않는 것이 좋다). 그들 모두 같은 사건을 동일한 언론보도강령을 준수하면서 전한다. 그럼에도 유의미한 차이는 눈에 띄게 마련이며 정치적으로 논란이 되는 사안을 보도할 때는 더욱 그러하다. 한 신문은 언제나 정부 편을 들며 다른 신문은 야당 편에 선다. 어떤 편집자의 시각은 확연히 보수적이고 어떤 편집자는 자유주의 이념을 옹호한다. 어떤 편집자는 환경이나 인종차별과 같은 특정 문제에 각별한 관심을 기울이는 것으로 잘 알려져 있는데, 이들은 할 수만 있다면 이러한 관심을 반영하는 기사를 쓰려 할 것이다. 많은 경우 이러한 선호나 관심은 미묘한 수단을 통해 독자에게 전달된다. 이를테면 단어를 다르게 배치하고 이야기의 초점을 전환하거나 몇 가지 이야기를 며칠 동안 혹은 그 이상 계속 전함으로써 누적 효과를 꾀하는 식이다. 이러한 시도에 특별한 악의가 있다거나 무언가 은폐하고 있다고 하기는 어렵다. 독자들도 특정 신문사가 어떠한 관점을 갖고 있는지, 무엇에 관심하는지를 알고 그 신문을 택한다. 지금 일어나는 일을 타당하게, 정확하게 보도한다 해도 여기에는 불가피하게 해석이 작용한다. 독자는 저자들이 이야기를 전하는 방식을 통해 그들이 어떻게 사건을 해석하는지를 알게 된다.

오늘날 신문 보도가 그러하다면 각기 다른 시기, 다른 장소에서, 다른 교회를 위해 예수 이야기를 해석한 복음서 저자들은 말할 필요도 없다. 양식 비평은 복음서 구절(단화περικοπή)들에 역점을 둔 나머지 복음서 전체를 큰 그림으로 보지 못했다. 양식 비평은 복음서 저자들을 저자가 아니라 구전 이야기를 받아 적는 서기 정도로 간주한다. 양식 비평가들이 보기에 복음서 저자들은 '가위와 풀'로 자신들이 가진 글들을 있는 그대로 이어붙여 놓는다. 되는대로 구슬을 꿰어 목걸이를 만드는 일처럼 말이다. 그런데 편집자가 자료를 이리저리 오려 붙여 신문을 편집하는 것도 실은 말할 수 없을 만큼 중요하다. 구슬을 꿰어 목걸이를 만들 때도 여러 가지 방법을 시도할 수 있으며 그 결과물이 언제나 똑같은 모양으로 나오지도, 똑같은 아름다움을 발하지도 않는다. 전체는 부분의 합 그 이상이다.

1950~60년대에는 양식 비평과 더불어 복음서에 접근하는 새로운 방법이 대두했다. 이 방법은 편집 비평redaction criticism이라 불리는데 이 말의 어원은 신문 편집 작업을 뜻하는 독일어 Redaktion에서 비롯했다. 같은 이야기를 마르코, 마태오, 루가가 다룬 세 가지 기사를 나란히 놓고 보면 독자들은 마태오와 루가가 자신들이 편집한 기사에서 원자료인 마르코의 복음서에 어떠한 변화를 주었는지 알아챌 수 있다. 이 세 '공관' 복음서를 병행하는 세로 단에 배열해 둔 '공관 대조표'synopsis는 복음서들을 함께 보기 위해 반드시 있어야 하는 도구다 (헬라어 '쉰'σύν은 '함께'를, '옵티스'ὄψις는 '봄'을 뜻한다). 귄터 보른캄Günther Bornkamm은 1948년, 이제는 고전이 된 「마태오의 복음서에 기록된 풍랑 진압」The Stilling of the Storm in Matthew이라는 논문을 발표했다. 이 논문에서 그는 예수가 풍랑을 잠재운 사건에 관한 마태오의 이야기(마태 8:23~27)가 마르코의 복음서에 등장하는 자연 현상을 통한 기적 이야기(마르 4:35~41)를 재해석했음을 보여준다. 이러한 해석을 거쳐 이야기는 맹렬히 덮쳐오는 풍랑에서 자신을 따르는 이들을 구해내는 예수의 힘을 제자들에게 보여주는 것으로 나타난다. 그리하여 본래 전해진 이야기는 초기 그리스도교 신자들의 삶에 유의미한 것이 되었다(153쪽, '교회와 제자들' 항목을 참조하라). 이러한 분석은 복음서 저자에 대한 이해에 현격한 변화를 일으킨다. 이제 복음서 저자는 예수를 바라보는 자신의 관점을 청자에게 알리려는 설교자, 자신이 이해한 바를 독자에게 제시하는 신학자로 거듭난다.

이후 수십 년간 편집 비평을 통해 복음서 저자들이 그리는 각각의 예수상을 이해하는 데 커다란 진전이 있었다. 각 복음서가 자신들이 가진 원자료에 가했을지 모를 미묘한 변화를 확인하는 것만으로는 충분치 않다. 복음서를 잘 이해하기 위해서는 그림 전체를, 즉 복음서가 되풀이해서 돌아오는 주 관심사를 살펴야 하며, 복음서 저자들이 즐겨 쓰는 단어와 문구에 주목하고 이들이 사용하는 어휘와 심상을 분석해야 한다. 한 신문이 어떤 단어를 쓰는지, 그들이 취재한 기사나 보도가 사건을 어떠한 시각으로 바라보는지를 통해 그 신문이 어떤 입장에 서 있는지 감을 잡듯이 말이다. 이 책은 네 편의 예수 초상을 압축해 공통적인 부분만 남기는 시도를 지양하며, 각 복음서의 해석을 따로따로 살피는 데 관심을 둔다는 점에서는 일종의 편집 비평 연습이라 할 수 있다.

초기 편집 비평을 통하여 우리는 다른 것에 의존하지 않고 복음서 저자의 각 작품에 담긴 신학적 함의를 검토함으로써 그들을 이해할 수 있다. 근래에는 이 방법을 통해 그들이 문예가로서 기교를 자신의 작품에 발휘했음이, 달리 말해 단지 중요한 이런저런 이야기를 각각 강조한 정도가 아니라 한 작품의 짜임새를 엮어냈음이 드러났다. 형형색색의 구슬을 순서를 달리해 꿰면 각기 다른 무늬가 나타나는 법이다. '구성 비평'composition criticism은 저자가 내러티브를 어떻게 구성하고 배열하는지에 관심한다. 앞서 마르코가 갈등에 관한 이야기 (마르 2장)와 비유 이야기(마르 4장) 등 두 종류의 이야기를 모아 예수의 초기 활동 보도를 배열했음을 확인한 바 있다. 마태오는 자신의 복음서를 예수의 가르침 다섯 묶음으로 정리했으며 그중 가장 유명한 것이 '산상 설교'다. 루가의 복음서는 지역의 이동에 따라 짜여 있다. 이 복음서는 예수가 갈릴래아(갈릴리)와 그 주변에서 활동을 시작해 (4:14~9:50), 예루살렘을 향해 나아가는 긴 여행 내러티브로 이어지며, 마침내 예루살렘에 도착해 죽음을 맞이한 후 부활하는 사건을 다루는 결말로 끝맺는다. 요한 역시 지리에 따라 이야기를 이끌어나가지만 루가와는 사뭇 다르다. 요한의 복음서에서 예수는 예루살렘에 몇 차례 방문한다. 요한은 이야기를 구성하는 기술을 발휘해 예수가 일으킨 기적들을 그 의미를 설명하는 긴 담화와 이어두었다. 이를테면 5천 명을 먹이는 이야기(요한 6:1~14) 뒤에는 생명의 빵에 관한 가르침 (요한 6:25~59)이 이어진다. 이러한 식으로 자신이 갖고 있던 자료를 편집할 때, 저자들은 마치 초상화가처럼 주인공 곁에 다른 사람이나 사물을 함께 등장시킴으로써 자신들이 그를 어떻게 해석하는지 드러낸다. 이를 염두에 둔다면 우리는 각 복음서 저자가 글을 쓰는 방향, 자신이 가진 원자료를 활용하는 방법, 그리고 자료들을 제시하고 정리하는 방식을 주의 깊게 살펴야 함을 알 수 있다. 그들이 예수에 관해 전하고자 하는 모든 것을 제대로 알고자 한다면 말이다.

본문에 문학적으로 접근하기 - 내러티브와 독자

네 편의 복음서 저자가 설교자이자 신학자일 뿐 아니라 노련한 문예가라면 오늘날 문화에서 문학 분야가 발전시킨 도구들을 사용해야 한다. 문학의 관점에서는 저자, 독자, 그리고 그 사이를 잇는 본문이라는 삼각형 구도 관계가 반드시 있게 마련이다. 그러나 복음서를 연구할 때는 비일비재하게 저 셋 중 하나만을 강조한 나머지 다른 둘을 희생시키곤 했다. 예수를 그린 네 명의 초상화가를 제대로 알고자 한다면 저자들 자체를, 그들이 자기 작품을 제시하는 방식을, 그리고 그것이 우리에게 불러일으키는 반응을 모두 살펴야 한다.

네 편의 복음서 저자들이 본문에서 직접 모습을 드러내는 경우는 거의 없다시피 하고, 다만 루가의 복음서 첫 부분(1:1~4)과 요한의 복음서 끝부분(20:30~31, 21:25)에 '나'라는 표현으로 개인 의견을 밝힐 뿐이다. 그러나 고대 전기가 대개 그러하듯 복음서 역시 끊김 없는 산문 내러티브로 기록되었다. 그러므로 각 본문에는 '내러티브 해설자'narrator, 즉 '이야기를 하는' 사람이 있다. 복음서 저자를 이야기꾼으로 보고 그 방식에 주목하는 것은 유익하다. 그들이 나직한 목소리로 읊조리거나 보고 들은 바를 전할 때, 의견을 밝힐 때 이들이 예수를 어떻게 바라보는지가 더 잘 드러나기 때문이다. 마태오가 예수의 초기 치유 활동을 다룬 마르코의 복음서 1장 32~34절을 어떻게 활용하는지를 보자. 여기서 해설자 마태오는 "이 일이 구약의 예언을 이루기 위한" 것임을 강조한다(마태 8:17). 유사한 방식으로 해설자가 의견을 남겨둔 형태의 구절이 여럿 나타남을 고려할 때, 마태오는 예수가 예언을 어떻게 성취하는지를 강조하는 데 천착했음이 분명해 보인다. 이러한 방식은 고스란히 그가 그리려는 예수 초상의 일부가 되며, 다른 복음서 저자들은 취하지 않는 방식이다. 모든 내러티브에는 플롯, 즉 등장인물과 이야기가 특정 방식으로 나아가게 하는 사건 순서가 있어야 한다. 플롯의 중심은 대개 '갈등'이다. 갈등은 이야기를 진전시키고 긴장감을 고조해 특정 행위의 성공 여부와 무관하게 이야기를 절정으로 이끈다. 네 편의 복음서는 모두 예수와 당시 종교 지도자들 사이에 갈등이 더 심해졌다고 전한다. 이때 저자들은 누군가 계속 예수를 찾아다녔으나 예수는 이를 모면했다는 이야기를 반복해 말함으로써 긴장감을 고조시킨다. 이러한 양상은 예수가 체포되어 재판을 받아 처형되는 마지막 부분에 이르기까지 계속된다. 저자들은 복음서 전체의 뼈대를 이루는 이 갈등을 각자 조금씩 다른 플롯을 가지고 해설한다. 그리고 여기서 그들이 예수를 어떻게 그리고 있는지가 드러난다. 플롯과 등장인물, 사건과 갈등은 일정 구조를 따라 해설되어야 한다be narrated. 문학에 대한 구조주의 접근법은 이 기본 구조 안에 보내는 이와 받는 이, 주인공과 상대, 조력자와 대적자 사이에서 일어나는 창조적인 긴장이 담겨있음을 지적한다. 이러한 문학 용어들을 사용해 우리는 복음서 저자들이 예수를 그릴 때 어떻게 인류를 위해 하느님께서 보내신 분으로 묘사하는지, 혹은 예수가 활동할 때 만난 이들에게 어떤 도움을 받거나 거절당했는지를 확인할 수 있다. 그리고 이러한 방법은 복음서 저자들이 어떤 그림을 그렸는지 더 잘 가늠하게 해준다. 텔레비전이나 대중 매체가 없던 고대에는 대중 연설이 중요한 역할을 했기에 수사학, 즉 법정이나 대중 집회에서 많은 청자의 마음을 움직이기 위한 언어 활용법이 교육의 큰 부분을 차지했다. 그러므로 복음서에서 다양한 수사적 기교와 문학적 장치를 발견할 수 있다는 사실은 전혀 놀라운 일이 아니다. 복음서에는 반복되는 문학적 패턴, 모티프, 상징 혹은 인물, 반어법, 문체, 시간적·공간적 배경, 그 외의 수많은 문학적 장치가 있다. 문학 비평은 오늘날 복음서 본문을 바라보는 가장 흥미로우며 급속히 영역을 넓혀가는 방법론 중 하나다.

저자와 본문에 관해 간략히 살펴보았으니 이제 독자에 관해 생각해보자. 이 책을 내기 위해 제안서를 준비할 때 저작권 대리인은 내게 대상 독자intended reader가 누구인지, 요즘 말로 어느 '시장'을 노리고 있는지 물었다. 모든 저자는 마음에 두고 있는 독자, 특별히 자기 이야기를 들려주고픈 목표로 상정해둔 이들이 있다. 고대 문헌의 경우에는 특정 독자 한 사람에게 바칠 때가 많았다. 이들은 보통 부유한 후원자나 후견인이었고 저자는 글의 도입부나 결말부에 이들의 이름을 명시했다. 루가는 자신의 복음서 서문에서 데오필로(데오빌로)라는 이름을 언급하며 단수 대명사 "당신"을 사용한다. 그러나 이 책에서도 두 딸에게 헌사를 바쳤지만 더 많은 사람에게 읽히기를 바라듯, 루가의 복음서 역시 더 많은 독자를 염두에 두고 있음이 분명하다. 요한은 자신의 책 마지막에 복수 "여러분"을 언급하며, "여러분으로 하여금 ... 믿게" 하려는 의도를 내비친다(20:31). 현재로써는 데오필로가 누구인지, 복음서 저자들이 복음서를 써서 보내기로 한 집단의 정체가 무엇인지를 알 수 없다. 우리가 '독자'讀者를 운운하고 있기는 하나 실제로 고대 문헌이 전달되던 가장 흔한 방식은 청중에게 큰 소리로 본문을 낭독하는 것이었다. 교육받은 로마인들이었다면 이를 만찬 후 여흥 수단으로 사용했겠지만, 복음서는 회중이 예배하는 동안 낭독되었을 것이다.

저자들은 특정 집단, 즉 대상 독자를 위해 글을 썼겠지만, 우리는 여기서 더 나아가 본문을 살핌으로써 내포 독자implied reader, 즉 그들이 글을 쓰면서 염두에 둔 독자층을 발견할 수 있다. 이를테면 마태오는 계속해서 유대교의 예언이 이루어졌다고 언급하는데, 이는 그가 상정한 내포 독자가 유대인이거나 유대교 경전에 익숙한 사람들이었음을 암시한다. 루가는 그렇게 하지 않았는데 이는 아마도 그가 이방 Gentile이라는 다른 시장을 겨냥했기 때문일 것이다. 복음서 저자들의 각기 다른 초상을 온전히 이해하고자 한다면, 또 21세기라는 안경으로 복음서를 읽을 때 놓칠 수도 있는 미묘한 세목까지 파악하고자 한다면, 그들이 상정한 내포 독자의 관점을 이해해야 한다. 마지막으로 염두에 둬야 하는 것은 이 본문의 실제 독자인 우리 자신이다. 복음서 본문을 만나는 순간 본문은 우리가 실제 독자가 될 것을 요청한다. 복음서는 독자들을 초청해 자신의 세계로 들어오게 하며 예수의 말을 듣게 하고, 그가 행한 위대한 일을 보게 하며, 그들이 이해한 예수를 배우게 한다. 그리고는 본문에 등장한 사람들이 했던 질문과 동일한 질문을 우리에게 던진다. "도대체 이 사람이 누구인가?"(마르 4:41), 그리고 "나는 예수를 어떻게 하라는 것인가?"(마태 27:22) 달리 말하면 복음서는 우리가 참여함으로써 응답하도록 우리를 초청하는 초상화들이다. 우리는 이 초상화들이 보여주는 예술적 기교에 감탄만 하고 서 있을 것이 아니라 자리를 옮겨 다음 방에 있는 작품을 보아야 한다.

이에 더하여 우리가 복음서를 읽고 저자들의 예술적 기교를 접하는 첫 번째 사람이 아니라는 점을 염두에 두어야 한다. 성서는 시대와 문화를 막론하고 가장 많은 사람에게 읽히고 팔린 책이다. 성서는 개인의 삶, 인류 역사의 흐름에 끊임없이 영향을 미쳤고 이를 변화시켰다. 전통적으로 성서학 방법론은 원저자와 청자audience에 집중했지만, 최근에는 독자를 강조하면서 수 세기에 걸쳐 사람들이 성서를 어떻게 이해했는지, 성서로부터 어떠한 영향을 받았는지에 주목하는 경향이 있다. 성서에 속하는 책들이 그러하듯, 책에 담긴 의미는 처음부터 확정된 것이 아니다. 이들의 의의와 더욱 깊은 이해는 시대를 거치며 새로이 나타난다. 근래 성서학자들은 성서를 이루는 책들을 오늘에 이르기까지 사람들이 어떻게 받아들였는지 살피기 시작했다. 이러한 연구는 영향사Wirkungsgeschichte, 혹은 수용사reception history로 불린다. 우리가 눈앞에 있는 성서를 읽지만 이는 고대의 본문이 오늘날 우리에게로 곧장 전해진 것이 아니라 2천 년을 관통하는 해석의 역사를 거쳐 보게 되는 것이다. 이러한 해석의 역사를 연구하는 영향사 학자들은 고대 성서 해설서를 찾아보고 교부들이 이 책들을 어떻게 활용했는지, 나아가 각 구절을 성 토마스 아퀴나스St Thomas Aquinas 같은 후대 신학자들과 위대한 저술가들이 어떻게 사용했는지를 살핀다. 성서 해석은 종교개혁 논쟁의 핵심이었기에 루터Martin Luther나 칼뱅Jean Calvin이 성서의 핵심 구절들을 어떻게 읽었는지, 그 이야기가 오늘날 신학자와 학자들에게 어떻게 이어졌는지를 탐구하는 것은 매우 중요하다.

복음서는 신학자들만 주로 읽은 책이 아니다. 세대를 뛰어넘어 무수한 예술가, 시인, 음악가, 설교자가 복음서를 읽었으며 지극히 평범한 사람들도 복음서를 읽었다. 따라서 영향사 혹은 수용사 연구는 '영향 비평'effect criticism, 곧 이야기가 사람들에게 미친 영향이나 파급효과를 분석하는 연구라 할 수 있겠다. 예를 들면 수난 기사, 즉 예수가 고난받고 죽임을 당하는 이야기를 볼 때 이를 문학 양식이라는 관점, 혹은 복음서 저자들이 수난을 묘사한 방식, 내러티브의 순서나 구조 등만을 가지고 이야기를 살피는 것으로는 충분치 않다. 더 나아가 우리는 이 이야기가 미친 영향, 신학자들이 이 이야기를 읽고 어떻게 해석했는지, 미술사를 수놓은 위대한 거장들이 이 이야기와 관련한 어떤 그림과 조각을 남겼는지, 바흐Bach와 같은 작곡가들이 예수의 수난을 주제로 어떤 곡을 만들었는지, 근래에는 할리우드가 어떻게 수많은 영화에서 이 주제를 다루었는지를 살펴야 한다. 수많은 해석은 어떻게 표현되었을까? 복음서의 상이한 기사들을 사람들은 어떻게 다루었고 또 합쳤을까? 그리고 무엇보다 이를 통해 사람들의 삶은 어떻게 변화되었을까? 이처럼 복음서가 인류에 미친 파장과 영향에 주목하는 것은 지나치게 고립된 학계 연구를 바로잡는 데 유용하다. 복음서 이야기들은 인류 역사 전체에 가장 오랜 기간 의미를 가져다준 이야기 중 하나이기 때문이다. 그렇기에 우리는 복음서를 존중하고 그 앞에 겸손해야 한다.

실제 독자인 우리 가운데 누군가는 지금까지 다룬 내용이 흥미롭기는 하나 좀 지나치다고 생각할지도 모른다. 미술관을 둘러보다 보면 잠시 자리에 앉아 그때까지 살핀 그림들을 다시금 떠올려보는 편이 더 나을 때가 있다. 지금까지 나는 네 복음서가 예수를 그린 네 편의 초상화와도 같으며 각각의 책을 세심하게 검토하여 그것이 전하는 독특한 메시지를 이해할 필요가 있다고 말했다. 복음서는 그리스-로마의 일대기와 장르가 지닌 속성을 수없이 공유하고 있기에 복음서의 장르는 고대 전기라 할 수 있다. 이 사실만으로도 각각의 예수 초상에 관심을 기울일 이유는 충분하다. 전기란 한 인물에 관한 무언가를 독자에게 전하기 위해 존재하기 때문이다. 그다음 나는 학자들이 사용하는 다양한 도구를 소개했다. 자료 비평은 복음서의 원자료를 분석하고 한 복음서가 다른 복음서를 어떻게 활용했는지 판별한다. 양식 비평은 각기 다른 유형의 독특한 복음서 구절들을 살핀다. 편집 비평은 복음서 저자들이 자신들이 갖고 있던 자료들을 편집한 편집자였음을 강조하고 이들이 저자였음을 고려하며 이들이 전한 내러티브의 구성에 관심한다. 문학 비평은 본문, 플롯, 구조, 수사적 기교, 그리고 독자의 자리를 분석한다. 마지막으로 복음서를 이해하기 위해서는 복음서가 사람과 사회에 영향을 끼쳐온 전 역사를 심사숙고해야 한다는 사실도 살펴보았다. 이 모든 것은 복음서라는 예수 초상 앞에 섰을 때 활용할 수 있는 유익한 도구들이다. 그러나 갑작스럽게 너무 많은 도구를 소개받아 미술관을 정신없이 돌아다녔을 때처럼 발에 통증을 느끼는 것만 같은 기분을 느낀다 해도 무리는 아니니 의자에 앉아 쉬듯 잠시 다른 이야기를 해보겠다.

어떤 독자는 '비평'이라는 말을 듣자마자 불편함을 느낄지도 모른다. '셀 수 없이 많은 사람이 거룩한 경전으로 숭상하는 책을 어찌 감히 '비평'한단 말이지?'라고 반문하면서 말이다. 모든 문학 도구는 인간의 산물인 세속 문학 작품을 연구하는 과정에서 벼려진 것인데 이 도구들을 하느님께서 주신 영감에 따라 기록되었다는 책에 동일하게 적용할 수 있을까? 또한 자꾸 들먹이는 '구성'과 '창조성'과 같은 표현은 복음서 저자들이 복음서의 모든 것을 만들었음을 은밀하게 알려주려고 예의상 하는 말이 아닐까? 때때로 사람들은 복음서를 연구하는 학자들에게 이런 진심 어린 우려를 표하며, 이는 신앙을 가진 이라면 자연스럽게 나올 법한 반응이다. 그러나 이러한 의견들은 하느님께서 성서를 받아쓰게 하셨으며 인간은 그 과정에 전혀 개입하지 않았다고 전제하고 있다. 이런 전제에서 인간인 저자는 하느님께 붙잡혀 이용당하는 필기용 기계에 지나지 않는다. 정말로 그렇다면 여기에 '비평'이나 '구성'과 같은 단어는 쓸 수 없을 것이다. 그러나 '영감'을 그러한 식으로 보는 것이 진정한 그리스도교적인 이해라고 보기는 어렵다. 무언가에 홀려 저절로 글을 쓴다는 생각은 주술 의식에 더 가깝다. 그리고 '하느님께서 받아쓰게 하신다'는 생각은 다른 경전에서는 발견되나 성서에서는 찾아볼 수 없다.

이 지점에서 신약성서가 우리를 안내할 것이다. 앞서 말했듯 루가는 저자 서문으로 자신의 복음서를 시작하며 이는 고대 문헌 전반에 걸쳐 발견되는 형태와 유사하다. 그가 복음서를 쓰게 된 것은 분명히 인간의 결단에 따른 것이다. 루가는 다른 사람들이 쓴 기사들을 보았다고 말하며 "나도" 이를 정리해 책으로 "써 드리는 것이 좋겠다고 생각하였다"고 밝히지 않았는가(루가 1:3). 베드로의 둘째 편지(베드로후서) 1장 21절은 "사람들이 성령에 이끌려서 하느님께로부터 오는 말씀을 받았다"고 이야기하는데 이는 성서가 말하는 예언이 인간과 하느님의 저작이 결합한 것임을 암시한다. 이때 사용된 '페로메노이'φερόμενοι라는 단어는 '북돋움' 혹은 '감동'이라는 뜻을 담고 있지, 추동 혹은 강제를 뜻하지 않는다. 영감은 지배가 아니다. 유명한 디모테오에게 보낸 둘째 편지(디모데후서) 3장 16~17절도 "모든 성경은 하느님의 영감으로 된 것('테오프뉴스토스'θεόπνευστος, 직역하면 '하느님이 불어넣으심')"으로 현실에 적용하기 위한 것이라 말한다. 곧 성서는 그리스도교인을 가르치고 책망하며 잘못을 바로잡고 훈련하여 선한 일을 할 수 있도록 준비시키는 데 유익하다. 성서 비평에 따르면 바로 이를 복음서 저자들이 수행했다. 즉 복음서 저자들은 자료를 취합해 이를 자신들이 속한 교회나 독자에게 알맞게 적용하고 해석했다. 그러므로 성서의 눈으로 성서를 보면 성서가 인간의 결정과 하느님의 영감이 결합한, 더할 나위 없이 평범한 문학적 방법을 통해 영적인 가르침을 전한 책이라는 사실을 알게 된다. 따라서 현대라는 시대에 속한 우리가 오래전 각기 다른 시간과 문화 속에서 '성령의 감동으로' 쓴 글을 제대로 이해하려 한다면, 다양한 비평 기법들을 활용하지 않을 수 없다.

하느님을 이해하는 고전적인 삼위일체론도 이러한 이해에 도움을 준다. 성부 하느님이 창조주라면 그분은 모든 창조성의 원천이다. 창조성을 복음서 저자들에게 돌린다고 해서 그들이 모든 것을 '지어냈음'을 뜻한다고 할 수는 없다. 복음서는 모든 것을 창조하신 분을 향한 복음서 저자들의 창조적인 응답이다. 성자 하느님을 온전한 인간이 된 온전한 하느님으로 고백한다면 복음서를 온전한 인간의 언어로 된 하느님의 말씀으로 보는 것도 가능하다. 복음서에 존재하는 인간의 구성을 비평하고 분석함으로써 우리는 복음서가 전하는 메시지를 이해하는 데 도움을 얻는다. 물론 엑스선이나 온갖 의학적 검사로 예수의 신체에 신성이 깃들어 있는지 그렇지 않은지 증명할 수 없듯 비평이라는 도구들은 하느님의 영감을 입증하거나 반박할 수 없다. 마지막으로 성령 하느님이 생명을 주시는 분이자 모든 영감의 원천이라면 그분은 성육신하고 부활한 예수가 한 말을 회중에게 전한 초기 그리스도교 예언자, 교사, 설교자들뿐 아니라 복음서를 쓴 저자들에게도, 정경을 확립한 초대 교회 교부들에게도 영감을 주셨다고 할 수 있다. 더 나아가 복음서에 담긴 예수라는 인간, 그가 전한 메시지를 해석해 자신이 속한 세대에게 새로이 전해주려는 보잘것없는 성서학자에게도 성령 하느님께서는 영감을 주실 것이다.

복음서에 접근할 때 문학 비평을 활용하는 것은 어떤 면에서는 성서 자체가 요구하는 바이며 거룩한 삼위일체 하느님 이해가 요청하는 바이기도 하다. 비평이라는 도구를 통한 읽기는 성서를 읽는 성서적인 방법인 동시에 문학 작품을 읽는 문학적인 방법이다. 복음서 저자들의 발 앞에 앉아 이들이 그린 초상을 바라보려 한다면 우리는 우리가 지닌 모든 기교와 재능, 마음과 정신을 발휘해야 하며, 기도하고 온 힘을 기울여야 한다. 이러한 견해가 복음서 저자들이 그린 초상과 실제 예수라는 인물이 어떠한 관계를 맺고 있는지, 네 초상이 제대로 된 그림인지와 같은 어려운 문제가 있음을 외면하는 것은 아니다. 이 문제는 먼저 모든 기술과 방법을 동원해 복음서가 그린 네 편의 예수 초상을 충분히 음미한 다음 마지막 장에서 다룰 것이다.

네 동물 - 상징을 복음서에 할당하기

예수를 그린 네 초상은 무엇이며 이 그림들이 섞이지 않게 하려면 어떻게 해야 할까? 하느님께서 에제키엘(에스겔)에게 보이신 환상(에제 1:10)에 나타나는 네 동물은 전통적으로 네 복음서에 관한 이해를 돕는 시각적 도구였다. 이 네 상징은 주위에 있는 성당과 교회에서 언제나, 어렵지 않게 접할 수 있다. 이 상징들은 설교단 석조에 박혀 있을 때도 있고 스테인드글라스로 된 창문에 눈에 띄게 표현되어 있을 때도 있다. 프레스코화로도 남아 있으며 나무로 된 아름다운 천장에 부조되어 있기도 하다. 각 상징이 복음서를 한 권씩 들고 있을 때도 있고, 때로는 복음서 저자의 이름이 상징 아래 새겨져 있을 때도 있다. 성 마태오는 인간의 얼굴을 하고 있으며 성 마르코는 포효하는 사자의 머리를 갖고 있다. 성 루가는 인내심이 많아 보이는 소, 성 요한은 날카로운 부리를 가진 독수리 형상을 하고 있다. 연구년을 보내며 이 책을 쓰기 위해 미국에서 지내는 동안 나는 곳곳에서 이 상징들을 찾을 수 있었다. 뉴욕 제너럴 신학교General Theological Seminary 만찬장과 예배당에도, 테네시 주 스와니Sewanee에 있는 사우스 대학교 독서대에도, 뉴욕 주 주도 올버니에 있는 로마 가톨릭 성당에도, 그리고 캐나다 밴쿠버에 있는 교회들에도 이 상징들이 있었다. 이 상징들은 왜 그리도 널리 퍼져있을까? 이는 과연 무엇을 의미하는 것일까?

네 상징은 예언자 에제키엘이 하느님의 부름을 받을 때 본 환상(에제 1:4~28), 성 요한이 열린 문으로 하늘나라의 예배 장면을 본 환상(묵시 4장)에서 유래했다. 두 환상 모두 인간의 얼굴, 사자, 소, 독수리의 모습을 한 생명체가 하느님의 보좌 곁에 있었다고 묘사한다. 에제키엘은 아시리아 혹은 바빌로니아 사람들과 살면서 동물 형태의 신상이나 반신상을 본 적이 있었을 것이다. 당시 사람들은 이 동물들을 네 방향, 혹은 방위와 동일시하곤 했다. 예를 들면 날개 달린 사자인 네르갈, 날개 달린 황소 마르두크, 인간 느보(혹은 나부), 독수리 니니브(혹은 니누르타)와 같은 신들이 그러했다. 하지만 에제키엘이 본 동물들은 신이 아니라 하느님의 종이다. 그리고 그들은 얼굴에 드러난 모습(1:10)에도 불구하고 형태상 사람이다(1:5). 유대 랍비 전승에 따르면 이 동물들을 선택한 이유는 이들이 지닌 품위 때문이다. 인간은 모든 피조물 가운데 최고의 존재이며 사자는 야생동물의 왕, 소는 가축 중 으뜸이며 독수리는 조류 중 가장 높임 받는 새라는 것이다. 이들은 각자 자기 영역에서 군림하는 존재이지만 하느님의 보좌 아래 있다.[3] 성서의 다른 부분을 보면 금을 입힌 천사(거룹, 그룹)들이 지성소 안에서 계약궤를 지키는 한편(1열왕 6:23~28), 사자, 소, 천사들은 성전 안에 있는 대야 받침대 위에 그려져 있었다(1열왕 7:29). 이러한 장면은 이사야가 본 환상(이사 6:1~2)에 영향을 주었는데 마찬가지로 에제키엘에게도 영감을 주었을 수 있다.

요한의 묵시록(요한계시록) 4장이 묘사한 하늘의 환상은 에제키엘서 1장이 전하는 보좌와 네 동물 이야기를 비롯해 구약에 등장하는 많은 환상에서 영감을 얻었다. 에제키엘서에 등장하는 네 생명체는 각각 네 개의 얼굴, 곧 앞에는 인간의 얼굴, 오른쪽에는 사자의 얼굴을 하고 있으며 왼쪽에는 소의 얼굴, 뒤에는 독수리의 얼굴을 하고 있다(1:6,10). 요한의 묵시록 4장 7절에서는 각 동물을 순서를 달리 설명한다. 첫째 동물은 "사자와 같고", 둘째는 "황소와 같다". 셋째 동물은 "얼굴이 사람(인간)의 얼굴과 같고", 네 번째 동물은 "날아다니는 독수리와 같다". 이 네 동물은 곧바로 초대 교회에서 네 복음서 저자를 가리키는 상징이 되었는데 크게 두 가지 견해가 있다. 두 견해 모두 인간의 얼굴은 마태오의 것, 소는 누가의 것이지만 요한과 마르코의 상징은 서로 엇갈린다.

2세기 말경 프랑스 남부 리옹의 주교였던 이레네우스Irenaeus of Lyons는 그리스도교 신앙을 지키는 보루라 할 만한 인물이었다. 역작 『이단을 반박함』Against the Heresies에서 그는 앞장서서 잘못된 이해를 바로잡

---

[3] 출애굽기 미드라쉬인 *Rabba Shemoth* 23.13에 나오는 출애굽기 15장 1절에 관한 주석을 참조하라.

고 오류나 실수에 맞서 그리스도교를 변호한다. 그는 복음서가 여러 권이라는 사실이 '완벽한 복음서는 하나도 없다'는 주장의 근거로 사용될 수 있음을 잘 알고 있었다. 그는 복음서는 더도 덜도 아닌 네 편이어야 했다고 주장하면서 그 근거로 세상의 영역이나 바람이 불어오는 방향을 가리키는 동서남북의 네 방위, 네 천사, 그리고 하느님과 계약을 맺은 네 사람(아담, 노아, 모세, 그리스도)을 든다.[4] 오늘날 우리는 이러한 주장이 설득력 있다고 여기지 않지만, 2세기 당시 이 주장은 확실히 통했다. 그가 말하기를 네 얼굴은 "하느님 아들의 성품을 뜻하는 심상"이며 인간의 얼굴은 마태오에, 사자는 요한에, 소는 루가에, 마지막으로 독수리는 마르코에 해당한다. 그렇다면 어떻게 이러한 견해가 나왔을까?

앞서 각 복음서가 대략 양피지 두루마리로 하나 분량임을 살펴본 바 있다. 아주 작은 글씨로 빽빽하게 채워 넣으면 한 두루마리에 두 권이 들어갈지도 모르겠으나 네 권은 불가능하다. 네 복음서를 모으기 위해서는 2세기에 발달한 필사본codex, 즉 낱장으로 된 자료를 한데 묶어둔 책이 필요하다. 150~180년경 이러한 방식으로 네 복음서가 한데 모인 것은 초기 그리스도교인들이 자신들이 갖고 있던 본문들을 회람하기 시작하면서다. 네 복음서를 배열하는 순서는 크게 두 가지가 있다. 마태오-요한-루가-마르코라는 순서는 '고古 라틴어'Old latin 혹은 '서방식'Western 순서라 불리는데 이는 초기 라틴어 사본이 이

---

[4] Irenaeus, *Adversus Haereses*, III.11.8~9.

에제키엘 1:10			
인간	사자	소	독수리
마태오	요한	루가	마르코
고 라틴어 혹은 서방식을 따른 순서			

와 같은 순서로 되어 있는 경우가 많고 지중해를 기준으로 서부에 있는 저술가와 교회들이 이 순서를 따랐기 때문이다. 이 순서는 두 사도(마태오-요한)에게 우선순위를 두고 분량에 따라 사도들의 동료였던 이들(루가-마르코)을 후에 배치한 결과로 보인다. 리옹의 주교 이레네우스는 이 서방식 순서에 에제키엘서에 등장하는 상징을 순서대로 할당했을 것이다. 이처럼 네 가지 상징은 분명 오래전부터 복음서를 가리키는 데 쓰였다. 페타우의 빅토리누스Victorinus of Pettau가 쓴 요한의 묵시록 주석(300년경)도 이와 같은 방식으로 복음서에 상징을 할당했다. 390년경 밀라노 주교였던 암브로시우스Ambrose of Milan 또한 서방식 순서를 따라 복음서 저자들에게 상징을 적용하여, 루가의 복음서 해설 서론을 쓸 때 요한을 사자로, 마르코를 독수리로 묘사했다.

그러나 이러한 견해만 있는 것은 아니었다. 우리가 알고 있는 순서, 즉 지금 우리가 갖고 있는 성서의 복음서 순서(마태오-마르코-루가-요한)가 처음 등장한 것은 무라토리 정경Muratorian Canon이라 알려진 단편斷片인데, 이것이 만들어진 시기는 200년에서 170년까지 거슬러 올라간다. 이 순서는 지중해 동부에 있던 그리스 출신 저술가들이 주로 사용했다. 이레네우스와 동시대 사람인 테오필루스Theophilus는 사복음서 주석에서 사자는 마르코에, 독수리는 요한에 해당한다고 제안

에제키엘 1:10			
인간	사자	소	독수리
마태오	마르코	루가	요한
그리스식 혹은 정경식 순서			

하며 마태오와 루가는 각각 인간의 얼굴과 소라는 데 동의했다. 이는 에제키엘서 1장 10절의 순서에 동방, 테오필루스가 주교로 있던 시리아 안티오키아(안디옥)에서 사용했던 순서를 접목한 것이다.

이것이 200년경 지중해 양 끝에서 주로 사용했던 (마르코와 요한을 두고 엇갈린) 두 가지 순서였다. 물론 이 밖에도 이따금 다른 소수 견해가 등장한 적도 있지만(예를 들면 히포의 아우구스티누스), 히에로니무스 Jerome는 400년경 신약성서를 라틴어로 번역한 불가타 성서를 통해 고대 세계에 알려진 다양한 복음서 순서를 정경식 순서에 따라 정돈하고 통일했다. 그는 자신이 쓴 에제키엘서 주석과 마태오의 복음서 주석 서문에서도 두 번째 견해(즉 마태오=인간, 마르코=사자, 루가=소, 요한=독수리)를 따라 상징을 할당했다. 이후 이 견해는 지배적인 위치를 점하게 되었다.

시각적 교육 도구였던 네 상징 - 근거와 설명

앞서 살펴보았듯 복음서에 상징을 부여하는 방식은 에제키엘서와 복음서를 연관 짓는 전통에서 기인했음이 분명해 보인다. 이후 이에 관한 설명들 또한 마찬가지다. 이 중 일부는 오늘날 보기에 억지스러운 면도 있다. 복음서와 상징을 연결하는 것을 뒷받침하는 근거로 제시한 구절들은 모두 각 복음서의 맨 앞에 있다. 책 표지나 홍보 문구가 없던 고대 세계의 문헌들은 글을 여는 첫 단어(혹은 단어들)를 통해 사람들에게 알려졌으며 글의 장르는 글의 첫 번째 단락인 서문이나 도입부를 통해 식별할 수 있음을 앞서 살핀 바 있다. 복음서에 부여된 상징들 역시 당대 독자들이 복음서를 접할 때 만나는 첫 번째 구절에 적용되었다. 고대 주석가들은 대개 마태오의 상징이 인간이라고 생각했는데, 마태오가 자신의 복음서를 인간의 족보(예수의 족보)로 시작하기 때문이다(마태 1:1~17). 루가는 서문 다음에 사제(제사장)직을 맡고 있던 즈가리야(사가랴)를 언급한다(루가 1:15). 구약성서에서 소는 사제가 제사를 드릴 때 쓰던 희생 제물이었기 때문에 교부들은 루가의 복음서 서두를 읽고 나서 에제키엘서 세 번째 얼굴인 황소와 연결했다. 이레네우스는 요한과 마르코의 복음서 서두에서 사자와 독수리를 발견했다. 그는 "하느님과 함께 계신 말씀"을 이야기한 요한의 복음서 도입부에서 군주와도 같은 사자를 보았다. 또한 독수리라는 상징은 마르코가 쓴 기록이 속도감 있으며 간결한 것과 연결된다고 보았다. 빅토리누스는 이러한 견해에 살을 보탰다. 그는 요한이 자신의 복음서를 시작할 때 '사자가 포효하듯' 그리스도의 신성을 선포하며 마르코는 자신의 복음서를 독수리가 날아가듯 빠르게 시작한다고 보았다. 분명 마르코도 어떠한 도입부나 탄생 내러티브도 없이 곧장 이야기를 시작하지만, 교부들이 먼저 에제키엘의 상징 순서에 서방식 복음서 순서를 엮고 난 다음 이유를 찾으려 하다 보니 상황이 복잡해진 것이다. 마태오의 복음서에 관한 설명은 세월이 흐름에도 대체로 인간의 족보에 머물렀다. 루가의 복음서와 소를 연결하는 데는 제사장 즈가리야 이야기에 덧붙여 루가의 복음서가 전한 예수가 희생 제물로 죽었다는 점이 또 하나의 근거로 추가되었다. 암브로시우스는 루가의 복음서에 나오는 탕자 비유에서 살진 송아지를 잡는다는 내용(루가 15:23)이 이 복음서에 소라는 상징을 부여할 또 다른 근거라 말하기도 했다. 또한 그는 마르코의 독수리가 부활하여 승천한 그리스도를 뜻한다고 보았다.

히에로니무스는 마태오(족보=인간의 얼굴), 루가(제사장=소)와 관련해 동일한 근거를 견지한다. 그러나 마르코의 경우 그는 사자라는 상징과 연결된다고 보았다. 사자들은 불모의 땅에서 으르렁거리는데(시편 104:21, 아모 3:4) 마르코의 복음서는 "광야에서 외치는 이의 소리"(1:3)라는 구절로 시작하기 때문이다. 또한 그는 사자가 마르코의 복음서 서두에 사막에서 예수를 위해 길을 예비하는 세례자 요한이 행한 설교를 상징하기도 한다고 보았다. 그리하여 마르코는 사자가, 네 번째 복음서 요한은 하느님의 말씀이신 예수를 선포하기 위해 '날개 쳐 하늘 높은 곳을 향하는' 독수리가 되었다.

이러한 주장들을 오늘날 우리가 어떻게 생각하든 반半 문맹 시대에 시각 상징은 사람들에게 성서를 가르칠 때 매우 중요했음을 놓치지 않아야 한다. 네 그림은 복음서를 뜻했으며 사람들은 글을 읽지 못하더라도 각각의 상징을 통해 복음서를 알게 되었다. 이와 마찬가지로 사람들은 이러한 상징을 활용해 복음서가 전하고자 하는 메시지를 요약하기도 했다. 예수는 '인간'으로 태어나 '소'처럼 희생되었고 '사자'와 같이 다시 일어나 승리했으며 자기 백성을 보호하기 위해 '독수리'처럼 날개를 펴 하늘로 올라갔다. 이러한 근거를 통해 우리는 네 상징이 어떻게 초기 그리스도교 예술을 지배하게 되었는지를 쉽게 이해할 수 있다.

히에로니무스에서 켈스의 서까지 - 채색된 복음서들

히에로니무스가 번역한 성서는 '불가타'Vulgate, 곧 '공통'Common 역본이 되었으며, 에제키엘서의 순서에 엮인 '마태오-마르코-루가-요한'이라는 정경식 순서는 표준이 되었다. 4세기부터 네 상징은 온갖 프레스코, 모자이크, 설교단, 십자가 등에서 꾸준히 발견된다. 한편 그리스도교는 200년경 브리타니아에 전파되었고, 로마식 저택의 방은 그리스도교 예배당으로 바뀌었으며 브리튼 주교들은 중요 교회 공의회에 참여했다. 그리스도교 신앙은 다비드David와 파트리치오Patrick와 같은 위대한 성인들의 활동으로 웨일스, 아일랜드 지역까지 퍼져나갔다. 410년경 로마군이 철수한 후에도 그리스도교 교회들은 독립하여 남아있게 되었다. 특히 아일랜드와 스코틀랜드, 잉글랜드 북부에서는 켈트 그리스도교 전통이 생겨났다.

595년(혹은 596년) 교황 그레고리우스는 켄트 지방 선교를 위해 훗날 초대 캔터베리 대주교가 된 성 아우구스티누스St. Augustine of Canterbury를 보내며 그에게 "많은 책"을 챙겨주었는데 이 중 복음서와 신약성서 불가타 역본이 있었다. 6세기에 이탈리아에서 기록된 한 복음서 사본(현재 케임브리지 대학교 코퍼스 크리스티 칼리지 도서관 소장, MS 286)

은 전통적으로 이때 아우구스티누스가 가져간 책 중 하나로 여겨지기에, 우리는 이 사본을 성 아우구스티누스의 복음서라 부른다. 교황 요한 바오로 2세가 1982년 5월 29일 캔터베리 대성당에 방문했을 때, 이 사본은 성 아우구스티누스 주교좌에 놓여 있었다. 복음서들이 온전히 보존되지는 않았지만, 삽화가 있는 한 페이지에는 루가가 자신의 복음서를 한 손에 들고 다른 한 손으로는 턱수염을 매만지며 생각에 잠겨 있으며 그 위로 날개 달린 소가 아름답게 그려져 있다(folio 129v). 그러므로 복음서 저자의 상징을 복음서 책에 그려 넣는 관습은 성 아우구스티누스가 브리튼 제도에 가면서 곧바로 전해졌다고 볼 수 있다. 그러나 이를 바탕으로 가장 정교하고 아름다운 전례를 남긴 이들은 켈트족 장인이었다. 더로우의 서The Book of Durrow(현재 더블린 대학교 트리니티 칼리지 소장, MS A.4.5)는 650~675년경 노섬브리아Northumbria나 아이오나 섬Iona에서 만든 것으로 추정된다. 이 책은 십자가로 나뉜 네 구획을 따라 복음서 저자들의 상징을 배열한 전면 그림으로 시작된다. 순서가 곧바로 눈에 띄는데 인간, 독수리, 소, 사자 순으로 되어 있다. 마르코의 복음서를 소개하는 전면 그림 속 동물은 독수리다. 다시 말해 이레네우스나 암브로시우스처럼 옛 서방식을 따라 상징을 연결한 것이다. 664년 열린 휘트비 교회 회의the Synod of Whitby는 부활절의 날짜, 불가타 역본의 사용, 신약성서의 순서와 같은 문제를 두고 켈트 교회가 지중해 지역 로마 교회를 따를 것을 천명했다. 이러한 시대에 더로우의 서에 그림을 그린 화가가 로마의 영향을 받기 전 순서를 다시 거론하며 마르코에게 독수리, 요한에게 사자의 상징을 부여했다는 사실은 매우 흥미로운 일이다. 켈트 민족은 로마식이 아닌 과거의 방식으로 복음서의 상징을 씀으로써 마지막으로 저항했던 것은 아닐까?

그러나 이러한 방식으로 상징을 연결한 모습은 이때가 마지막이다. 이후 복음서에 상징을 그려 넣은 사례는 다양하다. 에히터나흐 복음서Echternach Gospels(698년경, 현재 파리국립도서관 소장, MS lat. 9389)는 마태오를 도식화된 인간으로, 마르코를 뒷발로 선 사나운 사자로, 루가를 지면을 가로질러 터벅터벅 걸어가는 소로 그렸다. 요한은 날개를 접은 독수리로 묘사하는데 하늘 높은 곳을 향해 날아오르는 모습이 아니라 비둘기를 연상시키는 것도 같다. 이와 달리 오토코퍼스 복음서Otho-Corpus Gospels(MS 197B)에 그려진 독수리는 갈고리와 같은 부리를 갖고 있고 발톱을 쫙 편 맹렬한 모습이다. 이러한 차이는 필경사들이 각 복음서를 어떻게 대했는지를 말해주고 있는 것일까?

린디스파른 복음서Lindisfarne Gospels(영국국립도서관 소장, Cotton MS Nero D.IV)는 상징과 복음서 저자 초상을 함께 그렸다. 그림 3,5,6,7이 각각 보여주듯 복음서 저자는 펜과 책을 들고 앉아 있으며(공관복음서 저자들은 아직 복음서를 쓰고 있지만, 요한은 복음서를 완성해 득의만면하다) 상징물이 또 한 권의 책을 붙잡고 머리 위를 맴돈다. 아마도 본문에 영감을 주는 역할을 하는 것처럼 보인다. 네 동물 중 둘(소와 독수리)은 687년 죽은 성 커스버트St Cuthbert의 관에 새겨진 상징들과 놀랄 만큼 닮았다. 이 복음서는 687년부터 698년 사이 언젠가 커스버트의 관이 안치되었을 때 그를 기리며 기록한 것으로 보인다.

아이오나 섬은 우리가 다룰 마지막, 그리고 최고의 전례를 제작해 낸 곳으로 여겨진다. 현재 더블린 대학교 트리니티 칼리지가 소장하고 있는 사본 A.1.6은 켈스의 서Book of Kells라는 이름으로 더 잘 알려져 있는데, 이는 중세 대부분 동안 이 문서를 보관하고 있던 중앙 아일랜드 수도원 이름을 딴 것이다. 바이킹의 침략 위험에 처하자 878년 성 콜럼바 성지와 유품이 아이오나에서 켈스로 옮겨지는데 이때 이 사본 역시 켈스로 이동했을 가능성이 있다. 사본이 만들어진 시기는 성 콜럼바가 아이오나에 안치될 때인 750년경으로 추정된다. 켈스의 서는 온갖 상징으로 가득하다. 이 책에는 네 상징이 다 같이 그려진 면이 몇 있는데(20쪽, 그림 1을 보라) 이러한 그림이 규칙적으로 등장해 각 복음서의 특징을 이룬다. 네 상징은 관주 목록canon tables에도 등장한다. 관주 목록은 각 복음서의 유사한 구절을 다른 복음서에서 찾기 위한 상호 참조 체계로 각 구절이 언급된 횟수에 따라 목록을 작성한 것이다. 이 독특한 그림들은 눈길을 휘어잡으며 즉시 무엇을 뜻하는지 알 수 있어서, 오늘날 복음서에 관한 주석이나 책에도 삽화로 애용된다. 이후 중세에 들어서면서 복음서 표지나 첫 번째 장 가운데에 예수의 형상을 두고 이를 네 상징이 둘러싼 그림으로 장식하는 일이 흔해졌다(웨스트민스터 사원에서 나온 12세기 시편집이 그 대표적인 예다. 284쪽, 그림 9를 참조하라). 그야말로 네 편의 복음서, 한 사람의 예수라는 인상을 주지 않는가.

앞서 이야기한 처칠의 네 초상은 각기 다른 방에 걸려 있으며 군사 지도자, 느긋하게 쉬고 있는 화가, 정치가, 가정적인 사람 등으로 각 방의 분위기를 반영하고 있다. 예수 초상도 마찬가지다. 복음서 저자들을 가리키는 상징들은 한 예언자가 하느님을 본 환상에서 시작되었으며 켈트 교회와 같은 비문자 문화권에서 문자로 된 복음서를 해석하기 위해 사용되었다. 오늘날 우리가 속한 문화가 (컴퓨터로 만드는 그래픽, 인터넷에 넘쳐나는 이미지 등을 통해) 점점 더 시각 중심으로 바뀌어 가듯 켈트 사람들이 만들어낸 시각적 심상이 시대의 흐름에 따라 발전하고 갱신되었다는 사실은 흥미로운 일이다. 오늘날 사람들도 줄글 뭉치에는 잘 반응하지 않으며 무언가를 보여주기를 원한다. 어쩌면 우리는 켈트 교회에서 만든 책(혹은 그들이 만든 사본)에서 종이 한 장을 빼 와서 다시 한번 이 간단명료한 네 상징을 활용해 복음서를 이해해야 하는지도 모른다. 이 책에서는 이 상징들을 각 복음서 저자의 특징을 이해하는 데 활용하기보다는 이레네우스가 했던 것처럼[5] '하느님 아들이 지닌 성품', 곧 예수에 관한 네 초상으로 보는 데 활용하고 각 '전기'에 나타난 '내러티브 그리스도론' narrative Christology 이 무엇인지를 살피려 한다. 이 책에서는 각 복음서 저자가 그린 예수 그림을 통해 복음서를 볼 것이다. 때에 따라서는 복음서를 초상이 걸린 방으로 간주해 방을 이리저리 걸어 다녀볼 수도 있고, 한 지점에 머물러 앉아 초상을 볼 수도 있다. 이 책에서는 특별히 각 복음서의 시작과 끝, 곧 예수 탄생 혹은 도래 기사, 죽음과 부활 기사를 상세히 다루려 한다. 이와 더불어 책이 편집된 방식뿐 아니라 각 저자

---

[5] Irenaeus, *Adversus Haereses*, III.11.8~9.

가 전하는 이야기와 인물 설정이 지니는 독특한 강조점에 주목할 것이다. 이러한 방법들은 복음서를 예수 전기로 볼 수 있게 해주는 해석학적 열쇠라 할 수 있다. 네 상징이 주는 강렬한 시각적 심상을 통하여 독자들이 각 복음서가 그리는 네 가지 그리스도론을 분명히 확인할 수 있기를, 별다른 생각 없이 복음서를 이상한 혼합물로 만들어 버리는 경솔함에서 벗어나 우리의 생각을 바꿀 수 있기를, 그리하여 네 편의 복음서라는, 예수를 그린 네 편의 초상화를 만날 수 있기를 바라고 기도한다.

복음서를 이해하려면 복음서가
어떻게 기록되었는지, 어떠한 내용을 담고 있는지,
책에 담긴 내러티브들이 어떤 기능을 하는지 익혀야 한다.
이러한 방법은 네 이야기가 우리에게 전하는 소리에 귀 기울일 수 있게 하며,
다른 것에 의지하지 않고 각 초상을 음미하는 데도 도움이 될 것이다.

그림 3. 성 마르코, 린디스파른 복음서, Folio 93b

02

─

포효하는 사자 - 마르코가 그린 예수

사자의 외양 - 상징과 의미

고대 전기는 대개 서두에서 주인공이 누구인지, 그가 어디서 왔는지를 전하곤 했다. 흔히 첫 대목에는 주인공의 이름이 등장했고 그의 가문이나 혈통, 고향 등 출신을 짤막하게 언급할 때도 있었다. 그러나 현대 전기와 달리 꼭 출생, 어린 시절, 그가 받은 교육을 세세히 다루지는 않았다. 내러티브는 순식간에 수십 년이라는 시간을 건너뛰어 주인공이 공적인 영역에 발을 내딛는 장면으로 옮겨갈 때가 빈번했다.

마르코의 복음서는 단호하고도 직접적인 표현으로 시작된다.

하느님의 아들 예수 그리스도에 관한 복음의 시작. (마르 1:1)

예수 그리스도는 누구이며 어디서 온 것일까? 마르코의 복음서는 답을 주지 않는다. 많은 고대 일대기가 그렇듯 그저 주인공의 이름만 말해줄 뿐이다. 예수에게 붙은 칭호가 약간의 정보를 제공해주기는 한다. '그리스도'Χριστός는 '기름 부음 받은 자'라는 뜻의 히브리어 '메시아'מָשִׁיחַ를 헬라어로 번역한 것이다. 바울로(바울) 서신의 경우 이 '그리스도'라는 말을 (마르 1:1이 그러하듯) 예수의 성처럼 사용한다. 그러나 이 복음서의 나머지 부분에서는 그렇지 않다. 이후 마르코는 이 단어를 호칭으로 사용한다(8:29, 14:61, 15:32 등). 게다가 '하느님의 아들'이라는 표현은 몇몇 고대 사본에는 빠져 있다. 오늘날 전문가들은 이 말이 마르코의 복음서 원본에 있는지에 대해 의견의 일치를 보지 못하고 있다. 결국 마르코의 복음서는 예수라는 이름만으로 시작하는 셈이다. 이 책에는 탄생 이야기도 없고, 베들레헴은 언급조차 되지 않으며 족보나 다윗의 혈통도 없다. 마르코에게는 준비하느라 지체할 시간이 없다. 요르단(요단) 강에서 요한에게 세례를 받기 위해 등장한 예수는 나자렛(나사렛)에서 온, 완전히 성장했으되 나이를 가늠할 수 없는 청년이다(1:9). 이 대목은 C.S.루이스C.S.Lewis가 쓴 소설 『나니아 연대기』The Chronicles of Narnia에 등장하는 위대한 사자 아슬란을 떠올리게 한다. 그는 예고도 없이 바다를 건너 불현듯, 그러나 자신을 필요로 하는 바로 그때 나타난다.

아슬란은 그들 가운데 있었지만 그가 오는 것을 본 사람은 아무도 없었다.[1]

그렇게 독자는 성 마르코의 상징, 사자를 만나게 된다. 교부들은 상징을 각 복음서의 시작 부분과 연관 지었다. 그들은 사자가 세례자 요한, "광야에서 외치는 이의 소리"를 상징한다고 보았다. 어떤 이들은 백수의 왕 사자가 마르코의 복음서에서 드러나는 예수의 왕권을 가리킨다고 생각했다. 고대 근동 문화권에서 사자를 왕과 연관 지어 그린 흔적이 있기는 하나 성서가 이렇게 둘을 연결한 예는 그리 많지 않다. 구체적으로 잠언에서는 사자의 포효를 왕의 노여움(19:12, 20:2)에, 때로는 악한 통치자(28:15, 스바냐 3:3도 참조)에 빗대어 이야기한다. 좀 더 빈번한 예를 들자면 사자는 숲에서 갑자기 튀어나와 양 떼나 사람을 덮치는 포식자(1사무 17:34~37, 1열왕 13:24~26)로 그려지며, 시편 기자는 대적자의 상징으로 사자를 쓰기도 한다(시편 17:12, 22:13). 예언자들이 하느님을 사자에 빗대었을 때 이는 하느님의 왕권을 가리키는 말이 아니라 심판과 파괴의 상징(예레 49:19, 50:44, 호세 13:7~8)이었으며 이로 인해 그들은 탄원을 올린다(애가 3:10). 즉 사자는 성서에서 불편함을 일으키는 은유이지 '온화하고 유순한 예수'를 가리키기에 그리 좋은 상징은 아니다. 그러나 예수를 갑작스럽게 나타난 사자로 보고 마르코의 이야기를 읽을 때 어떤 일이 일어나는지 보라. 결

---

[1] C.S.Lewis, *The Horse and His Boy*, Puffin/Penguin, 1965, p.182. 『말과 소년』(시공주니어)

국 우리는 말하게 될 것이다. "아슬란은 길들여진 사자가 아니다." 정작 C.S.루이스의 책에는 이런 문장이 등장하지 않지만 말이다.

날뛰는 사자 - 마르코의 문체, 구조, 내러티브 기법

나니아 연대기에서 아슬란이 나타날 때를 떠올려보라. 그는 여기서 저기로 도약하고 날뛴다. 아슬란은 자신이 있어야 할 곳으로 질주한다.

그는 돌진하고 또 돌진한다.
발을 헛디디지 않고, 조금의 망설임도 없이.[2]

마르코의 복음서 1장이 묘사하는 예수가 바로 그러하다. 마르코는 서두에서 세례자 요한이 활동하고 설교하는 장면과(1:4~8), 예수가 세례를 받는 사건(1:9~11)에 주목한다. 마태오와 루가도 같은 사건을 다루었지만 마르코가 전하는 기사의 분량은 둘보다 사뭇 적다. 이어서 마르코는 예수가 받은 유혹을 짧게 언급하는데, 예수가 "들짐승과 함께" 지냈다는 흥미로운 기록이 있기는 하지만 그 외에는 어떠한 내러티브도 없다(1:12~13). 계속해서 예수는 사자처럼 자신이 해야 할 일에 뛰어든다. 그는 하느님 나라와 회개를 선포하고(1:14~15), 제자들을 불

---

[2] C.S.Lewis, *The Lion, the Witch and the Wardrobe*, Puffin/Penguin, 1959, p.150. 『사자와 마녀와 옷장』(시공주니어)

러 세운다(1:16~20). 가르치고 치유하는 활동ministry에 뛰어들어 회당에서 더러운 악령 들린 사람을 고치고(1:21~28) 열병에 걸린 베드로의 장모를 낫게 하며(1:29~31), 병든 이와 악령에 들린 이를 고칠 뿐 아니라 (1:32~34) 갈릴래아 지방 마을과 회당을 찾아다니며(1:35~39) 나병 환자를 치유한다(1:40~45). 이 모든 행보는 급박하게 이루어지며 거침이 없다. 똑같은 소재를 마태오와 루가는 수 장에 걸쳐 활용하지만, 마르코의 복음서에서 예수는 날뛰는 사자와 같이 휘몰아친다. 마르코에 따르면 모든 일은 "그리고 곧", "삽시간에", "마침", "즉시" 일어난다. 이 표현은 모두 '카이 유투스'καὶ εὐθὺς를 번역한 것이다. 이 말은 1장에만 11회 등장하며(1:10,12,18,20,21,23,28,29,30,42,43) "그의 길을 곧게 하여라"(εὐθείας, 1:3)라는 구절과 연결된다. 35절에서 예수가 기도하려고 이른 새벽에 일어나야 했을 법도 하다. 이처럼 거침없는 행보는 멈추지 않는다. 마르코의 복음서에서 '유투스'는 40회 이상 나타나는데 이는 나머지 신약성서 전체에 나온 횟수를 합친 것과 맞먹는다.

마르코의 복음서가 생생하면서도 빠른 속도로 진행된다는 것은 마르코가 '역사적 현재'(historic present: 과거에 일어난 일을 이야기할 때 의도적으로 현재 시제를 사용하는 기법)를 즐겨 사용한다는 점에서도 알 수 있다. 나이 든 이들이 오래전 겪은, 그러나 뇌리에 분명하게 박혀있는 일을 이야기할 때 현재 시제를 쓰는 것처럼 말이다. "전쟁이 터지기 전이야. 그래서 나는 그녀에게 말하지…" 이렇게 말하면 이야기는 좀 더 생생하게 들리고 과거 시점에 일어난 일이 현재로 들어온 것만 같은 느낌이 든다. 1장 4~11절에서 과거 시제로 전한 세례자 요한과 예수의 세례 내러티브가 끝나면 12절부터는 "곧 성령이 예수를 광야로 내보내신다"와 같은 표현처럼 현재 시제를 썼다가 다시금 과거형 동사가 쓰인다. 마찬가지로 제자들이 예수와 함께 베드로의 집에 "들어갔을" 때 그의 장모는 침대에 "누워 있었다". 즉시 "그들은 그 사정을 예수께 말씀드린다"(1:30). 이러한 표현은 이야기를 생기 넘치게 하는 데 도움을 준다. 마르코의 복음서는 이 기법을 무려 151회나 사용하는데 다소 과도한 감이 있다. 그래서 많은 성서 번역본은 이 구절들을 현재 시제로 남겨두지 않고 과거 시제로 번역한다. 이는 어쩔 수 없이 현대 독자가 마르코의 복음서가 지닌 특유의 생생함과 속도감을 충분히 느낄 수 없음을 뜻한다. 사자가 어디에서 오는지, 또 언제 뛰어들어 어디로 가는지는 아무도 알지 못한다.

마르코의 복음서가 지닌 급박함은 시간을 사용하는 방식에서도 확인할 수 있다. 루가가 자신의 기사를 로마나 유대에서 의미 있는 날 혹은 종교 절기에 맞추거나(루가 3:1~2) 요한이 예수의 공생애가 2~3년 정도였음을 암시하는 데 비해(요한의 복음서에는 과월절(유월절)이 세 번 등장한다. 요한 2:13, 6:4, 12:1, 13:1) 마르코에게 시간은 언제나 현재이며 사건들은 촌각을 다툰다. 예수가 광야에 있던 40일(1:13)을 제외하면 마르코의 기사는 9장 2절이 언급한 "엿새"의 공백을 포함해도 시간상 한 달 안에 담길 수 있다. 마르코의 복음서는 분주한 하루를 꽤나 상세히 기술하는 경향을 보이며, 사건에는 사건이 "즉시" 뒤따른다. 그리고 유사한 가르침이나 치유를 행하느라 시간이 경과했음을 암시하는 모호하고 대략적인 요약이 뒤따른다. 가령 "갈릴래아 지

방을 두루 찾아 여러 회당에서 전도하시며 마귀를 쫓아내셨다"(1:39)
는 말은 예수가 하루에 이 모든 일을 했다는 뜻은 아닐 것이다.

　마르코의 복음서에서 "즉시"는 대부분 전반부에 등장한다. 이 표
현은 예수의 활동이 빠른 속도로 전개되고 있다는 인상을 독자에게
심어 준다. 마르코의 복음서는 베드로가 예수를 메시아라 고백하는
장면을 중심부로 짜여 있으며 이 장면이 등장하는 8장 27~30절이 전
복음서의 반환점을 이룬다. 이 복음서에는 몇 개의 주요 부문들이 있
으며 그 부문들을 이어주는, 일종의 '경첩' 역할을 하는 단락들이 있
다(앞부분의 1:14~15, 중간 지점의 8:22~26 등). 이 복음서는 어떤 사실을
상세하게 분석하는 기록물이 아니라 크게 소리 내어 읽기 위해 만들
어진 것이기에, 이러한 연결고리들은 듣는 이가 이야기의 속도 변화
에 대비할 수 있게 해준다. 교향곡 도입부에서 광풍처럼 몰아치며 바
이올린을 연주하듯 1장을 바삐 진행하던 마르코의 복음서는 갈릴래
아를 배경으로 하는 1악장 내내 이러한 속도감을 유지한다. 예수의
치유, 축귀, 하느님 나라 선포 등 잇따르는 성공적인 활동은 8장 26절
까지 계속된다. 그러다가 십자가의 어두운 그림자가 드리우는 예루
살렘을 향해 가면서, 예수의 정체와 운명이 선명하게 드러나는 중간
부분에 이르러서는 속도가 한결 느려진다. 3악장은 딱 일주일이라는
시간을 묘사하기 위해 다시 속도를 끌어올려 1악장과 균형을 이룬다.
예루살렘을 배경으로 하는 마지막 나날에는 축귀도 치유도 일어나지
않으며, 하느님 나라라는 주제는 십자가와 수난이라는 주제로 전환
된다. 마치 처음에는 뛰어다니던 사자가 힘을 모으기 위해 쉬었다가

다시 사냥감을 목표물로 삼고 전진하듯 말이다. 아래에서 이러한 전형pattern을 살펴볼 것이다.

첫 번째 장이 빠른 속도로 진행된다고 해서 마르코가 내러티브를 전달하는 예술적 기교가 가려지지는 않는다. 능숙한 이야기꾼이 그러하듯 그는 짧고도 정확한 문장을 빠른 속도로 전개해 독자의 관심을 사로잡는다. 그러면서도 마치 작곡가가 교향곡 곳곳에 주된 모티프를 심어두듯 마르코는 자신이 중요하다고 여기는 많은 주제를 교묘하게 드러낸다. 1장 9~11절에 등장하는, 예수가 세례를 받는 장면을 보자. 이후 세례 사건이 이야기에 다시 등장할 때 예수는 이를 자기 죽음을 가리키는 은유로 사용한다. 그는 야고보와 요한에게 "내가 받는 세례를 너희가 받을 수 있느냐"(10:38~39)고 묻는다. 한 가지 더 덧붙이자면, 마르코의 기사에서 예수가 세례를 받을 때 하늘은 "찢어진다"(헬라어 '스키조'σχίζω, 우리에게는 schism으로 전해짐). 이는 마태오(3:16)와 루가(3:21)가 쓴, "열렸다"ἀνοίγω는 무난한 표현과 대비된다. 마르코는 이 단어를 딱 한 번 다시 사용한다. 바로 15장 38절에서 예수가 숨을 거두고 나서 성전 휘장이 "찢어졌을" 때다. 공교롭게도 하늘이 찢어지고 나서는 하늘에서 예수가 "내 사랑하는 아들"(1:11)이라는 목소리가 들리며 성전 휘장이 찢어지고 나서는 백인대장(백부장)이 "참으로 이분은 하느님의 아들이셨다"라고 고백한다. 급박한 속도로 진행되기는 하나, 마르코의 복음서 첫 장면은 15장 뒤 마지막 장면과 연결되어 있다. 한 쌍의 책 버팀bookends처럼, 세례와 십자가는 "예수의 복음의 시작"(1:1)과 끝이다. 예수는 어디서 왔는지도 알려지지 않은 채 급작스레 나타나 세례를 받았다. 그리고 그가 세례를 받은 것은 십자가에서 죽기 위해서였다.

마르코의 서곡은 십자가가 이야기의 중심 줄기임을 드러낼 뿐 아니라 두 번째 주제 또한 알려 준다. 하늘에서 들려온 목소리는 예수의 정체를 선포했다. 하느님의 아들로서 그는 이후 설교하고 가르치며 치유하는 활동에 뛰어든다. 이야기가 진행될수록 이 활동들은 모두 그의 주요 활동이 될 것이다. 동시에 그는 광야에서 초자연적인 갈등을 겪으며(1:12~13), 그의 권위에 분노하며 의문을 제기하는 이들과도 갈등한다(1:27). 그는 제자들을 불러 모으지만(1:16~20), 마귀에게나 사람에게나 자신이 누구인지 말하지 못하게 한다(1:34,44) 이는 모두 사건들이 서서히 드러나면서 주기적으로 되풀이될 주제들이다.

마지막으로 마르코가 예수의 초상을 그리면서 사용하는 문체와 내러티브 기법을 살펴보자. 최근까지 학자들은 마르코의 헬라어 구사가 서툴고 문체는 형편없다고 평가했다. 그러나 오늘날 주석가들은 마르코의 저술 방식이 기사의 직접성을 반영한다는 사실에 주목한다. 헬라어가 그의 모국어였을 가능성은 낮다. 대개 헬라어로 된 산문 내러티브는 각 부분이 세심하게 연결되어 물 흐르듯 진행된다. 마르코는 자신의 복음서에서 적어도 88군데 이상을 "그리고"라는 말 하나로 연결하는데 이러한 기법은 문학 비평 용어로 병렬parataxis이라 한다. 더 나아가 19군데는 아무런 연결 고리도 넣지 않는데 이는 접속사 생략asyndeton이라 불린다. 이러한 문체상 특징 두 가지는 모두 마르코가 셈어의 영향권 아래 있음을, 그가 아람어로 사고했음을 암시한다. 이 두 가지 기법은 이야기를 빠르게 이끌어 속도감을 더하는 효과를 낸다. 마르코의 문체는 짧고 간결하며, 추상적인 담론보다는 구체적인 사건을 선호한다. 이는 세심한 주의를 요구하는 문어체와 달리 쉽게 듣고 이해를 용이하게 하는 데 집중하는 구어체가 지닌 특징이다. 구두 자료가 대개 그러하듯, 마르코는 빈번하게 같은 종류의 명사나 동사를 함께 사용하여(용어법pleonasm) 이야기의 요점을 강조한다. 예를 들면 1장 21~22절과 4장 1~2절에서는 '가르쳤다-가르침-가르치는 것'이 반복해 등장하는데 이를 보고 예수가 가르치는 이, 곧 선생임을 눈치채지 못할 사람은 없을 것이다. 사자는 세련된 미사여구를 들어 웅변하지 않는다. 그는 포효한다. 그리고 그 메시지는 분명하다.

또 하나 주목할 만한 마르코의 내러티브 기법은 이른바 '샌드위치'라 불리는 것이다. 이는 하나의 이야기에 '속 재료'filling가 있고 이를 두 조각의 '빵'이 감싸고 있는 이야기 구조를 말한다. 율법학자들이 예수에게 사탄의 힘을 빌렸다는 혐의를 뒤집어씌운 사건(3:22~30)은 예수의 가족들이 예수를 믿지 못했다는 두 기사(3:20~21, 31~35) 사이에 끼어있다. 이와 유사하게, 예수가 무화과나무를 저주하고 이후 그 나무가 말라 죽는 사건은 성전 시위 이야기를 둘러싸고 있으며, 이는 성전 역시 저주받고 말라 죽어가고 있음을 암시한다(11:12~20). 한 여자가 예수의 머리에 기름을 부어 자신의 사랑을 표현한 일은 이 이야기의 앞뒤로 벌어지고 있는 음모와 대비를 이룬다(14:1~11). 각 사례에서 '속 재료'에 해당하는 이야기는 해설, 비교, 대조 등으로 이를 둘러싼 내러티브의 의미를 분명하게 밝힌다. 그밖에 5장 21~43절, 6장 6~30절, 14장 54~72절에서도 샌드위치 구조가 나타난다.

샌드위치 구조에서 세 번째 구성요소는 첫 번째 요소를 반복하여 A-B-A 대형을 이룬다. 이뿐 아니라 마르코는 A-A'-A''의 형태로 이야기를 세 번 반복해 강도를 높이며 이야기를 전개해 감으로써 듣는 이가 첫 번째 이야기를 들은 뒤 핵심을 놓칠 경우를 대비해 둔다. 마르코의 복음서에서 제자들이 배에서 겪는 사건은 세 번이나 반복해 등장한다(4:35~41, 6:45~52, 8:14~21). 루가는 이 장면 중 첫 번째 이야기만을 수록했고 마태오는 세 번째 이야기를 누락했다. 다른 복음서 저자들이 3을 향한 마르코의 열정을 간과했거나, 그렇지 않다면 마르코가 제자들의 이해가 얼마나 둔감한지를 힘주어 말하고 싶었던 것이다. 세 번의 수난 예고는 회를 더 하면서 점점 상세해진다(8:31, 9:31, 10:32~34). "조심하고, 깨어 있어라"라는 명령이 세 차례 나오는 것은 (13:33~37)은 피곤한 제자들이 게쎄마니(겟세마네)에서 세 번이나 곯아떨어진 일(14:37, 40,41)과 짝을 이룬다. 예수가 수난을 당할 때 베드로는 세 번 예수를 부인하는데, 번번이 노기를 더한다(14:66~72). 빌라도는 군중을 향해 세 번 묻는다(15:9,12,14). 예수가 십자가에 달릴 때 마르코는 3시(15:25), 6시(15:33), 9시(15:34) 등 세 시간 간격으로 세 번 시간을 언급한다.* 이러한 '3'의 구조는 우연의 일치가 아니다. 이는 모두 마르코가 예수 이야기를 전할 때 신중하게 속도감을 더해 이야기

---

* 새번역과 공동번역에서는 아침 '아홉 시', '낮 열두 시', '오후 세 시'로 옮겼다

를 쌓아 올리고자 하는 시도의 일환이다.

서두를 급박하게 전개하고, "즉시"를 빈번하게 사용하며 시간의
흐름을 압축한 현재 시제를 사용하고, 세심하게 구조를 세워 샌드위
치 기법, 3의 구조 등을 활용해 문체를 간명하게 하는 등 마르코는 모
든 도구를 활용하여 예수의 행보, 그의 활동이 얼마나 긴급했으며 또
급박하게 이루어졌는지를 선명하게 전한다. 어떠한 사자도 아슬란처
럼 빨리 달릴 수는 없다. 아슬란이 그러하듯 누구도 예수를 지체하게
할 수 없다.

> 뾰로통해진 루시가 말했다. "잠깐만 기다려 주세요!"
> 아슬란은 한결 근엄한 목소리로 말했다. "다른 사람들도 죽을 위기
> 에 처해 있단다." ... 이후 반 시간 동안 그들은 정신없이 분주했다.[3]

갈등을 일으키는 맹수 - 대립과 활동(마르 1:1~8:21)

시대와 문화를 넘어 사자를 떠올리면 모든 사람이 공감하는 한 가
지 특징이 있다. 사자는 자기 영역을 민감하게 따지는 힘센 투사다.
이러한 사자처럼 마르코의 복음서에서 예수는 1장부터 맹렬하게 몰
아친 후 갈릴래아 바다 인근 북쪽 영역을 광폭으로 움직인다. 가파르
나움(가버나움, 1:21, 2:1), 갈릴래아(1:39), 게라사(거라사)와 데카폴리스

---

[3] C.S.Lewis, *The Lion, the Witch and the Wardrobe*, Puffin/Penguin, 1959, p.163.

(데가볼리)와 같은 헬라 영토(5:1,20, 7:31), 나자렛(6:1), 겐네사렛(게네사렛, 6:53), 띠로(두로)와 시돈(7:24,31), 달마누타(달마누다, 8:10), 베싸이다(벳새다, 8:22), 필립보의 가이사리아(빌립보의 가이사랴, 8:27), 다시 갈릴래아와 가파르나움(9:30,33)으로 이어지는 여정은 남부 유다 지방과 예루살렘으로 가는 길로 향할 때까지(10:1,32) 계속된다. 저 멀고도 넓은 지역을 오르내리며 돌아보는 동안 40회가량 장면이 바뀐다. 산과 사막, 밀밭과 초원, 강과 바다, 배와 회당, 야외의 공적 장소와 사적 공간인 집에 이르기까지. 이제 독자들은 앞서 다룬 속도감에 더해 공간감이라는 요소도 느끼게 된다. 사자가 다급하게 뛰어다니는 것은 시간이 촉박해서만이 아니다. 그는 광활한 영토를 수호하며, 대지를 건너고 또 가로질러 자신을 필요로 하는 이를 찾고, 포효하듯 자신의 메시지를 전한다.

1장 16절부터 8장 26절까지 마르코는 가르치고 기적을 행하는 예수의 활동을 전하는 데 여념이 없다. 가르치고 기적을 일으키는 예수의 활동은 즉시 권위에 관한 물음을 불러일으킨다. 그는 권위 있는 사람처럼 가르치고(1:22), 더러운 악령들이 그의 권위 앞에 굴복했을 때 그 모습을 본 사람들은 놀란다(1:27). 처음부터 그의 가르침과 그가 행한 기적은 권위 문제로 종교 지도자들과 갈등을 일으킨다(2:10).

마르코는 1장 21~22절과 4장 1~2절에서 명사형과 동사형을 연이어 반복함으로써, 또한 짤막한 '요약' 구절들을 통해(1:14, 1:39, 4:1, 6:6, 6:34 등) 예수가 가르치는 이, 선생임을 강조한다. 제자들도(4:38), 그리고 예수께 도움을 청하는 이들도(5:35, 9:17) 계속해서 예수를 "선생님"

이라 부른다. 마르코는 베드로(9:5, 11:21)와 유다(14:45, 유다가 배반하던 순간)가 사용한 유대교 용어 '랍비' ῥαββί를 그대로 보존했다. 그러나 놀랍게도 마르코는 여기에 예수가 실제로 가르친 내용을 거의 기록하지 않는다. 마르코의 복음서에서 독자들이 확인할 수 있는 비유는 씨 뿌리는 사람 비유(4:1~20), 은밀히 자라나는 씨 비유(4:26~29, 이 비유는 마르코의 복음서에만 있다), 겨자씨 비유(4:30~32), 포도원 소작인 비유(12:1~12), 이렇게 네 개뿐이다. 마태오와 루가의 복음서에 담겨 있는 (비유와 직접 가르치는 부분을 포함하여) 가르침 자료로만 이뤄진 부분은 그들이 공유한 '어록' 원자료인 Q에서 유래한 것으로 보인다(38~40쪽을 참조하라). Q에는 가르침이 넘치되 내러티브가 전혀 없는 것으로 추정되며 이와 반대로 마르코의 복음서에는 내러티브는 넘치되 가르침은 거의 없다. 예수가 직접 가르치는 내용은 모두 종교 지도자들이 던진 물음에 답하는 대화에 담겨 있다(2:15~28, 3:23~30, 7:1~23). 마르코는 예수를 '선생'이라 부르지만 그가 쓴 복음서는 예수의 가르침이 체계적으로 기록되어 있지 않다. 그는 예수를 끊임없이 활보하는 사자로 그렸다.

비유는 거의 싣지 않았지만 대신 마르코의 복음서는 열일곱 개의 기적 이야기를 수록하고 있다. 마르코의 복음서가 다른 복음서들보다 길이가 짧다는 것을 고려하면 기적 이야기가 차지하는 분량은 비율상 다른 어떤 복음서보다도 많다. 기적에는 축귀(1:23~26, 5:1~20), 치유(1:30~31, 40~44, 2:1~12, 3:1~5, 5:22~34, 35~43, 7:25~30, 32~37, 8:22~26), 초자연적인 능력(4:36~41, 6:35~44, 47~51, 8:1~9) 등이 있다. 발작을 일으키는 소년에게서 귀신을 내쫓은 일(9:14~29), 바르티매오(바디매오)가 다시 볼 수 있도록 허락한 일(10:46~52)처럼 반환점 이후 일어난 두 사건을 제외하면, 대부분의 기적은 전반부에서 일어난다. 게다가 전반부에서는 예수의 치유와 축귀 활동이 어떠한 식으로 이어졌는지 요약해 서술하고 있기도 하다(1:32~34, 1:39, 3:10~12, 6:5, 6:55~56). 이렇게 기적에 많은 분량을 할당한 이유를 마르코의 용어 사용을 살핌으로써 짐작할 수 있다. 요한이나 루가와 달리 그는 예수가 행한 기적을 '표징'signs이나 '이적'wonders이라 부르지 않는다. 표징을 요구하는 것은 바리사이파와 "이 세대" 뿐이며(8:11~13), 표징과 이적을 행하며 선택받은 사람들을 미혹하게 하는 자들은 거짓 그리스도들이다(13:22). 대신 마르코는 예수가 일으키는 기적을 '뒤나미스'δύναμις라고 즐겨 쓰는데(6:2,5,14) 이 말은 '권능을 강력히 행사함'을 뜻한다. 말 그대로 예수가 일으킨 기적은 다이너마이트dynamite와 같은 폭발력을 지니고 있다. 그렇기에 마르코가 그린 예수에 대한 상징으로 사자를 꼽는 것은 더없이 적절한 일이다. 사자야말로 강력한 힘을 행사하는 동물이니 말이다. 물론 이러한 강렬한 행위는 예수를 갈등으로 몰아넣는다.

그 전형적인 예는 마르코의 복음서 3장 20절~35절이다. 이 구절은 예수가 제자들을 택한 후 '에이스 오이콘'εἰς οἶκον에 갔다는 말로 시작된다. 이 말은 '집 안으로 들어갔다'고 번역할 수도 있으나, 곧바로 그의 가족이 등장하는 것으로 보아 '고향에 돌아왔다'고 보는 것이 적절하다. 열정 어린 군중은 예수에게 음식 먹을 시간조차 주지 않고(3:20), 이는 이어서 나오는 가족의 적대적인 반응과 대조를 이룬다. 예수의 가족은 그가 미쳤다고 생각해 그를 붙잡으려 한다(3:21). 이후 이야기는 율법학자들이 예수가 마귀에게 사로잡혔다는 혐의를 제기하는 통에 중단되며, 이에 그는 생생한 예화를 들어 우주적인 갈등을 묘사하는 방식으로 질의에 응한다(3:22~30). 마지막으로 예수의 어머니와 형제들이 그와 함께 있던 군중을 통해 전할 말을 남긴다(3:31~32). 그러나 예수는 가족들을 만나러 가지 않고 그들의 요청을 무심하게 일축한다.

> 누구든지 하느님의 뜻을 행하는 사람이 곧 내 형제요 자매요 어머니다.
>
> (3:33~35)

이 대목은 앞서 논의한 A-B-A 대형이라는, 마르코가 쓰는 전형적인 '샌드위치' 구조로 이루어져 있다. 이 구조를 통해 마르코는 군중, 예수의 가족, 율법학자 각각의 반응을 보여주고 이를 연결하려 한다. 예수의 가족은 권력자들만큼이나 예수를 반대한다. 이들은 모두 사탄과의 우주적 갈등에 휘말려 성령을 모독할 위기에 처해 있다(3:29). 이러한 표현은 분명 거칠기 그지없는 표현이다. 마태오와 루가가 받아들이기에 이러한 구성은 '너무도' 거칠다. 그래서 그들은 마르코의 A-B-A 대형을 해체한 뒤 예수와 율법학자들이 베엘제불(바알세불)을 두고 논쟁을 벌이는 부분을 표징을 요구하는 세대와 더러운 악령에 관한 자료와 연결 짓는다(마태 12:22~45, 루가 11:14~32. Q에서 유래한 것으로 추정된다). 마태오와 루가는 자신들의 복음서에서 예수의 가족이 그를 미쳤다고 여겼다는 도입 부분(마르 3:20~21)을 생략했다. 두 복음서 저자가 이런 식으로 마르코의 구절을 생략하는 경우가 드물다는 점을 고려한다면 마태오와 루가가 저 표현을 얼마나 곤란해 했는지를 분명하게 알 수 있다. 마태오는 예수가 가족의 요구를 거절하는 마르코의 마지막 장면을 자신의 논란 이야기 끝에 두고(마태 12:46~50) 루가는 몇 장 앞에 옮겨두는데(루가 8:19~21), 이 위치는 다른 어떤 내용과도 연관되지 않는 지점이다.

마태오와 루가는 복음서를 예수의 가족과 그의 탄생에 관한 이야기로 시작하나 마르코는 그렇게 하지 않는다. 초원을 누비는 사자처럼 예수는 장성한 채 곧바로 무대 위에 선다. 마태오와 루가는 예수와 가족 사이에서 벌어진 갈등을 누그러뜨리나 마르코는 의도적으로 이 갈등을 권력자들이 예수를 공격하는 장면, 그리고 사탄과 벌이는 우주적 투쟁과 연관 짓는다. 새끼 사자가 자라서 한두 번 몸싸움을 벌인 뒤에는 자기 무리를 이루기 위해 가족을 떠나듯 말이다.

잘 짜인 이야기의 중심에는 언제나 갈등이 있게 마련이다. 영웅이 어려움을 극복하고 목적을 달성하거나 승리를 쟁취할 때까지 갈등은 내러티브에 힘을 싣고 긴장을 더해준다. 갈등이 해소될 때 이야기는 절정에 이른다. 마르코가 그리는 예수는 무대 위로 뛰어올라 그 순간이 '지금'임을 선포하는, 강렬한 인물이다. 그가 북쪽 지역을 종횡무진으로 누비는 동안 마르코는 예수가 모든 대적자와 벌일 싸움을 차근차근 준비한다. 그리고 이 이야기는 예루살렘의 십자가에서 절정에 이른다.

마태오나 루가와는 달리 마르코는 갈등이 예수의 가족에게서 시작된다 해도 이를 드러내기를 주저하지 않는다. 예수와 가족의 갈등은 고향 전역에 퍼지고 옛 친구들과 이웃들의 믿음 없음으로 인해 그는 "거기서 아무 기적도 행할 수 '없었다'"(마르 6:1~6, 마태오가 누그러뜨린 표현과 비교해 보라. "예수께서는 그들의 믿지 않음 때문에, 거기서는 기적을 많이 행하지 '않으셨다'").

권력자들과의 갈등은 예수가 중풍 병자의 죄를 용서할 권한을 갖고 있는지 문제가 제기되었을 때부터 시작된다(2:6~8). 이후 마르코는 예수가 죄인들을 택해 자신을 따르게 하고 안식일에 활동을 하는 등 여러 갈등 이야기를 줄지어 전하며 이는 예수가 바리사이파와 헤롯당(이들은 일반적으로 예수의 처형에 협력하지 않은 것으로 알려져 있다)을 도발해 이들이 그를 해하려고 공모할 때까지 계속된다(2:13~3:6). 그때부터 그들의 숨겨진 음모(3:6, 11:18, 12:12, 14:1~2)와 그들이 공개된 곳에서 예수와 벌이는 논쟁(7:1~15, 8:11~15, 10:1~12, 11:27~33, 12:13~40)이 여러 차례 언급된다.

그러나 마르코의 복음서 3장 20~35절의 A-B-A 대형 중심부는 진짜 갈등이 가족과의 갈등, 권력층과의 갈등보다 더 거대한 차원의 것임을 폭로한다. 진짜 갈등은 바로 마귀 자체와 벌이는 갈등이다. 예수가 자신을 힘센 사람의 집에 들어가 그를 묶어놓고 세간을 털어가는 강도에 비유한 것(3:27)은 어떤 갈등 이미지보다도 생생하게 다가온다. 여기서 마태오와 루가는 예수의 정체를 두고 벌어진 논쟁을 전하지만 마르코는 그가 "사탄에게 시험을 받았다"고 간단하게 진술하며, 대신 들짐승들과 천사들이 등장하는 등 인간 외적 요소가 두드러지게 나타난다(1:13). 이러한 마르코의 관점은 순식간에 장소를 옮겨 예수를 회당에 세울 때도 잘 드러난다. 여기서는 더러운 악령 하나가 모든 악령을 대신해 말한다. "나자렛 예수여, 어찌하여 '우리'를 간섭하시려는 것입니까? '우리'를 없애려고 오셨습니까?"(1:23~27) 이 악령이 그에게 굴복함으로써(1:27), 그리고 그가 귀신을 쫓았다는 여러 차례 요약을 통해(1:32~34,38, 3:11,22) 예수가 지닌 권능이 드러난다. 게라사에서 악령들의 군대가 쫓겨나 돼지 떼에 들어가 물에 빠져 죽고 나서(5:1~20) 그는 자신의 권능을, 그리고 갈등의 가능성까지를 제자들에게 나누어준다(6:7,13). 이 싸움은 때로 너무나 힘겹고 기도를 통해 힘을 얻을 때만 승리할 수 있다(9:14~29). 예수가 지닌 능력과 이로 인해 생겨나는 격렬한 갈등은 그가 풍랑과 자연을 다스리는 모습을 통해서도 잘 드러난다(4:35~41, 6:46~52).

마르코는 예수를 "선생"이라 부르지만 마르코가 그리는 예수는 사실상 거의 가르침을 전하지 않는다. 마르코가 그리는 예수는 다이너마이트처럼 강한 폭발력을 지니고 활동하는 인물이다. 이러한 그의 활동은 그를 가족과 고향, 종교 지도자들과의 갈등으로 그를 몰아넣는다. 그는 갈등을 일으키는 한 마리 맹수, 자신의 영역을 두루 다니며 대적자들의 근원인 마귀 자체를 지배하는 사자다. 그리스도교 전통에서 마르코의 스승으로 여기는 베드로는 마귀를 사자에 비유한 바 있다(1베드5:8). 여기에 마르코는 그 사자를 제압하는 또 한 마리의 사자를 제시한다. 그 사자, 예수는 마귀보다 훨씬 강력하다.

사자와 그의 무리 - 제자들의 역할

사자에게는 자신이 거느릴 무리pride가 있어야 한다. 마찬가지로 선생, 랍비에게는 제자들이 있어야 한다. 그렇다면 예수의 제자들은 예수에게 긍지pride와 기쁨을 가져다주었을까? 분명 그들은 자신들을 부른 예수와 함께 다니며 대적자들과 치르는 싸움에 동참했다. 그러나 동시에 그들은 수시로 중심을 잃고 흔들린다. 예수는 이런 이들을 이해시키려 끊임없이 싸운다. 마르코가 그리는 예수의 가장 가까운 친구들, 그를 따르는 이들을 어떻게 보아야 할까?

제자들은 '즉시' 부름 받으며 레위가 그랬듯(2:14) 순종하며 그를 따른다(1:16~20). 마르코의 복음서 전반부에서 그들은 예수가 쉼이 없이 계속하는 활동을 전부 목격한다. 그와 함께 걷고, 뛰며, 그가 전하는 가르침에 귀 기울이고, 그와 함께 싸운다. 예수는 자신이 '마음에 두었던 사람'을 불러 '곁에 있게 했다'. 그가 이들을 사도apostles로 삼은 것은 그가 하는 모든 일, 곧 설교하고 가르치며 귀신을 내쫓고 치유하는 일을 하게 하려함이었다(3:13~15). 처음에 그들은 예수와 함께 이 일을 한다. 이후 훌륭한 선생이 다 그러하듯 그는 제자들을 내보내 스스로 해내도록 훈련하고(6:7~13) 그들은 그 결과를 '보고한다'.(6:30~31) 이때 마르코는 내러티브를 3의 형식으로 엮는 데 열의를 쏟는다. 여기서 독자들은 고전적인 제자도의 3단계를 발견한다. 즉 제자는 부름 받고, 선택되며, 파송된다.

이때까지 제자들에 관한 진술은 모두 긍정적이다. 가족이 예수를 오해하고, 권력자들과의 갈등이 있기는 하나 이러한 어둡고 적대

적인 분위기는 예수를 긍정적으로 대하는 몇몇 사람 덕분에 누그러
진다. 바깥에 있는 이들에게는 많은 것이 숨겨져 있으나 제자들에
게는 '하느님 나라의 비밀', '미스테리온'$_{\mu\nu\sigma\tau\acute{\eta}\rho\iota\sigma\nu}$, 신비가 주어져 있
다고, 4장 11~12절은 분명히 말한다. 그러나 안타깝게도 이후 몇 장
에 걸쳐 어리석은 제자들에게 모든 것은 한갓 수수께끼처럼 되어버
린다. 이는 "너희가 깨닫지 못하느냐"는 예수의 물음에서 시작되고
(4:13) 이후 그의 목소리에는 실망감이 깊어진다. "그들은 깨닫지 못하
였다."(6:52), "너희도 아직 깨닫지 못하느냐?"(7:18), "아직도 알지 못
하고 깨닫지 못하느냐? 너희의 마음이 그렇게도 무디어 있느냐? 너희
는, 눈이 있어도 보지 못하고, 귀가 있어도 듣지 못하느냐?"(8:17~18)
심지어 번뜩이는 하느님의 영감을 받아 예수가 메시아임을 알아챈
베드로조차(8:29) 예수의 수난 예고를 들은 뒤에 이를 잘 이해하지 못
해 예수에게 '호령'을 들어야 했다. "사탄아, 내 뒤로 물러가라."(8:33)
마르코의 복음서 다른 곳에서 예수에게 '호령'을 들은 것은 악령과
거센 바람이다(1:25, 4:39, 9:25). 한 주 후 예수가 변모했을 때 베드로
는 겁에 질려 횡설수설하고(9:5~6), 산에서 내려와서는 나머지 제자
들이 악령에 사로잡혀 발작하는 아이를 돕는 데 실패했음을 알게 된
다.(9:18,28) 야고보와 요한도 하늘에서 가장 좋은 자리를 얻는 것이
제자됨의 전부라고 생각한다. 이들 역시 베드로처럼 예수의 자리가
십자가임을 깨닫지 못한다(10:35~45).

부름을 받고, 선택되며, 파송되는 3단계가 제시되고 난 뒤, 제자
들은 각 단계에서 모두 실패를 겪는다. 그들은 믿지도, 깨닫지도 못

했다. 이것이 너무나 자명하기에 세 번의 배 위 장면에서 예수는 탄식한다(4:40~41, 6:50~52, 8:4~21). 그들은 세 번의 수난 예고를 이해하지 못하며 점점 더 구체적으로 이야기해주어도 바뀌지 않는다(8:32~33, 9:32, 10:32~41). 게쎄마니에서는 세 번 꿇어떨어지기도 한다.(14:37,40,41) 이들이 마지막으로 한 세 가지 일은 예수를 배반하고(유다, 14:43~46), 부인하고(베드로, 14:66~72), 버리고 달아난(제자들 전부, 14:50) 것이었다. 때로 마르코의 복음서의 논지가 흐릿하다고 평하는 이들이 있지만 마르코가 이야기를 전하는 방식은 마태오와 루가가 감당할 수 없을 만큼 선명하다. 예수의 가족에 관한 마르코의 기사를 다루었을 때처럼 이 부분에서도 마태오와 루가는 제자들의 실패를 누그러뜨린다. 마태오는 예수가 베드로의 오해에 호령하는 장면에서 귀신을 내쫓듯 "꾸짖었다"는 표현을 "베드로에게 말씀하셨다"는 부드러운 표현으로 바꾸었으며(마태 16:23) 루가는 아예 통째 빼버렸다(누가 9:18~22). 야고보와 요한이 영광의 자리를 청한 사건 역시 마태오는 이들의 "어머니"가 요청했다고 전하며(마태 20:20~22), 루가는 관련 이야기 전체를 없앴다. 마르코가 제자들을 너무 가혹하게 다룬다고 보는 이들은 마태오와 루가뿐만이 아니다. 오늘날 일부 주석가는 마르코의 복음서에서 제자들이 이처럼 혹평을 당하는 것은 이들을 향해 의도적인 공격이 있었거나 이들을 두고 격론이 벌어졌기 때문이라고 말한다. 이들이 보기에 제자들은 마르코가 속한 특정 공동체와 대립했던 일부 지도자들을 가리키는 말이다.

그러나 이러한 견해는 제자들이 부름 받고 선택되고 파송되며 이

들에게 하느님 나라의 비밀이 드러나 밝혀지는 등 이들에 관한 긍정
적인 자료들이 있는 이유를 설명하지 못한다. 제자들이 점점 우둔해
짐에도 예수는 계속해서 그들에게 "따로 모든 것을 설명"한다(4:34).
예수는 그들에게 깨끗한 음식과 부정한 생각에 관한 가르침(7:17~23),
제자됨의 의미가 자기를 부인하는 것이라는 가르침(8:34~38, 9:30~50,
10:23~31,35~45), 기도가 지닌 능력(11:20~25), 마지막 때(13:1~37)에 관한
가르침 등을 간략하게나마 전했다. 훗날 예수를 오해하고 실수를 저
질렀음에도 불구하고 베드로가 예수를 메시아로 고백했다는 사실은
변하지 않는다(8:29). 마찬가지로, 큰 보상을 받으려는 욕망을 품었음
에도 불구하고 베드로, 야고보, 요한을 예수는 변모 사건의 증인으로
삼았다. 그리고 이 제자들은 게쎄마니 동산에서 예수와 함께 밤을 지
새웠다.

예수를 궁지에 몰아넣으려 하는 대적자들과 달리 제자들이 바라
는 것은 예수의 가르침을 깨닫고 그를 따르는 것이다. 다만 예수의
움직임이 그들이 좇을 수 없을 만큼 빠를 뿐이다. 이것이 마르코가
진실로 독자에게 전하고자 하는 바다. 사자가 뒤처진 이들의 더딘 발
걸음을 보며 울부짖는 이유는, 그가 앞서 달려나가 자기 싸움의 절정
과 마주해야 하기 때문이기도 하다. 마르코가 전하는 기사에는 독자
들이 산에서 겁에 질린 제자들, 게쎄마니에서 지쳐버린 제자들에게
연민을 갖고 공감해주기를 바라는 장치가 있다. "마음은 원하지만,
육신이 약하구나!"(14:38) 분명, 제자들은 모두 예수를 버리고 달아났
다(14:50). 그러나 예수는 이미 그들이 그렇게 하리라 말했다(14:27). 분

명, 베드로는 예수를 부인했다. 그러나 그 전에 그는 다른 제자들이 달아났을 때 "멀찍이 떨어져서 예수를 뒤따라" 들어갔다(14:54). 예수를 향한 베드로의 경솔한 사랑은 예수를 끝까지 따르겠다는 약속을 하게 했다(14:29). 그러나 바로 그 경솔함이 그를 대사제의 관저 안뜰까지 예수를 뒤따르게 했다. 결국에는 긴장하고 불안에 떨다가 포기하고 말았지만 말이다. 그 모든 실패와 낙망에도 불구하고 복음서의 끝에서 마르코는 제자들의 이야기를 열어 둔다. 다른 복음서들과 달리 마르코의 복음서에서는 예수가 부활한 뒤 나타나 그들을 회복시키지 않는다. 그는 다만 "너희보다 먼저 갈릴래아로 갈 것"이라 약속하고(14:28), 흰옷 입은 남자가 이를 재차 이야기할 뿐이다(16:7).

열린 결말은 제자들의 이야기가 우리의 이야기이기도 함을 알려 준다. 과연 제자들은 예수를 따라 갈릴래아로 갈까? 그렇다면 우리는? 전기라는 양식을 복음서를 이해하는 열쇠 삼아 본다면, 마르코의 복음서가 그리는 제자들의 몰이해는 제자들이 어떠했는지를 보여주기보다 마르코가 그린 예수상이 어떤 모습인지를 보여주는 사례라 할 수 있다. 마르코가 그리는 예수는 이해하기 어려우며 따르기도 벅찬 존재다. 그래서 마르코의 이야기를 듣는 이들은 자신이 제자의 길을 걷다 힘겨움을 느낄 때 마음의 위안을 얻을 수 있다. 사자는 포효하며 앞서 달려나간다. 나니아 연대기 마지막 대목에서 아슬란은 빠른 속도로 모두를 자신의 고향으로 데려간다.

"더 들어오시오! 더 다가오시오!" 그가 돌아보지도 않은 채 (어깨너머로) 소리쳤다. 하지만 누가 그 빠른 걸음에 발맞출 수 있을까?[4]

마르코는 말한다. 예로부터 지금까지 예수를 따르는 모든 제자는 예수라는 사자를 좇아가려 발버둥치지만, 그는 약속한다. 갈릴래아, 곧 처음 그가 우리를 불러 택하고 자신 무리가 되라고 한 그곳, 그리하여 자신의 긍지, 자신의 기쁨이 되라 한 그곳에서 다시 만나겠다고.

이 동물은 어떤 종류의 동물인가? - 정체와 막간극(마르 8:22~10:52)

분명, 마르코의 복음서 전반부에 등장하는 모든 사람은 예수를 이해하지 못한다. 가족(3:21~25), 군중(4:10~12), 게라사 지방 사람들(5:17), 고향 사람들(6:1~6), 종교 지도자들(7:6, 8:11~12), 심지어 가련한 제자들도(8:17~18). 이는 놀라운 일은 아니다. 예수는 어디서 왔는지 모르게 무대 위에 등장했다. 그가 왔을 때 그는 자신에 관한 것들을 분명하게 밝히지 않는다. 그가 전한 비유들은 오늘날 널리 알려졌으며 그 '의미' 또한 분명히 알려져 있다. 그러나 당시 사람들에게 비유 이야기들은 수수께끼로 다가왔다. 예나 지금이나 동방 지역을 떠돌아다니던 교사들은 사람들에게 수수께끼를 던져 듣는 이가 새로운 방식으로 새로운 생각을 하게 해주었다. 예수는 수수께끼를 던지는 데 능숙했으며 사람들은 그가 던지는 수수께끼를 "듣기는 들어도

---

[4] C.S.Lewis, *The Last Battle*, Puffin/Penguin, 1964, p.144. 『마지막 전투』(시공주니어)

깨닫지 못"했다(4:12). 그는 반어irony("안식일에 착한 일을 하는 것이 옳으냐? 악한 일을 하는 것이 옳으냐? 사람을 살리는 것이 옳으냐? 죽이는 것이 옳으냐?"(3:4))와 역설paradox("누구든지 제 목숨을 구하고자 하는 사람은 잃을 것이요, 누구든지 나와 복음을 위하여 제 목숨을 잃는 사람은 구할 것이다."(8:35))의 대가였다. 마르코가 그린 예수는 사람들을 놀라게 하고 두려움에 떨게 하며 경외감을 불러일으키는(1:22, 2:12, 5:15, 6:2, 7:37 등), 헤아릴 수 없는 수수께끼 같은 인물이다. 본문의 의미가 어렵지 않고 분명하게 보인다면, 그것은 마르코가 독자들이 자신이 말하고자 하는 바를 이해하기 바랐기 때문이다. 마르코가 본문을 통해 그리는 예수는 대적자, 군중, 가족, 제자, 그 모든 이를 당혹스럽게 하는 존재다.

그렇다면 예수는 누구인가? 복음서는 처음부터 "하느님의 아들, 예수 그리스도"라고 선포하며 세례를 받을 때 들리는 목소리를 전함으로써 이를 더 분명히 한다(1:1,11). 그러나 이러한 언급은 마르코의 이야기를 읽는 독자들만이 들을 수 있다. 랍비가 제자들과 떠돌아다니는 모습은 1세기 팔레스타인에서는 흔히 볼 수 있는 풍경이었다. 마르코의 증언에 따르면, 당시 많은 사람은 다른 무수한 예언자처럼 예수가 묵시적, 종말론적인 예언자라고 생각했다(6:14~16, 8:28). 그럼에도 그가 누구냐는 물음, 정체에 관한 물음은 그치지 않는다. 여기, 우리와 함께 있는 이 사람은 누구인가, 또 어떤 존재인가?(1:27, 4:41, 6:3) 예수의 정체가 메시아라는 점을 복음서의 독자들, 혹은 청자들은 복음서의 첫 장을 펼칠 때부터 알게 된다. 그러나 이야기에 등장한 사람이 예수의 정체를 알게 되었을 때 이 불가사의한 인물은 그에게 함구할 것을 요구한다. 그는 자신과 마주친 악령들(1:25, 34, 3:12 등), 자신이 치유한 사람들(1:44, 5:43, 7:36)을 침묵하게 만든다. 마르코의 복음서에서는 기이하게도 사자가 사람들에게 재갈을 물린다. 하지만 그들을 침묵하게 할수록 더 많은 것이 알려진다.

마르코는 예수에게 붙인 칭호들을 통해 더 많은 물음을 불러일으킨다. 마르코 자신(1장 1절을 마르코의 선언으로 읽는다면), 하늘에서 들려온 목소리(1:11, 9:7), 그리고 악령들은(3:11, 5:7) 예수를 "하느님의 아들"이라 선언한다. 그러나 정작 예수가 살아있을 때는 누구도 그렇게 말하지 않는다. 예수도 이 비밀을 지키려한다. 율법학자, 바리사이파 사람, 제자들에게 그는 자기 자신을 "사람의 아들"이라 말하기를 즐긴다(2:10,28, 8:31,38, 9:12,31, 10:33,45, 13:26, 14:21,41).

오늘날까지 저 표현을 두고 다양한 학문적 해석이 이루어졌지만 일단 이렇게 정리해도 충분할 것이다. 예수가 쓰던 아람어에서 '사람의 아들'이라는 말은 "사람이 자기 밥값은 해야지, 안 그래?" 같은 표현에 쓰이는 '사람'처럼 자기 자신을 에둘러 가리킬 때 쓰던 말이었다. 이렇듯 다소 특이하고 모호한 표현은 마르코가 그린, 청중을 농락하는 수수께끼 같은 예수의 모습과 잘 어울린다. 당시 청중이 "사람의 아들 같은 이가 … 하늘 구름을 타고 온다(다니 7:13)"는 구절을 떠올렸다면 저 말은 더욱 수수께끼처럼 다가왔을 것이다.

마르코의 복음서 내러티브는 8장에서 급격한 방향 전환이 일어난다. 이때까지 예수는 강력한 치유자이자 축귀자로 그려진다. 그는 제자들을 제외한 대부분의 사람과 갈등을 일으키며 제자들조차 이러한 그를 혼란스러워한다. 하지만 8장 이후로 베일이 서서히 걷힌다. 눈 먼 사람이 시력을 회복하는 짧막한 '경첩' 단락을 보라. 이번만은 치유가 '즉시' 일어나지 않는다. 예수가 처음 그에게 손을 대자 그는 볼 수 있게 되지만 시야가 흐릿해서 사람이 나무처럼 보인다. 예수는 그의 눈에 다시금 손을 얹는다(8:22~26). 의미심장하게도 마태오와 루가는 모두 이 이야기를 누락했는데 아마도 예수가 문제를 단번에 해결하지 않아서일 것이다. 어쩌면 마르코는 앞으로 무슨 일이 벌어지려 하는지를 알려주는지도 모른다. 예수는 제자들에게 자신의 정체를 묻는다. 몇몇 추측이 오간 후 그는 콕 집어 말한다. "그러면, '너희'는 나를 누구라 하느냐?" 베드로가 선언한다. "당신은 그리스도이십니다."(8:29) 비밀이 폭로되었다. 재갈이 풀린 것이다. 그러나 이도 한 순간일 뿐, 예수는 이 사실을 누구에게도 말하지 말라고 "엄중히 명령"(이 말은 1장 25절과 3장 12절에서 악령들을 입막음할 때도 쓰인다)한다. 대신 그는 자신이 걷는 길에 고난과 배척, 죽음이 기다리고 있다며 '드러내 놓고' 밝힌다. 이 말을 듣자 베드로는 다시 눈이 멀어버린 듯 선언 이전으로 돌아간다. 번뜩이는 깨달음이 있었지만 고난 이야기를 듣자 그의 눈은 다시금 흐려진다. 저항하는 베드로를 예수가 사탄에게 사로잡혔다며 "꾸짖"는 장면은 눈먼 사람을 치유하듯 매만졌다기보다는 차라리 사자처럼 뺨을 때렸다고 보는 것이 적절하다(이때 귀신을 내쫓을 때 나온 단어가 다시 등장했음에 주목하라. 이를 루가의 복음서는 빠뜨렸고 마태오는 누그러뜨렸다).

8장을 기점으로 마르코의 복음서 구조는 일관되게 십자가를 향한다. 예수는 자신이 겪을 고난과 죽음을 세 번 예언하고(8:31~32, 9:31~32, 10:33~34), 하느님 나라를 위하여 자기를 부정하는 제자도를 가르친다(8:34~38, 9:42~50, 10:23~31, 35~45). 사자는 이제 희생 제물이 될 운명과 마주하고 있지만, 그의 정체의 이면은 사라지지 않는다. 베드로가 한 고백은 예수의 변모 사건, 예수가 하느님의 아들임을 선언하는 목소리를 통해 확증된다(9:2~8). 산꼭대기에서 이를 경험한 후 제자들은 우주적 갈등이 도사리는 냉혹한 현실로 돌아오지만, 그때도 예수는 제자들이 실패한 곳에서 승리를 이루어 낼만큼 여전히 강력하다(9:14~29).

한편에서는 모든 싸움을 이기는 하느님의 아들 그리스도, 다른 한편에서는 수치스럽기 그지없는 죽음을 향해 길을 걷는 불가사의하며 자기를 내려놓는 사람의 아들 예수를 우리는 어떻게 바라보아야 하는가? 마르코는 자신이 그린 제자들만큼이나 혼란에 빠진 것일까? 최근에는 마르코의 복음서를 '아레탈로지'aretalogy를 뒤집은 저작으로 해석하는 이들이 있다. 아레탈로지란 이른바 '신인'神人을 주인공으로 한 전기물을 말한다. 이러한 해석에 따르면 마르코의 복음서 전반부에 등장하는 예수는 '아레탈로지'에 전형적으로 등장하는, 기적과 이적을 일으키는 사람처럼 보인다. 이러한 해석을 따르는 이들은 마르코가 신인에 대한 이러한 이해가 잘못되었음을 보여주기 위해 십자가에 이르는 고난이라는 어두운 면을 강조함으로써 잘못된 그리스도론을 교정하고 있다고 주장한다.

마르코의 복음서가 고난의 신학theology of suffering을 강렬하게 묘사하고 있다는 주장을 인정하더라도 이러한 견해는 몇 가지 문제점이 있다. 먼저 당시에 신인 개념, 혹은 아레탈로지라는 개념 자체가 정말로 있었는지가 분명하지 않다. 그리고 예수가 세례를 받을 때 하늘에서 들려온 목소리, 또한 변모 사건 때 다시금 등장한 목소리를 통해 (1:11, 9:7) 거듭 예수가 하느님 아들임을 하느님 자신이 선언했는데 이를 잘못되었다거나 교정해야 한다는 말은 이상한 주장이다. 예수를 하느님의 아들로 보는 그리스도론과 사람의 아들로 보는 그리스도론은 서로 충돌하며 한쪽이 다른 쪽을 교정한다고 보기보다는 상호 보완하는 것으로 보아야 한다. 두 그리스도론에는 예수의 내면과 외면, 신성과 인성이 얽혀 있어 그의 영광된 모습을 입증함과 동시에 굴욕당하는 비참한 모습을 숨김없이 그려낸다. 베드로가 예수를 그리스도로 칭송할 때 예수는 이를 부정하지 않는다. 다만 그는 '그리스도'가 무엇을 의미하는지 재정립할 뿐이다. 즉 그리스도는 고난받아야 하고, 죽어야 한다. 십자가는 처음부터 모든 것 위에 그늘을 드리우고 있다. 그리고 이 십자가는 이제 전면에 드러나고 있다. 복음서의 심장부에서 예수의 정체와 운명이 분명히 드러난다. 그러므로 그를 따르는 이들, 제자가 되고자 하는 이들이 걷는 길은 필연적으로 십자가의 형상을 띨 것이다.

(교향곡이라는 은유를 이어가자면) 이러한 내용은 마르코가 쓴 교향곡 중간 악장에 담긴, 지역과 지역을 잇는 교량 역할을 하는, 점점 더 구체적인 내용을 담은 예언들을 통해 더 분명하게 드러난다. 앞의 여덟 장에서 북쪽을 거닐던 사자는 이제 남쪽, 자신의 보금자리를 향한

다. 베드로가 예수를 그리스도라 고백한 곳(8:27)인 빌립보의 가이사리아는 가장 북쪽에 있으며 요르단 강의 수원 방향이다. 이제 내용은 점점 더 남쪽으로, 갈릴래아를 가로질러(9:30) 유다 지방으로 내려갔다가(10:1) 예루살렘으로 올라간다(10:32). 이 도정에서 예수는 자신이 겪게 될 수난을 노골적으로 예고하며(10:33~34), 야망에 찬 야고보와 요한이 순교를 통해 자신이 받는 세례에 동참하게 되리라고 예언한다(10:35~40). "사람의 아들도 섬김을 받으러 온 것이 아니라 섬기러 왔고, 또 많은 사람들을 위하여 목숨을 바쳐 몸값을 치르러 온 것이다(10:45)"라는 구절에서 알 수 있듯 그리스도인의 위대함은 섬김으로 드러난다.

마지막으로, '경첩' 역할을 하는 구절이 또다시 등장한다. 이 부문을 시작하는 경첩 구절(8:22~26)처럼 여기서도 마르코는 눈먼 사람을 치유하는 사건을 다룬다(10:46~52). 이렇듯 그는 예수가 마지막 무대에 오르기 위해 예리고(여리고)를 떠나 예루살렘을 향한 길에 오르는 시점에 의도적으로 특정 사건을 배치하고 반복함으로써 자신의 기획을 분명하게 드러낸다(10:46). "나자렛 사람 예수"가 지나간다는 말을 들은 거지 바르티매오는 고향이 나자렛이라는 꼬리표는 무시하고 그를 메시아라 부르며 그에게 호소한다.

다윗의 자손이신 예수님, 저에게 자비를 베풀어주십시오. (10:47)

처음으로 예수는 이 사실을 비밀로 하라고 말하지 않는다. 도리어 바

르티매오에게 조용히 하라며 꾸짖는 사람은 군중이었다(10:48). 예수
는 거지인 그의 칭송을 받아들이고 요청을 들어준다. 이번에는 흐릿
하게 보이지도 않고 두 번 만지는 일도 없다. 열쇳말이 다시 등장한
다. "그 눈먼 사람은 곧εὐθὺς 다시 보게 되었다. 그리고 그는 예수가 가
시는 길을 따라ἐν τῇ ὁδῷ 나섰다."(10:52) 여기서 다시 한번 마르코는 독
자들에게 수수께끼를 남긴다. '엔 토 호도'ἐν τῇ ὁδῷ는 단순하게 "길을
따라"라고 번역할 수 있다. 하지만 이는 눈먼 자에게 해당하는, 뻔한
번역일 수도 있다. 이 복음서는 "길ὁδός을 예비하라"는, 그리고 "그
길을 곧게εὐθὺς"하라는 외침으로 시작한다(1:2~3). 씨 뿌리는 사람은
씨의 일부를 "길가에" 뿌렸으며(4:4, 15), 예수는 군중이 "길에서" 쓰
러질까 봐 걱정한다(8:3). 예수가 제자들에게 자기 정체에 관한 물음
을 던진 곳은 "도중"途中이었고(8:27) 제자들이 누가 가장 큰 사람인지
를 두고 다툰 곳도 "길"(9:33), 곧 "예루살렘으로 올라가는 길"이었다
(10:32). 이제 느린 중간 악장이 마무리된다. 이제 예수의 정체에 비밀
은 없으며, 눈먼 사람은 눈을 뜨고 "길을 따라, 곧장"(10:52) 예수를 따
른다. 유투스εὐθὺς와 호도스ὁδός가 다시 결합했고 속도감은 열기를 더
한다. 사자가 다시 몸을 일으켜 보금자리로 향한다. 독자도 눈을 뜨
고 그 길을 따르지 않으면 안 된다.

예루살렘은 사자의 보금자리인가, 강도의 소굴인가? - 성전(마르 11:1~13:37)
마르코의 복음서는 3악장으로 된 교향곡이다. 전반부인 1악장
에서는 능력과 갈등, 치유와 축귀로 휘몰아치는 활동이 펼쳐진다

(1:1~8:26). 2악장은 예수의 정체에 관해 깊이 생각할 시간을 주고 지리상으로는 예루살렘으로 향하는, 한결 느린 속도의 간주곡이다. 지금부터 다룰 마지막 악장에 들어서면 시간과 공간이 전면에 드러난다. 이때까지 날짜와 시간에 별다른 관심을 보이지 않던 마르코는 마지막 한 주에 와서는 하루하루를 세심하게 정리한다.

마르코의 복음서가 그린 성 주간Holy Week

일요일	11:1~11	예루살렘 입성 / 성전 방문 / 저녁에 그곳을 떠남(11절)
월요일	11:12~19	예루살렘으로 가던 도중en route 무화과나무를 마주침 성전에서 사건이 일어남 / 저녁에 그곳을 떠남(19절)
화요일	11:20~13:37	다시 예루살렘으로 가던 도중en route 무화과나무를 마주침 성전에서 성전을 두고 토론함
수요일	14:1~11	과월절 이틀 전 여자가 예수의 머리에 향유를 부음 유다가 배반을 약속함.
목요일	14:12~72	과월절 하루 전 최후의 만찬 예수가 체포됨
금요일	15:1~47	예수의 십자가 처형과 매장
토요일		안식일(15:42, 16:1)
일요일	16:1~8	그 다음 일어난 일

불분명했던 앞부분을 생각한다면 마르코가 이처럼 시간과 공간에 주목하는 것은 인상적이다. 마르코는 시간 단위로 금요일을 상세하게 조명하는가 하면(15:1, 25, 33, 34, 42), 공간적으로는 성전을 중심으로

한 주변을 세세히 언급한다(11:11, 15~16, 27, 12:35, 13:1, 3). 예수가 날마다 성전에서 가르치는 동안(14:49) '반反성전'이라는 주제가 강하게 드러나며 이로 인해 그는 성전 파괴를 예언했다는 혐의(14:58)로 기소되기에 이른다. 이처럼 시간과 공간의 변화에 맞물려 사건의 양상도 바뀐다. 마르코 복음서 마지막 부분의 내용은 이전의 내용과는 다르다. 치유와 축귀는 사라지고 갈등이 첨예해지며 가르침의 중심은 하느님 나라와 제자됨에서 권위와 수난의 문제로 바뀐다. 사자는 보금자리에 돌아왔지만 그곳은 강도의 소굴로 바뀌어 있었다. 백수의 왕이 왕좌에 오지만 백수는 왕을 배척한다.

예수가 예루살렘에 입성하는 장면에서 독자들은 또다시 마르코 특유의 반어적 수수께끼를 접하게 된다. 제자들이 새끼 나귀를 풀어서 끌고 가는 구실이 되는 "주님(주인)master이 쓰시려고" 한다는 말은 주인이 그들을 보내 나귀를 가져오라고 했음을 암시한다. 군중은 예루살렘의 축제에 "주님의 이름으로"(시편 118:26) 오는 순례자들을 향해 환호성을 올린다. 예수는 여느 순례자(혹은 여행자)처럼 주변을 둘러보고 떠난다(마르 11:11). 예루살렘 입성을 성전 '정화' 사건의 전주곡으로 둔 마태오나 루가와는 달리, 마르코는 두 사건이 다른 날 일어났다고 전한다. 얼핏 보기에 마르코는 두 사건을 상당히 절제하며 묘사하는 것처럼 보인다. 그러나 '주인'에 해당하는 헬라어 단어 '호 퀴리오스'Ό Κύριος(11:3)는 "주님"Lord(11:9)을 뜻하기도 한다. 왕에게는 수송 수단을 징발할 권한이 있으며 미쉬나에 따르면 왕의 말은 다른 누구도 탈 수 없다.[5] 이는 새끼 나귀도 마찬가지다(11:2). 또한 평범한 순례자를 환영하는 인사에 더해진 또 다른 외침을 주목해 봐야 한다.

복되다! 다가오는 우리 조상 다윗의 나라여! (11:10)

예수가 눈먼 사람이 경외심을 담아 외친 "다윗의 자손"이라는 말과 함께 예루살렘을 향한 첫걸음을 뗐음을 기억하라. 이제, 그리고 마침내 사람들은 입고 있던 겉옷과 나뭇가지로 "주님의 길을 예비한다"(1:3). 마르코가 준비한 수수께끼를 면밀히 살필 준비가 되어 있다면 독자들은 곳곳에서 반어적인 표현을 발견할 수 있을 것이다. 왕이 자신의 나라를 차지하러 왔다. 이는 참으로 사자가 합법한 행동이다.

이어서 또 하나의 A-B-A '샌드위치' 대형이 나온다. 월요일 아침 예루살렘으로 가던 길에 예수는 제철도 아닌데 무화과나무에서 열매를 찾으려 한다. 그리고는 어이없게도 나무를 향해 열매를 맺지 못하리라고 저주한다(11:12~14). 이후 그는 성전에서 돈 바꿔주는 사람들과 상인들을 내쫓아버린다(11:15~19). 이튿날 아침, 예수와 제자들은 성전으로 가다가 말라 있는 무화과나무를 발견한다. 이를 계기로 예수는 제자들에게 기도를 가르친다(11:20~25). 앞서 예수의 가족과 베엘제불 논쟁을 A-B-A 대형으로 연관 지었을 때와 마찬가지로 여기서도 마태오와 루가는 샌드위치 대형을 고집하려는 마르코에게 공감하

---

[5] *Mishnah, Tractate Sanhedrin*, 2.5

지 않는다. 루가는 이 부분에서 무화과나무 이야기를 빠뜨리며(루가 19:28~48) 대신 더 앞부분에 열매 맺지 못하는 무화과나무를 베어 버리려는 사람 비유를 실어 둔다(루가 13:6~9). 그런가 하면 마태오는 이 사건 전체를 성전 정화 '후에' 배치해 두었는데 마태오의 복음서에서 나무는 저주를 받자마자 말라버린다(마태 21:18~19).

마르코는 이 이야기를 샌드위치 대형으로 구성함으로써 독자들에게 무언가를 분명하게 보여주고자 한다. 연관성은 분명하다. 이 대형은 제철도 아닌데 열매를 맺지 못한다는 이유를 들어 무화과나무를 저주한, 누가 보아도 부당한 예수의 행동을 설명한다. 무화과나무는 오늘날에도 팔레스타인과 시리아 지역에서 흔히 볼 수 있는 나무다. 자라는데 수년이 걸리기 때문에 무화과나무, 그리고 흔히 무화과나무와 함께 자라는 포도나무는 번영과 평화의 상징으로 쓰이곤 했다(1열왕 4:25, 미가 4:4를 참조하라). 예언자들은 두 나무를 이스라엘이 하느님께 충실했던 시기 누린 풍요로움과(호세 9:10) 충성하지 않았을 때 겪은 불모의 시기를 가리키는 데 사용했다.

> 이 백성 가운데 행여나 쓸 만한 자가 있는가 찾아보았지만, 포도 덩굴에 포도송이 하나 없고 무화과나무에 무화과 열매 하나 없이 잎마저 말라버린 꼴이었다.(예레 8:13, 호세 9:16과 미가 7:1도 참조하라)

따라서 마르코가 만들어 둔 샌드위치 대형에서 예수가 무화과나무를 저주한 것은 배가 고파 불쾌해서 한 행동이 아니라 가운데 있는 이야기를 잘 전달하기 위한 극적 장치다. 무화과나무가 열매를 맺지 못했다는 이유로 저주받듯, 성전은 "만민이 기도하는 집"(11:17)이 되지 못했기에 저주받는다. 계절과 관계없이 무화과나무와 성전, 그리고 온 이스라엘은 그들에게 오시는 왕을 알아봤어야 했고 열매 맺었어야 했다. 이와 같은 맥락에서 마르코는 또 다른 상징을 써서 소출을 내지 않은 포도원 소작인 비유에 등장시킨다(12:1~12). 이후 예수는 주인의 예기치 않은, 때를 가리지 않는 귀가를 상징하는 데 만개하는 무화과나무를 언급한다(13:28~36).

그러므로 마르코가 구사하는 샌드위치식 내러티브 기법을 염두에 둔다면 독자들은 무화과나무 이야기라는 '빵'뿐만 아니라 '속 재료' 곧 성전에서 벌인 시위의 의미까지도 이해할 수 있게 된다. 오늘날에도 학자들은 성전 시위 사건의 핵심 의미와 역사적 중요성에 대해 여러 논의를 주고받는다. 한 사람이 유대교 성전의 경비나 가까이 주둔하던 로마 군대의 어떠한 제지도 받지 않고 성전을 쓸어버린다는 것은 믿기 어려운 일이다. 그러나 무화과나무 상징 뿐 아니라 옛 성전이 파괴되기 전에 그곳에서 예레미야가 했던 유사한 저항을 인용한 것(렘 7:1~15)까지를 염두에 두면 예수가 한 행동의 '상징적' 의도는 명확하다. 종말론적 담화에서 예수는 이 상징의 의미를 해석해 다가올 성전 파괴에 관한 직접적인 가르침으로 바꾼다(13:1~2). 마지막으로 무화과나무와 성전 이야기를 둘러싸며 '두 겹짜리'double-decker 샌드위치를 이루는 추가적인 층을 살펴보자. 이 부분은 앞으로는 예수의 정체와 권위 물음을 일으키는 예루살렘 입성 장면(11:1~11), 뒤로는 다시 한번 예수의 정체와 권위를 두고 유대교 지도자들과 벌이는 논쟁(11:27~33)으로 이뤄진다. 그러므로 11장 전체는 A-B-C-B-A 대형을 이루며 예수의 정체와 권위와 관련한 다가올 위기의 급박함을 강조함으로써 다음 두 장을 위한 주제를 드러낸다.

마르코의 복음서 11장의 구조

1-11절	예루살렘 입성 - 그는 누구인가?	A
12-14절	저주받은 무화과나무	B
15-19절	성전 사건	C
20-25절	말라버린 무화과나무	B
27-33절	논쟁 - 그는 누구인가?	A

마르코는 2장 1절부터 3장 6절에 이르기까지 예수와 여러 부류의 유대교 권력자들 사이에서 벌어진 '논쟁 이야기'들을 연이어 등장시키며 이는 바리사이파와 헤로데 당원들이 결탁해 예수를 해하려고 모의하는 것으로 마무리 된다(3:6). 이제 접하게 될 또 다른 일련의 논쟁 이야기들에서도(11:27~12:44) 이 예상 밖의 동맹은 예수를 시험한다(12:13). 이번에는 율법학자, 대사제, 원로(11:27, 예수가 성전에서 벌인 시위 때문에 이들이 움직인 것일까?), 그리고 사두가이파까지(12:18) 가세한다. 이들을 하나 되게 하는 공통 연결고리가 있다면 그것은 예수의 권위 문제다. 이 권위 물음은 11장 28절에서 직접 제기되고 12장 14

절에서는 그들의 빈정거림에 암시되어 있으며 12장 35~37절에서는 예수가 직접 언급한다. 한편 11장에서부터 등장한 열매 맺음이라는 주제 또한 이 이야기들에서 계속 다루어진다. 무화과나무, 성전과 마찬가지로 포도원 소작인들도 자신들이 거둔 열매를 하느님께 드리려 하지 않는다(12:1~12). 세금에 관한 물음에 수수께끼꾼 예수는 현명하게 답한다. 그는 물음을 던진 이들에게 "하느님의 것은 하느님께 돌려라" 말하며 도전한다(12:13~17). 한 율법학자가 예수에게 동의해 하느님과 이웃을 사랑하여 그 열매를 드리는 것이 희생 제사를 드리는 성전 체제를 포함한 다른 모든 것보다 중요하다고 이야기함으로써 상황은 마무리된다(마르 12:32~34, 마태오와 루가의 기사에서는 빠져 있다. 마태 22:34~40, 루가 10:25~29 참조). 마지막으로 마르코는 예수가 유대교 권력자들을 공격하는 장면을 짤막하게 전한 후(12:35~40, 마태오와 루가의 복음서에서는 이를 상세하게 전한다), 다른 사람들과는 달리 열매를 맺고 가진 모든 것을 하느님께 "드리는" 과부 이야기를 전한다. 이 이야기에서 주제는 절정에 이른다(12:41~44).

열매를 맺지 않았기에 무화과나무와 소작인들은 버림받고 파멸했다. 13장에서 예수는 성전을 떠나 건너편 올리브 산에서 성전을 바라보며 열매를 맺지 못하는 성전뿐 아니라 예루살렘, 심지어 온 세상이 버림받고 파멸하리라고 예언한다. 성전을 "떠나" "건너편"에 있었다는(13:1, 3) 공간 언어는 우연히 사용한 표현일 리 없다. 사자에게 등을 보이면 먹잇감이 될 뿐이다.

'마르코의 묵시'Markan Apocalypse라 불리는 13장은 다른 부분과 달리 예수가 직접 전하는 가르침들로 이루어져 있다. 명시적으로 이 가르침들은 제자들 몇 명에게만 전해지지만 실제로는 박해와 시련으로 고통받는 초대 교회를 겨냥하고 있다. 복음서의 나머지 부분과는 달리 이 자료는 초대 교회 시기 중에서도 이른 시기에 수집되었을 것이다. 마르코는 이를 기꺼이 자신의 복음서에 수록했다. 이 자료에 담긴 강력한 주제, 고난은 마르코의 이야기를 듣는 청중에게 적합했을 것이다. 특히 그들이 로마에서 네로의 박해로 고통받았거나 66~70년 일어난, 성전 파괴로 이어질 유대 전쟁의 공포를 경험하고 있었다면 더더욱 그러하다.

분명 마르코는 이 자료를 손보아 자신의 전형적인 3의 구조에 담아냈다. 13장에는 조심하라는 경고가 세 번(13:5,9,23), 종말의 상징이 세 가지(13:14,24,28), 깨어 있으라는 명령이 세 번(13:34,35,37) 등장한다. "황폐하게 하는 가증스러운 물건"desolating sacrilege, 무화과나무를 보고 배우라는 언급(13:14,28)은 11장 12~24절에 나온 샌드위치 대형을 독자들이 다시금 주목하게 한다. 제자가 되려면 고난을 감내해야 한다는 경고(13:9~11)는 복음서 중간 부분 십자가를 지라는 가르침(8:34~38, 10:35~45)을 재현하는 것이며 가족의 분열(13:12~13)은 앞서 예수가 자기 가족과의 관계에서 겪은 어려움(3:20~25), 베드로에게 한 대답(10:28~31)을 상기시킨다. 이 모든 것을 통해, 갈등이라는 주제는 전쟁과 자연재해로 시작해(13:7~8) 법정에 끌려가고, 예루살렘이 파멸하며(13:9~11,14~16), 마침내 우주적 규모에 다다라(13:24~25) 모든 주제를 압도한다. "나 때문에" 고난을 받으리라(13:9,13)는 언급, 그리고 거짓 그리스도들(13:21~22)과 예기치 않은 때 찾아올 사람의 아들(13:26~36)을 혼동하지 말라는 경고는 독자들이 예수가 이 복음서에서 내내 겪은 일과 유사한 갈등을 겪게 될 것을 암시한다. 겉보기에 이 장은 따로 노는 것처럼 보일지라도 실은 지금까지 마르코의 복음서가 이야기한 모든 중요한 가닥을 한데로 모은다.

사자는 자기 굴로 돌아왔지만 배척당했다. 이제 그에게 마지막 갈등이 다가온다. 이 상황에서 독자들은 그가 포효하며 극복하기를 바란다. 그러나 그는 죽음을 눈앞에 두고 있다. 하지만 마르코가 이 장을 이곳에 배치한 이유는 독자들에게 다음 사실을 약속하기 위해서다. 즉 그가, 혹은 그를 따르는 이들이 어떠한 고난을 겪는다 해도 우주적인 차원에서는 또 다른 이야기가 펼쳐지고 있다. 그리고 이 이야기에서 예수는 왕이다.

죽음 앞에서 - 수난(마르 14:1~15:47)

왕이라면 으레 지배권을 갖고 있게 마련이다. 지배권을 가진 사자는 지금까지 주도적으로 사방을 활보했다. 그러나 이제 상황이 달라졌다. 예수는 두 번째와 세 번째 수난 예고에서 다른 사람에게 '넘겨준다'는 뜻의 헬라어 동사 '파라디도미'παραδίδωμι를 자기 자신에게 사용했으며(9:31, 10:33), 3의 구조로 이루어진 묵시적 경고를 하며 제자들이 맞게 될 운명을 언급할 때도 이를 사용했다(13:9,11,12). 이제 이 동사는 예수를 목적어로 자그마치 열 번이나 쓰인다(14:10,11,18,21,41,42,44, 15:1,10,15). 예수는 점점 더 수동적으로 변한다. 이제는 다른 이들이 지배권을 갖고 한 사람에게서 다른 사람에게로, 즉 유다가 유대교 지도자에게, 다시 빌라도에게, 그리고 그를 십자가에 못 박을 병사들에게 그를 '넘겨준다'. 늘 그렇듯 마르코는 사자가 뛰어올라 자유를 얻도록 세 번의 기회를 열어둠으로써 긴장을 고조시킨다. 게쎄마니에서 기도할 때(14:35~36), 빌라도가 예수를 놓아주려 할 때(15:9), 그리고 예수를 조롱하는 이들이 빈정대며 자기를 구원하여 십자가에서 내려오라고 할 때(15:30)가 그렇다. 그러나 이 세 번의 기회는 모두 날아간다. 예수는 지금 저들의 손안에 있다. 심지어 구경꾼들도 그를 공격하고 모든 이가 예수를 욕한다. 지나가던 사람들, 대사제들과 율법학자들, 예수와 함께 십자가에 달린 자들까지도(15:29~32). 예수는 지배권을 빼앗겼다. 그러나 역설적으로 예수를 막기 위해 그를 조롱하고 십자가에 못 박음으로써 예수의 대적자들은 예수의 임무를 완수한다. 이로써 최후의 통치자는 하느님임이 분명해진다. 자기 뜻을 따라 종횡무진이던 사자는 힘없이 끌려다닌다. 포효하던 소리는 잦아들고 입에는 재갈이 물렸다. 마르코는 예수에게 꼭 필요한 순간 세 번만 말할 기회를 준다. 대사제와 빌라도가 그의 정체를 물었을 때 이를 인정한 장면(14:62, 15:2), 그리고 하느님께 버림받고 마지막으로 울부짖는 장면(15:34), 이렇게 세 번. 그 외 장면에서 마르코는 예수가 침묵했음을 강조한다(14:61, 15:5). 다시 한 번 아슬란이 떠오른다. 그는 고통받는다. 그의 갈기는 깎였으며 턱에는 재갈이 물린다. 그는 덩치 큰 고양이일 뿐이라며 조롱당했고 결국

돌 탁자 위에서 죽임을 당한다.[6]

십자가 처형 장면은 시종일관 어둡고(은유적으로나 실제로나, 15:33) 고통이 끊이지 않으며 떠나감과 버림받음의 정서로 가득하다. 예수는 모든 이에게 버림받고 거부당한다. 그가 버림받았음을 보여주는 가장 극적인 대목은 마르코의 복음서에서 예수가 십자가 달린 채 유일하게 한 말에 담겨 있다.

나의 하느님, 나의 하느님, 어찌하여 나를 버리셨나이까?

(마르 15:34)

이 말은 시편 22편에 나오는 첫마디 말이기도 한다. 예수가 당한 조롱(15:29,31) 또한 이 시편을 떠오르게 한다. "나를 보는 사람은 누구나 나를 ... 조롱하며, 입술을 삐죽거리며 머리를 흔들면서..."(시 22:6~7) 세례 장면을 재현하듯 헬라어 동사 '스키조'σχίζω가 다시 등장한다. 하지만 이번에 찢어지는 것은 성전 휘장뿐, 하늘은 닫힌 채로 있다. 1장 1절과 9장 7절에 나왔던 목소리도 이 순간에는 묵묵부답이다. 그리고 이때까지 숱하게 그래왔듯 끝까지, 그리고 다시 한번 사람들은 예수를 이해하지 못한다.

보시오, 그가 엘리야를 부르고 있소. (15:35)

---

[6] C.S.Lewis, *The Lion, the Witch and the Wardrobe*, Puffin/Penguin, 1959, pp. 139~40.

지극히 아이러니한 일이다. 사람들은 예수가 엘리야를 부르는 줄 알고 기다려 보지만 아무도 오지 않는다. 누군가 그를 구해주리라는 마지막 희망조차 사라지고 예수는 홀로, 외로이, 거부당한 채 죽는다 (15:37). 수많은 줄기가 한데 모인다. 날뛰던 사자는 꽁꽁 묶였고, 불가사의한 예언자를 여전히 사람들은 이해하지 못한다. 제자들의 연약한 믿음은 그를 저버렸고, 갈등은 패배로 끝났다. 사람의 아들은 자신이 예언한 대로 죽었다. 헌데 바로 이때, 그가 하느님의 아들임을 알아보는 첫 번째 사람이 나타난다. 그는 제자도, 가족도, 종교 지도자도 아닌 로마군 백인대장이다(15:39). 고대 전기에서 비석에 새길 만한 경구를 사용해 주인공의 삶을 요약하는 것은 전형적인 공식이었다. 그가 살아있는 동안 누구도 이해하지 못했던 비밀이 이제 분명해졌다. 그러나 때는 이미 늦었다. 이제 남은 일은 그를 낯선 이의 무덤에 장사지내는 것뿐이다(15:40~47).

고대 세계를 살던 이에게, 십자가형으로 인한 죄수의 죽음에서 의미를 찾으려는 시도는 상상할 수 없는 일이었다. 십자가 처형은 노예와 외국인을 처형하기 위한 것이지 로마 시민에게 적용하는 일은 결코 없었다. 신이 세상과 철저하게 분리되어 있다는 그리스 철학 전통에서 교육받은 이들에게 이 죽음에서 신학적인 의미를 얻으려 하는 것은 어리석기 짝이 없는 일이었을 것이다. 다른 한편 당시 유대인들은 나무에 달린 사람을 저주를 받은 사람으로 여겼다(신명 21:22~23. 1고린 1:23을 참조하라). 이러한 상황에서 마르코가 자신의 내러티브를 절정으로 이끌어가는 자리가 그토록 어둡게 그려진 십자가라는 사실은 그의 탁월한 신학적 업적이다. 여기서 그는 그동안 던져온 의문점과 수수께끼에 해답을 제시한다. 가족과 제자들이 시종일관 오해하고, 종교 지도자들과 정치 권력가들이 끊임없이 반대하던 저 불가사의한 인물은 마지막 갈등의 지점에서 최악의 수모를 당하고 심지어 하느님께도 버림받음으로써 자신의 능력과 정체를 드러낸다. 이는, 마르코의 이야기를 듣는 이들에게 마르코가 제시하는 해답이기도 하다. 복음서를 통틀어, 특히 제자됨을 이야기하는 중간 부분과 13장에 있는 묵시적 경고에는 장차 교회가 처할 운명을 알리는 단서들이 들어있다. 십자가에 달린 이가 걸어간 길을 따르는 것이 장밋빛 미래를 약속한다고 믿는 이들을 향해 마르코는 십자가의 길에는 가시가 가득하다는 사실을 잊어서는 안 된다고 말한다. 분명, 예수는 우주적인 투쟁에서 이길만한 힘과 능력을 지닌 하느님의 아들'이다'. 이를 잊어서는 안 된다. 그러나 그렇다고 해서 이 마지막 순간에 기적적으로 탈출할 기회는 찾아오지 않는다. 그를 따르는 이들 역시 이를 기대해서는 안 된다.

사자처럼 일어났을까? - 부활(마르 16:1~8)

마르코가 전하는 부활 기사를 접하며 독자는 나아진 것이 전혀 없음을 알게 된다. 초대 교회 교부들은 사자처럼 의기양양하게 부활한 예수를 이야기했으나, 이러한 은유는 마르코의 복음서 16장 1~8절에 근거한 것일 리 없다. 마르코의 복음서 다른 부분이 그러하듯 결말부는 불가사의와 두려움, 경외심으로 가득하다. 그는 행복하고 아름다운 결말을 그리는 대신 더 많은 물음을 독자들에게 남긴다. 예수는 어디로 갔는가? 성금요일 저녁 무덤을 막아둔 큰 돌을 지켜본 (15:46~47) 여자들은 무덤으로 가면서 왜 그 돌을 굴려낼 걱정 외에 아무 생각도 하지 못한 것일까(16:3)? 그 자리에 나타난 흰옷 입은 젊은 이는 누구이며 어떤 사람인가(16:5)? 여태껏 이 복음서에서 예수는 비밀을 지키고 말을 아끼라 명령했다. 그러나 마지막에 이르러 여자들은 다른 이들에게 그가 부활했다는 소식을 전하라는 지시를 받는다. 그런데 왜 그들은 두려워하며 아무에게도 말하지 못했을까(16:7~8)? 비밀과 은폐로 가득한 이 복음서는 빈 무덤으로, 예수가 사라진 채로 마무리된다.

제자들이 갈릴래아에서 예수를 만나리라는 16장 7절의 약속은 최후의 만찬 때 제자들이 자신을 버리리라는 예수 자신의 예언을, 또한 그들보다 먼저 갈릴래아에 가 있으리라는 약속(14:27~28)을 떠오르게 한다. 여기서 마르코의 중심 내러티브 중 하나가 종료된다. 그러나 완전히 결론이 난 것은 아니다. 동정심 많은 독자는 가련한 제자들에게 어떤 일이 일어날지 알고 싶어 할 것이다. '결국 모든 것이 기쁨의 재회로 마무리될까?' 이에 대한 답은 다른 복음서 저자들에게 물어야 할 것이다. 마르코가 자신의 복음서에서 제자됨이라는 주제를 다뤄온 일관적인 태도를 고려할 때, 이 물음은 여전히 열려 있다. 예수를 따르는 이들의 이야기인 마르코의 예수 이야기는 동시에 독자들의 이야기이기도 하기 때문이다. 제자들은 예수를 따르게 될까, 버리게 될까? 예수를 믿을까, 아니면 믿지 않을까? 갈릴래아로 가서 예수

그림 4. 마르코의 복음서 첫 글자, 켈스의 서, Folio 130R

를 만나게 될까, 아니면 무턱대고 빈 무덤만 바라볼까? 이 모든 것은
독자에게 달렸다.

　물론 이 모든 것은 마르코의 복음서가 16장 8절에서 끝난다고 가
정했을 때의 이야기다. 복음서는 여기서 중단된다. 이 복음서에는 9
절로 끝나는 짧은 결말과 9~20절로 끝나는 긴 결말이 존재한다. 후자
는 고대 사본에서는 누락되어 있으며 문체 또한 앞부분과 다르다. 또
한 그 내용은 후대 기록된 복음서들에 근거하고 있다. 이 두 결말은
본래의 결말이 유실되고 나서 생긴 '공백'을 메우기 위해 작성된 것
일지 모른다. 아니면, 애초에 결말이란 것이 없었을지도 모른다. 문

학 용어로 내러티브의 '종결'closure은 이야기 줄기를 한데 모으는 방식으로 이루어질 수도 있고, 이야기의 발단과 균형을 맞추는 식으로 이루어질 수도 있으며, 아니면 의도적으로 열린 상태로 남을 수도 있다. 16장 1~8절은 이 세 가지 모두일 수 있다. 아슬란이 길들여진 사자가 아니듯 마르코의 복음서는 위로를 주는 책이 아니다. 나는 지금까지 사자라는 은유를 저자 마르코가 아닌, 예수에게 적용했다. 하지만 마르코에게도 종횡무진 활보하며 넘치는 힘을 품고 공격할 때를 기다리는 사자와 같은 면이 있는지 모른다. 켈스의 서에는 마르코의 복음서 앞 장에 그려진 사자뿐 아니라 그보다 더 작게 그려진 사자가 하나 더 있다. 이 사자는 1장 1절 본문의 장식된 첫 글자 안에 웅크리고 있다(그림 4를 보라). 그리고 사자는 턱수염 난 사람의 형상을 물고 있는데 누가 보아도 곧 집어삼킬 것처럼 보인다. 사자 예수가 복음서 저자 마르코를 삼켜버리려 하는 것일까? 아니면 사자인 복음서 저자 마르코가 무기력한 독자들을 삼키려 턱을 벌리고 있는 것일까? 어느 쪽이라 장담할 수는 없지만, 이 그림을 그린 장인은 이 복음서가 목숨을 위태롭게 하는 내용을 담고 있으며 이를 읽으려 한다면 목숨을 걸어야 한다는 경고를 전하는 것인지 모른다.

본래 이야기가 어디서 끝나든 우리에게 전해진 마르코의 내러티브는 갑작스럽게 시작하여 느닷없이 끝나버린다. 처음 예수가 왔을 때 아무런 설명이나 정황이 없었듯 그가 떠나갈 때도 마찬가지다. 그가 어디에서 왔는지를 아는 이는 아무도 없으며 그가 어디로 갔는지도 아무도 모른다. 그가 이곳에 있었을 때도 고통 속에서 능력이 드러나고 죽음을 통해 왕임이 선포되는 이 불가사의한 인물을 이해한 사람은 찾아보기 어렵다. 지금까지 살펴본 마르코의 그리스도론을 관통하는 중심 은유로 이야기를 갈무리하겠다. 사자는 뛰어올라 포효한다. 그는 어딘가에 있을 갈릴래아에서 만나자고 외친다. 그러고 나서는 다시 뛰어 내려간다.

루시가 물었다. "그럼 그는 위험한 건가요?" 비버 씨는 말했다. "위험하냐고요? 누가 그런 말을 하던가요? 당연히 그는 위험하지요. 하지만 괜찮을 겁니다. 그는 왕이거든요. 정말이에요!"[7]

---

[7]   C.S.Lewis, *The Lion, the Witch and the Wardrobe*, Puffin/Penguin, 1959, p.75.

그림 5. 성 마태오, 린디스파른 복음서, Folio 25b

03

이스라엘의 선생 - 마태오가 그린 예수

인간의 얼굴 - 상징과 의미

마르코의 복음서를 면밀히 살핌으로써 우리는 복음서를 전기 문학으로 간주하여 인물 중심으로 읽을 수 있음을 확인했다. 마르코의 복음서 중 90% 정도(약 600절)는 마태오의 복음서에서 반복된다. 이 구절들은 523절로 축약되어 마태오의 복음서 절반 정도를 차지한다. 그럼에도 불구하고 마태오가 그리는 예수는 마르코가 그린 예수와는 꽤 다르다. 그는 마르코의 복음서에 탄생 및 부활 내러티브, 더 많은 가르침 자료를 추가하고 재구성해 통상적인 전기 진행 방식에 가까운, 훨씬 더 완전한 초상을 그린다.

어둡고 수수께끼로 가득한 마르코의 복음서와 견주어 보면 마태오의 복음서는 "어린이들과 같이 되었다"(마태 18:3, 마르코는 이를 어린

이와 같이 "받아들인다"고 표현한다. 마르 10:15). 내 딸들은 어렸을 때 끊임없이 내게 이런저런 물음을 던졌다. "왜? 무엇 때문이죠? 잘 모르겠어요. 아빠, 설명 좀 해주세요." 마르코가 그린 예수가 불가사의하고 분명치 않은 반면 마태오가 그린 예수는 훨씬 분명하고 알기 쉽다. 그는 마르코의 복음서 내러티브에 자리한 어두운 구석을 분명하게 밝힌다. 마르코가 전하는 기사가 숨어계신 하느님, 예수의 부재에 관심을 기울인다면 마태오는 예수라는 존재를 통해 드러난 하느님에게 관심한다.

그리스도교 전통에서 마태오를 가리키는 상징은 언제나 인간의 얼굴을 하고 있다. 고대 근동 지역에 있던 종교, 특히 조각상을 보면 동물은 신의 능력과 속성을 가리키고 인간은 계시와 지성을 상징한다. 구약성서에 따르면 인간은 총명함, 곧 이해하는 능력을 특징으로 한다(잠언 30:2). 이 능력은 인간 내면에 자리한 하느님의 영을 통해 주어진다(욥기 32:8). 남녀를 막론하고 인류는 땅 위에 있는 모든 것을 다 스리는 하느님의 형상으로 만들어졌다(창 1:26~27, 시편 8:5~8). 이러한 인간의 이해하는 능력, 그리고 인간의 다스리는 능력은 선생이라는 상징과 결부된다. 앞서 말했듯 마태오의 복음서는 마르코의 복음서가 전한 예수의 분주한 활동을 포함하고 있으며 이 내용이 마태오의 복음서 전체의 절반에 해당하는 기본 내러티브를 이룬다. 이 복음서 분량 중 1/4 이상을 차지하며 예수의 가르침과 어록을 구성하는 280여 절은 루가의 복음서와 겹치는데 아마도 Q에서 비롯한 자료일 것이다. 마태오의 복음서에만 등장하는 자료는 나머지 1/4(학자들은 이를 줄여 'M'이라 부른다)이다. 이 절들은 마태오가 무엇에 특별히 관심하는 지를 보여준다. 복음서 가운데 가장 유대적인 이 복음서에서 예수는 단지 랍비이기만 한 것이 아니라 인간의 얼굴을 한 하느님, 곧 하느님 아들로서 지배권과 권위를 지닌 계시자revealer다. 인간의 얼굴은 마르코가 그린 사자와 견주었을 때 시각적으로 생생한 은유라고는 할 수 없지만 마태오가 던진 결정적인 질문을 가늠할 수 있게 도와준다. 그의 핵심질문은 이것이다. 나자렛 출신 요셉의 아들 예슈아Yeshua ben Joseph of Nazareth, 이 착한 유대인 소년은 어떻게 이스라엘의 선생이 되었으며 마침내 이방인의 교회를 세우게 되었을까?

유대인의 왕으로 나신 분이 어디 계십니까? - 유년기 내러티브(마태 1:1~2:23)

마르코의 복음서는 "하느님의 아들 예수 그리스도의 복음의 시작"이라는 말로 시작한다. 마태오는 다른 열쇳말을 택한다. 바로 '게네시스'γένεσις다.

아브라함의 후손이요, 다윗의 자손인 예수 그리스도의

족보βίβλος γενέσεως는 다음과 같다. (마태 1:1)

마태오의 복음서를 펴자마자 독자는 '창세기'Genesis라 불리는 책에서 반복해 사용한 구절 하나를 만나게 된다(창 2:4, 5:1을 보라). 이 구절이 예수가 도래함으로써 창조 세계가 새로이 창조되리라는 것을 암시하고 있음을 알아차리기란 어려운 일이 아니다. 마르코가 그리는 예수는 완전히 성장한 후 무대 위로 뛰어올랐지만 마태오는 예수의 가계, 혈통, 태생에 관한 정보를 제공함으로써 자신의 기사를 고대 전기 양식과 한층 더 유사하게 만든다. 고대 일대기는 주인공이 공적 장에 나타나는 장면으로 건너뛰기에 앞서 이러한 내용을 다루고 시작하는 경우가 많았다. 물론 이러한 방식은 오늘날 독자들이 현대 전기 문학을 접할 때 기대하는 조건들을 온전히 충족시키지는 않는다. 이 내용은 대개 분량이 많지 않다.

마르코가 그랬듯 마태오도 예수를 "그리스도"라 부르지만, 마르코의 '하느님의 아들'을 마태오는 "아브라함의 후손, 다윗의 자손"으로 바꾼다. 이를 통해 독자는 곧바로 이스라엘의 선생이라는 유대적 배경으로 들어간다. 마르코의 복음서에서는 예수가 예루살렘에 갈 때 만난 맹인 바르티매오만이 '다윗의 자손'이라 부르지만 마태오의 복음서에서는 이러한 호칭이 훨씬 앞서 등장한다. 군중도(12:23, 21:9,15), 그에게 도움을 청하는 사람들(9:27, 15:22, 20:30~31)도 예수를 '다윗의 자손'이라고 부른다. '아브라함의 후손'이라는 호칭을 마르코의 복음서는 아예 언급하지 않는다. 그러나 마태오의 복음서에서 이 호칭은 창세기에 등장하는 위대한 영웅을 떠오르게 하는 동시에, 하느님께서 아브라함에게 하셨던 약속, 곧 "모든" 민족이 그로 말미암아 복을 받으리라는 약속이 성취됨을 가리킨다. 이 약속은 이국에서 박사들이 와서 그에게 경배함으로써(2:1~12), 한 로마군 백인대장이 보인 믿음을 통하여(8:10~11) 성취될 것이다. 이스라엘 민족은 하느님께서 돌들로도 아브라함의 자손을 만드실 수 있음을 알게 될 것이다

(3:9). 그리고 예수의 마지막 위임 명령을 받아 제자들은 이방인들에게로 나아갈 것이다(28:19).

마태오가 전하는 예수의 족보에는 이 두 가지 주제, 곧 다윗과 아브라함으로 대표되는 '유대'라는 민족과 느닷없이 끼어든 이방 민족이 모두 나타난다. 족보는 아브라함에서 다윗까지(1:2~6), 다윗에서 포로기까지(1:6~11), 그 뒤로 예수 자신에 이르기까지(1:12~16) 열네 개의 이름으로 이뤄진 묶음 세 개로 구성되어 있다. 마태오는 이를 요약해 수의 의미를 거듭 강조한다(1:17). 마르코와 마찬가지로 마태오는 3이라는 숫자를 좋아한다. 그리고 14는 다윗이라는 이름의 히브리 글자 דויד에 부여된 숫자를 합친 값이다. 마태오에 따르면 예수는 세 번에 걸쳐 아브라함을 계승한 다윗의 자손이다.

그런데 이 유대 민족의 족보에는 이상한 네 여자, 다말(3절), 라합과 룻(5절), "우리야의 아내"(6절)가 등장한다. 이들의 공통점은 모두 이방 민족과 관련이 있다는 것이다. 다말은 가나안 사람으로 추정되며(1역대 2:3~4) 라합은 이스라엘 민족에게 점령되기 전 예리고의 원주민이었다(여호 2:1). 룻은 모압 사람이었고(룻 1:4) 우리야는 헷(히타이트) 사람이었다(2사무 11:3). 또한 그들은 이치에 맞지 않은 성관계에 연루되어 있다. 다말은 죽은 남편을 대신해 시아버지를 통해 베레스와 제라(세라)를 임신하려고 매춘부인 척했으며(창 38:7~9,13~30), 라합은 창녀였다(여호 2:1, 6:22~25). 룻은 남편이 죽고 자녀 없이 홀로 남았다가 친척 보아즈(보아스)를 만나 족보에 올랐다(룻 1:5, 4:13). 밧세바라는 이름은 항상 남편의 이름과 함께 언급되는데 이는 다윗의 간통과 살인을 잊지 못하게 한다(2사무 11~12장). 마태오는 은연중 말한다. 요셉의 아내인 마리아가 예수를 갖게 된 것은(1:16) 그중에서도 이치에 맞지 않는 일이다. 그러나 이 모든 것은 하느님의 계획이다(1:17). 예수는 모든 민족을 위해 아브라함에게 하신 하느님의 약속을 성취할 것이다. 동시에 그는 이방인과 죄인의 친구라는 이유로 비난받을 것이다.

족보가 끝나고 1장 18절에서 마태오는 다시 열쇳말을 사용한다. "예수 그리스도의 태어나심γένεσις은 이러하다." 이제 독자들은 마태오의 이른바 '탄생 내러티브'로 들어가게 된다. 정작 예수의 탄생 장면은 나오지도 않지만 말이다. 그 대신 마태오는 요셉의 관점에서 마리아의 임신을 기술하고(1:18~25), 탄생 후 얼마쯤 지났는지 정확히 규정할 수 없는 시점에 아기를 찾아온 이방인 박사들의 이야기를 전한다(2:1~18). 족보에 나왔던 이치에 맞지 않은 성관계를 암시하는 내용이 다시 언급되며 요셉은 마리아가 수치를 모면하게 하려 한다(1:19). 하지만 조용히 파혼하려던 그의 계획과는 달리 천사가 개입해 결국 요셉은 망신당할 각오를 하고 마리아를 아내로 맞아들이고 그 아이를 자신의 족보에 올린다(1:25). 그렇지만 해설자(1:18)와 천사(1:20)는 모두 예수가 성령으로 잉태된 하느님 아들임을 강조하며 요셉과 마리아 사이에 부부 관계가 없었음을 힘주어 이야기한다(1:25). 당시 마태오의 복음서를 읽은 이들은 기초적인 설명부터 시작해 천사의 등장, 아기를 낳으리라는 예언, 하느님이 개입하셨음을 강조하는 표현으로 이어지는 이야기를 접한 순간 구약성서에 나오는 몇몇 출생 이야기를 떠올렸을 것이다(창세기 16장에 나오는 사래, 아브람, 하갈 이야기,

혹은 판관기(사사기) 13장에 나오는 삼손 이야기).

자녀가 태어나면 부모들은 이를 기뻐하며 어떤 이름을 지어줄지를 고민하고, 여러 이름을 적어둔 채 그 의미를 생각해 보곤 한다. 고대 전기에서도 이름은 중요했다. 주인공의 이름은 주인공이 미래에 얻게 될 정체성이나 그가 떠맡을 활동의 단서였다. 마태오는 이러한 관례를 따라 천사의 설명을 붙인다. '예수'Ἰησοῦς라는 이름은 '하느님은 구원'이라는 뜻을 지닌 히브리어 이름 '여호수아'יְהוֹשֻׁעַ(혹은 예수아)의 헬라어 형태다(1:21). 마태오의 복음서는 '예수'라는 말을 150회가량 언급한다(마르코와 루가의 복음서에 등장한 횟수를 합친 것과 거의 같다). 그러나 마태오의 복음서에서 예수를 부를 때 그의 이름을 부르는 이는 아무도 없으며(마르코의 복음서 1:24, 5:7, 10:47과 달리 마태오의 복음서 8:29, 20:30에는 이름이 빠져있다) 다른 사람이 예수라는 이름을 입에 올리는 경우도 거의 없다(21:11, 26:69,71, 27:17,22,37). 마태오는 해설자로서 예수에 관한 이야기를 전할 때 예수라는 이름 곁에 그 뜻이 '하느님의 구원'이라는 선언을 함께 적어둔다. 예수는 또한 임마누엘인데 이는 '하느님이 함께하신다'는 뜻이다. 이를 통해 마태오는 이 복음서가 예수의 불가사의한 비밀을 다룬 책이 아니라 하느님의 현존을 다룬 책임을 분명하게 드러낸다. 이 도입부는 복음서의 한쪽 끝을 받치는 '책 버팀' 역할을 하며 나머지 한쪽 끝, 28장 20절의 우리와 항상 함께하리라는 마지막 약속과 쌍을 이룬다. 1장에서 언급하는 예수의 이름들은 예수가 정확하게 누구인지를 보여준다.

2장에는 다양한 지역이 등장하는데 이는 예수가 어디에서 왔는지를 말해준다. 1장에서 예수의 탄생을 예언한 후, 2장에서는 처음부터 이미 예수가 태어나 있다. 그가 태어났다는 베들레헴은 예수의 가족이 전부터 살고 있는 곳임이 분명하다. 이후 동방에서 온 박사들은 또 다른 이름을 가지고 예루살렘에 찾아온다.

유대인의 왕으로 나신 분이 어디 계십니까? (2:2)

박사들의 등장과 함께 지리적 배경은 베들레헴으로 이동하며(8절) 그들은 다른 길로 자기 나라에 돌아간다(12절). 성가족holy family은 이집트로 피신하고(14절) 베들레헴에서는 영아 학살이 벌어진다(16~18절). 그리고 다시 이들 가족은 이집트를 떠나 나자렛으로 돌아와 정착한다(19~23절). 마르코와 달리 마태오는 이 이스라엘의 선생이 누구인지, 어디에서 왔으며 어디에 있었는지를 비교적 명확하게 밝힌다.

요셉이 꿈을 꾸고 경고를 받는 등 이야기가 요셉의 관점에서 서술되기는 하지만, "아기와 그 어머니"가 맞닥뜨리게 되는 일련의 긴박한 상황(2:11,13,14,20)은 예수가 요셉의 아들이 아니라 하느님의 아들임을 상기시킨다. 요셉은 "'네'아이를 데려가라"는 말을 들은 적이 없다. 예수가 하느님이라는 그의 정체는 그가 '경배'를 받는 장면에서 드러난다(2:2,8,11). 이러한 표현은 마르코와 루가의 복음서에는 거의 등장하지 않는다. 그러나 마태오의 복음서에서 예수는 아기일 때뿐 아니라 생애 전반에 걸쳐 경배를 받는다. 이후 그를 찾는 이들, 즉 나병 환자, 여자, 제자들이 그를 경배한다(8:2, 9:18, 14:33, 15:25, 20:20,

28:9,17).

그러므로 마태오의 복음서 서두에 해당하는 몇 개의 장은 예수의 유대적 기원과 하느님의 아들이라는 그의 정체를 분명히 하는 장이라 할 수 있다. 그러나 여기에는 이내 예수가 배척당하리라는 전조가 담겨 있기도 하다. 헤로데 왕과 대사제들, 율법학자들의 불경한 동맹, 꿈과 경고, 무고한 아이들의 대학살 등 모든 것이 이스라엘의 선생과 이스라엘이 이후 이 복음서에서 벌일 갈등의 징조가 된다. 마태오는 다양한 예언자들이 말했던 예언이 성취되었다고 함으로써 구약을 연상시키는 분위기를 이어간다(1:22~23, 2:6,15,17,23). 예수 이야기는 예언의 성취일뿐 아니라 모세 이야기의 재현이기도 하다. 모세처럼, 예수도 갓난아기였을 때 아기들을 학살하려는 악한 왕으로부터 구출된다(출애 1:15~2:10, 마태 2:16~18). 목숨을 부지하기 위해 달아나 다른 나라에서 성장했다가(출애 2:15~22, 마태 2:13~14), 왕이 죽고 나서야 돌아오는데(출애 2:23, 마태 2:19~20), 이때 아내와 아들도 함께 데려오게 된다는 점(출애 4:20, 마태 2:21)에서도 두 이야기는 유사하다. 이를 통해 마태오는 예수가 다윗의 자손이자 아브라함의 후손일뿐 아니라, 민족을 해방할 또 다른 모세라고, 그가 이스라엘을 다시 깨우쳐 "하느님이 구원"이심을 알게 하리라고 말한다.

이처럼 마태오의 복음서는 제목에서부터 족보와 '탄생' 이야기를 통해 예수의 정체를 분명하게 선포한다.* 여기에는 마르코의 복음서

---

* 책의 제목이 따로 없던 고대 세계에서는 책을 시작하는 말이 제목과도 같았다. "아브라함의 자손이요 다윗의 자손인 예수 그리스도의 족보"(마태 1:1)

와 같은 '비밀'은 없다. 마태오는 이야기하고자 하는 다양한 주제를 교묘하게 엮어서 서두를 완성했다. 하느님은 이 새로운 아브라함, 새로운 모세, 새로운 다윗인 인물을 통해 당신의 민족 이스라엘을 구원하려고 활동하신다. 하지만 이스라엘은 그를 거부할 것이다. 모든 민족에게 복을 주겠다고 아브라함에게 하셨던 하느님의 약속은 이스라엘 민족이 아닌, 예수의 가계에 이치에 맞지 않게 끼어든, 그러나 예수의 탄생을 경배했던 이방인들을 통해 성취될 것이다.

또 다른 모세? - 활동의 시작(마태 3:1~8:1)

린디스파른 복음서에 그려진 마태오 그림을 보면 마태오 말고도 휘장 뒤에서 턱수염 난 사람이 책을 한 권 들고 밖을 응시하고 있다(folio 25b, 124쪽, 그림 5). 일부 학자와 예술사가는 이 사람이 율법을 들고 있는 모세라고 말한다. 실제로 마태오의 복음서 초반에 나오는, 구약성서를 연상하게 만드는 내용들은 예수를 이스라엘의 선생, 또 다른 모세로 그린다. 3장 1절부터 8장 1절까지는 요르단 강, 광야, 그리고 산으로 장소를 옮기며 이야기가 진행되는데 이 모든 장소는 즉각 모세의 이집트 탈출 이야기를 떠올리게 한다. 하느님이 파라오에게 전하라고 하신 말씀에서 이집트에 있던 이스라엘 민족은 "나의 맏아들"로 묘사된다(출애 4:22). 그들은 홍해 바다를 건너갔으며(출애 14:21~22) 광야에서 40년 동안 하느님에게 시험을 받았다(신명 8:2). 모세는 산에 올라가 하느님의 가르침을 전해 받은 뒤(출애 19:20) 백성에게 내려갔다(출애 19:24~25). 광야에서 받은 시험이 끝날 때, 하느님은 모세를 산꼭대기로 데려가 그가 들어가지 못할 나라를 둘러보게 하신다(신명 3:27, 34:1~4). 그가 죽고 나서 이스라엘 민족은 '하느님은 구원'이라는 뜻을 지닌 '여호수아'를 따라 요르단 강을 건넌다(여호 3장).

이제 마태오는 독자들에게 광야에 등장한 또 다른 예언자를 제시한다(마태 3:1~3). 예수, 곧 '하느님은 구원'이라는 이름을 가진 이가 요르단 강에 나왔다(3:13). 하느님은 그가 "내 아들"이라고 선언하신다(3:17). 이후 그는 이스라엘처럼 광야로 나아가 밤낮으로 40일 동안 시험을 받으며(4:1~2) 시험 마지막에 이르러서는 높은 산에 올라가 세상 나라들을 본다(4:8). 그는 이스라엘 백성을 가르치려고 산에 올라가기도 하며(5:1), 일을 끝마친 후 사람들에게 내려간다(8:1). 이처럼 마태오는 세심하고도 교묘하게 또 다른 모세이자 이스라엘의 새로운 선생인 예수의 초상을 그린다. 물론 여기에는 일정한 차이가 있다. 모세는 산에 올라갔을 때 이스라엘이 받을 땅만 볼 수 있었지만(신명 34:1~4), 예수는 "세상의 모든 나라"를 본다(마태 4:8). 여기에 마태오는 예수가 "이방 사람들의 갈릴래아" 땅 가파르나움으로 가 거기서 살았으며 이리하여 어둠 속에 사는 사람들이 빛을 보게 되었다고 언급하는데 이는 네 편의 복음서 중 마태오의 복음서에만 나온다(4:13~16). 유아기 이야기에서 그러하듯 여기서도 독자들은 이 이스라엘의 선생이 이방 사람들에게까지 복을 전하리라는 단서를 발견한다.

마태오의 복음서 3~4장에서 다루는 내용은 같은 내용을 다룬 다른 복음서들과 미묘한 차이가 있다. 마태오와 루가는 세례자 요한의 설교를 유사하게 전하지만(마태 3:7~10,12와 루가 3:7~9,17을 비교해 보

라) 마태오만 바리사이파와 사두가이파 사람들을 향해 그 설교를 했다고 밝힌다. 이들은 이후 예수가 비판을 가하는 대상이기도 하다(마태 23장). 또한 마태오는 다른 복음서 저자들과 달리 요한이 예수에게 세례주기를 주저했다고 말한다(3:14). 일부 초기 그리스도교인은 예수가 왜 세례를 받았는지 이해하지 못했다. 『히브리인들의 복음서』Gospel according to the Hebrews에서는 마리아가 예수에게 세례받을 것을 제안하자 예수는 자신에게 죄가 없으니 갈 필요가 없다고 답한다.[1] 마태오는 그렇게까지 가지는 않지만, 자신이 선호하는 표현인 "모든 의를 이루는 것"을 예수의 대답에 넣는다(3:15). 마지막으로 마르코의 복음서에서는 예수가 하늘을 갈라지는 것을 보고 "너는 내 사랑하는 아들"이라는 목소리를 듣지만(마르 1:10~11), 마태오의 복음서에서는 모든 이가 볼 수 있도록 하늘이 열리고 "이는 내 사랑하는 아들"이라는 목소리 역시 모든 이에게 들린다. 마태오는 예수에 관한 비밀은 없음을 거듭 밝힌다. 그는 성령을 부여받은 하느님의 아들이다(마태 3:16~17).

유혹 이야기에서도 예수의 정체는 이야기를 이끌어 나가는 열쇠다(4:1~11). 먼저 등장하는 두 유혹에서 악마는 먹을 것을 만들어 보라고 하거나 중력을 거스르고 성전 꼭대기에서 뛰어내려 하느님의 약속을 시험해 보라는 등 하느님의 아들 예수를 자극하는데 이는 그가 세례를 받을 때 울려 퍼지던 목소리를 생각나게 한다. 이 이야기를 통해서도 독자들은 이스라엘 민족의 이집트 탈출 경험을 떠올리

---

[1] 이 내용은 히에로니무스가 쓴 『펠라기우스를 반박함』Against Pelagius, III.2에 남아 있다.

게 된다. 즉 이스라엘 민족은 마싸아(맛사)에서 하느님을 시험했지만 (신명 6:16) 정작 그들이 만나를 만난 것은 낮아지고 굶주렸을 때였다 (신명 8:3) "사람이 빵으로만 사는 것이 아니라"는 말(마태 4:4, 신명 8:3 에서 인용), "주 너의 하느님을 시험하지 말아라"라는 말(마태 4:7, 신명 6:16) 역시 신명기에서 왔다. 마지막으로, 모세가 비스가 산에 올라 이 스라엘을 둘러보았듯(신명 3:27, 34:1~4), 악마도 예수를 높은 산에 데 려가 세상 모든 나라를 보여준다. 그러나 그는 악마 앞에 절을 해 그 모든 것을 얻기를 거부한다(마태 4:10, 여기서 예수는 신명기 6장 13절을 인 용한다). 예수는 악마가 아니라 하느님께 모든 권세를 받을 것이다. 마 태오의 복음서 끝부분에 있는 '책 버팀'에서 예수는 악마를 숭배하기 는커녕, 또 다른 산에서 모든 나라를 향해 제자들을 보내며 사명을 맡길 때 경배를 받을 것이다(마태 28:16~20). 광야에서, 이스라엘 민족 이 실패한 그곳에서 예수는 승리한다. 승리를 거둔 뒤 그는 "이방 사 람들의 갈릴래아"에 가서 산다(4:13~15). 그곳에서 그는 모세처럼 산 에 올라 이스라엘 백성을 가르칠 것이다(5:1, 8:1). 이제 세 개의 주제 가 펼쳐진다. 산, 성서의 성취, 예수의 정체가 그것이다.

산

몇 가지 특이한 이유로 인류는 산과 신을 연관 짓는다. 많은 고대 종교는 '높은 곳'에서 의식을 거행했다. 오늘날에도 사람들은 산 정상 에서 경험한 신비체험을 말하곤 한다. 산이 하늘에 거하는 신과 물리 적으로 가깝다는 생각은 이제 유효하지 않은데도 불구하고 말이다.

물론 비행기를 타고 고도에 있을 때면 어떤 이들은 열렬히 기도하기도 한다. 산은 이스라엘 종교가 발전하는 과정에서도 중요했는데 그중에서도 모세와 관련이 있는 시나이 산(시내 산)과 시온 산(다윗과 결코 떼려야 뗄 수 없는 곳)은 각별했다. 이 두 산에서 하느님은 그의 백성과 만나 계약(언약)covenant을 맺으셨다. 시나이 산(이 산은 호렙 산이라고도 한다)에서는 율법과 계약이 주어졌으며(출애 19~24장, 1열왕 8:9), 엘리야는 이곳에서 하느님을 새로이 만났다(1열왕 19:8). 시온 산은 다윗의 도성(2사무 5:6~10, 6:1~19), 곧 성전에서 하느님을 경배하는 곳이었으며(1열왕 6:2, 2역대 3~5장, 특별히 시편 120~134편을 보라) 장차 이스라엘과(이사 35:10, 예레 31:12, 에제 20:40, 40~48장) 온 나라가(미가 4:1~2, 즈가 14:2, 16~17장) 최후에 모여들 완성의 장소이기도 하다.

이처럼 이스라엘 민족에게 산은 계시를 받는 공간이자 하느님이 현전하시는 곳, 하느님께 경배하는 곳이자 이 모든 것이 완결되는 곳이었다. 그리고 이 모든 의미가 선생이 산꼭대기에 있는 장면에 나타난다. 산과 관련해 일부 내용은 마르코의 복음서에서 유래한다. 예수는 기도하러 산에 갔으며(마태 14:23=마르 6:46), 산에서 변모한다(마태 17:1=마르 9:2). 그는 올리브 산을 넘어 예루살렘에 들어가는데(마태 21:1=마르 11:1), 그곳에서 그는 묵시적 담화를 전하기도 한다(마태 24:3=마르 13:3). 또한 예수는 게쎄마니에 기도하러 간다(마태 26:30=마르 14:26). 마르코는 이러한 장소들에 특별한 의미를 부여하지는 않았다. 그러나 묵시적 담화와 관련하여 루가는 올리브 산이라는 장소를 누락하고 성전에 집중하며(루가 21:5~7과 마르 13:1~3을 비교하라), 반대

로 마태오는 성전을 누락하고 종말론적 완성을 이야기하며 산의 가
치를 부각한다(24:3). 마태오의 복음서에는 새로운 산들도 등장한다.
사탄은 "매우 높은 산"에서 마지막으로 저항하며(4:8), 예수는 "산에
올라가" 새 율법과 계약을 가르친다(5:1). 그는 "산에 올라가서" 병자
들을 고쳐주며(15:29~31) 4천 명을 배불리 먹인다(15:32~39). 마지막으
로는 갈릴래아의 어느 산에서, 부활한 그리스도는 경배를 받고 제자
들에게 사명을 맡긴다(28:16~20).

이처럼 마태오는 절묘하게 산이라는 소재를 활용하여 예수의 정
체를 독자들에게 보여준다. 그는 산에서 가르치고 기적같이 많은 사
람을 먹이는 또 다른 모세이며, 시온 산에서 종말론적 완성을 예언하
는 다윗의 자손, 산에서 모든 민족에게 경배를 받는 하느님의 아들이
다. 예수는 이스라엘의 선생이면서 그 이상의 존재다. 그는 산 위에
떠 있는 구름처럼 가려진 존재가 아니라 백성 가운데 한 사람으로 자
신을 드러내신 하느님이다.

율법과 예언자의 성취

이스라엘의 새로운 선생은 서두 몇 장 내내 구약성서의 내용을 성
취한다. 예수는 성서를 사용해 광야에서 사탄을 물리친다. 마태오는
구약성서를 60회가량 참조하거나 인용하는데, 이는 마르코의 복음서
의 세 배나 되는 횟수다. 마태오의 복음서에는 "이것은 … 예언자를
시켜 이르신 말씀을 성취하려고 하신 것이다"라는 구절이 10회 등장
한다(1:22~23 동정녀 탄생, 2:15 이집트로 도피, 2:17~18 영아 학살, 2:23 나자

렛, 4:14~16 갈릴래아에서 삶, 8:17, 12:17~21 치유와 활동, 13:35 비유, 21:4~5 예루살렘 입성, 27:9~10 유다의 "피 값"). 그 외에도 구약성서의 말씀을 성취했다는 말이 곳곳에 등장한다(2:5~6, 13:14~15, 26:54,46).

이스라엘의 선생은 이스라엘 민족의 성서를, 또한 율법을 성취한다. 예수가 율법과 예언자들의 말을 폐하러 온 것이 아니라 완성(fulfil, 성취)하러 왔다는 말은 마태오의 복음서에만 나온다(5:17~20). 이 구절은 그 당시 널리 퍼져있던 두 경향 사이에서 중도 노선을 취하는 것이다. 마태오는 율법에 반하는 '율법 폐기론'antinomian에 저항하지만, 랍비 중심 유대교가 취하던 율법 중심의 접근도 반대한다. 이와 같은 맥락에서 그는 예수가 살인, 간통, 이혼, 맹세, 보복, 원수를 대하는 태도와 관련한 명령을 해석하는 장면을 그린다. "...이라 한 것을 너희는 들었다. 그러나 나는 너희에게 말한다..."(5:21~48) 이 장면들에서 예수는 율법주의에 매이지 않고 문자를 넘어서서 그 안에 담긴 의미에 다다르지만, 율법 폐기론의 관점으로 율법을 무력하게 만들지는 않는다. 바리사이파 사람들의 비판에 마주해 예수가 한두 번 반론을 펼치는 대목에 마태오는 호세아서 6장 6절을 집어넣는다.

> 내가 바라는 것은 자비요, 희생 제물이 아니다. (마태 9:13 - 마르 2:17
> 와 비교, 마태 12:7 - 마르 2:25~27와 비교)

이스라엘의 선생은 사랑으로 율법을 해석한다. 유사하게, 마태오는 가장 큰 계명이 무엇인지를 물은 율법학자를 예수가 인정한 이야기를 뺐다(마르 12:34, 루가 10:28). 하느님을 사랑하고 이웃을 사랑하는 것이 이야기의 공통된 중심이지만 마태오의 복음서는 다른 복음서와는 다르게 이야기를 이어간다.

이 두 계명에 온 율법과 예언서의 본 뜻이 달려 있다. (마태 22:36~40)

루가의 복음서는 남에게 대접받고자 하는 대로 남을 대접하라는 짤막한 '황금률'Golden Rule을 제시하는데 마태오는 같은 내용을 다루면서 "이것이 율법과 예언서의 본뜻"이라는 말을 덧붙인다(7:12). 그는 구약성서와 율법이 성취된다고 되풀이해 말함으로써 선생 예수가 이스라엘 성서 및 전통과 잇닿아 있음을 강조한다.

예수의 정체

마태오는 예수가 율법과 예언을 성취하는 이임을 보여주는 데서 그치지 않는다. 더 나아가 그는 말한다.

성전보다 더 큰 이가 여기에 있다. (12:6)

예수의 정체, 곧 그가 누구인지 이미 마태오는 복음서 시작부터 넘치도록 언급했다. 그는 유대인들이 품어온 희망을 성취한다. 그는 이방 사람들에게 복을 가져다줄 새로운 아브라함, 온 땅을 향해 나아갈 새로운 모세, 모든 것을 완성할 새로운 다윗, 광야를 이겨낼 새로운 이스라엘이다. 26장 18절에서 예수는 자신을 "선생"이라 부르지만(23장 8절에서는 "하나뿐인 선생"), 제자들은 결코 그를 선생이라 부르지 않는다. 예수를 선생이라고 부르는 이들은 그를 대적하는 이들과 그에게 질문을 던지는 이들뿐이다(8:19, 9:11, 12:38, 17:24, 19:16, 22:16,24,36). 그리고 배반자 유다가 예수에게 인사하며 그를 "선생님(랍비)"이라고 부른다(26:25,49). 예수는 선생이지만, 동시에 선생보다 훨씬 큰 존재다. 마태오의 복음서에서 제자들과 예수에게 도움을 청하는 이들은 그를 '퀴리에'Κύριε, "주님"이라 부른다(8:2,6,8,21,15, 9:28, 14:28,30, 15:22,25,27, 16:22, 17:4,15, 18:21, 20:30,31,33, 26:22).

베드로의 고백을 전하는 마태오의 기사에는 마르코의 복음서에 나온 "당신은 그리스도이십니다"에서 더 나아가 "살아계신 하느님의 아들"이라는 말이 추가되어 있다(마태 16:16, 마르 8:29과 비교). 마태오의 복음서에서 예수가 메시아라는 점은 비밀이 아니다. 탄생 이야기 내내 그가 하느님의 아들이라는 사실은 너무나 분명했고(2:15), 하늘에서 들려온 목소리도 그곳에 있던 모든 사람에게 이를 선포했다(3:17). 사탄은 예수를 유혹하며 이 사실에 의문을 던지지만, 예수는 이를 입증할 필요가 없다(4:1~11). 그는 배 안에 있던 제자들에게 하느님의 아들이라며 경배를 받는다(14:33). 베드로는 이를 알고 고백하며(16:16), 대사제 가야파(가야바)도 이 말을 되풀이 한다(26:63). 그러나 예수는 베드로와 가야파에게 자신이 "사람의 아들"이라고 답한다. 사람의 아들이 권능을 떨치며 올 것이기에(10:23, 13:41, 19:28, 24:30), 신성과 인성은 하나로 연결된다. 이러한 호칭들은 마태오의 복음서에만 등장하는 양과 염소의 심판 비유에서 한데로 모인다. 이 비유에서 사람의 아들은 그의 아버지에게서 힘을 입은 왕이자 주님이다 (25:31~46).

하느님이 예수를 보냈다는 사실은 박사들이 아기 예수에게 경배하는 장면(2:2,11), 회당장이 예수에게 경배하는 장면(9:18), 배 위에서 제자들이 경배하는 장면(14:33), 부활 후 여자들과 제자들이 경배하는 장면(28:9,17)에서도 드러난다. 마태오는 마르코의 복음서를 인용할 때 예수의 인간적인 감정이 드러나는 표현을 제거하려는 경향이 있다. 나병 환자에게 보인 측은함(마르 1:41, 마태 8:3), 바리사이파 사람들에게 표출한 분노(마르 3:5, 마태 12:13), 고향 나자렛에서 기적을 일으킬 수 없었고 사람들의 믿지 않음에 놀랐던 것(마르 6:6, 마태 13:58), 바리사이파 사람들로 인한 탄식과 격분(마르 8:12, 마태 16:2), 제자들에게 드러낸 분개(마르 10:14, 마태 19:14), 부자 청년에게 느낀 사랑(마르 10:21, 마태 19:21)이 그 예다. 또한 마태오는 마르코의 복음서에서 예수가 충분히 알지 못한다고 독자들에게 비칠지도 모를 내용을 빼버린다(마르 5:9,30, 6:38, 9:12,16,21,33, 10:3, 14:14를 보라). 이와 같은 미묘한 차이는 마르코의 복음서와는 사뭇 다른 분위기를 만들어내고, 예수라는 인간의 얼굴에서 하느님이 드러났을 뿐 아니라 바로 그가 다름 아닌 하느님의 아들임을 독자들에게 알려준다.

이처럼 마태오는 자신이 쓴 복음서 초반부에서 시종일관 예수의 정체를 흥미롭게 다룬다. 이스라엘의 선생 예수는 자신의 체험, 곧 갓난아기였을 때 일어난 일화, 이집트에 갔다 온 사건, 광야와 산과 요르단 강에서 겪은 일들을 통해 이스라엘이 겪은 역사를 반복한다. 그러나 마태오는 예수를 그저 새로운 모세나 다윗으로만 보는 것은 충분치 않다고 생각한다. 그가 보기에 예수는 그때까지 나타난 모든 위대한 영웅을 합친 이보다 더 위대한 존재다. 그는 이스라엘의 역사, 성서, 율법, 예언을 완성하고 성취한다. 그는 유일한 선생, 아브라함의 후손, 다윗의 혈통을 이은 메시아이자 왕, 주님, 그리고 바로 당신의 백성과 함께하시는 하느님의 아들이다. 이러한 존재는 과연 무슨 말을 할까? 그리고 사람들은 그를 어떻게 받아들일까?

새로운 가르침 - 담화(마태 5~7, 10, 13, 18, 23~25장)

마르코의 복음서에는 실제 예수의 가르침이 거의 등장하지 않는 반면 마태오는 예수라는 인물을 이스라엘의 선생으로 규정하고 예수의 가르침을 담은 커다란 묶음, 곧 담화discourse 다섯 개를 내러티브 중간에 끼워 넣어 자신의 복음서를 구성한다(5~7장, 10장, 13장, 18장, 23~25장). 마르코, 루가의 복음서와 면밀히 비교해 보면 마태오가 이 부분을 기록할 때 얼마나 세심했는지 알 수 있다. 마태오가 전하는 예수의 설교 중 일부는 마르코의 복음서를 출처로 한다. 이를테면 마태오의 복음서 10장에는 마르코의 복음서 6장 7~13절에서 비롯한 구절이, 13장에는 마르코의 복음서 4장 3~34절이 전하는 비유들이, 18장에는 마르코의 복음서 9장 35~48절에 담긴 예수의 가르침을 포함하고 있다. 또한 24장은 마르코의 복음서 13장 5~37절과 유사하다. 그 밖의 일부 자료는 루가의 복음서와 겹치는데 이는 Q에서 온 것으로 추정된다. 예를 들면 마태오의 복음서에서는 산상 설교로 이어져 있는 예수의 가르침 중 일부(마태 5~7장)가 루가의 복음서에서는 크고 작은 조각들로 나뉘어 흩어져 있다(루가 6:20~49, 7:1, 8:16, 11:2~4, 9~13, 34~35, 12:22~31, 33~34, 58~59, 13:24, 25~27, 14:34~35, 16:13, 17, 18). 마태오는 Q에서 따로 떨어져 있는 가르침들을 취해 재배치하고 자신만이 갖고 있던 특수한 자료와 뒤섞어 놓았다. 이렇게 아름답게 세공된 설교 모음을 통해 그는 선생 예수의 가르침을 완전하고도 확실하게, 그리고 간결하게 해설한다.

다섯 설교는 모두 동일한 공식으로 끝난다. "예수께서 말씀(비유, 명령)을 마치시자, (어떤 일이 일어났다.)"(7:28, 11:1, 13:53, 19:1, 26:1) "그리고 ...가 일어났다"는 말은 히브리어 '바예히'-ויְהִי를 헬라어로 번역한 것인데, 이는 구약성서에서 아주 빈번하게 등장하는 표현이다. 전통적으로 이 표현은 "결국 그렇게 되었다"and it came to pass는 식으로 번역된다.* 한 가르침을 마무리할 때마다 이 표현을 사용함으로써 마태오는 이스라엘의 선생이 전한 말에서 구약과 같은 분위기를 풍기려 한다. 설교 다섯 편이 길이와 내용에 있어 균형을 이루고 있다는 점을 보더라도 독자들은 마태오의 복음서가 예술가와 같은 기교를 발휘해 의도적으로 구성한 책임을 알 수 있다. 이러한 구성을 보았을 때 13장은 구조적으로나 신학적으로나 마태오의 복음서의 중심이다. 이 장에 나오는 비유 이야기는 선생 예수를 받아들였다는, 혹은 거부

---

* וַיְהִי → Καὶ ἐγένετο. 한국어 역본에는 이와 같은 어감이 거의 남아있지 않다.

했다는 언급으로 끝이 난다(13:51~58). 이러한 A-B-C-B-A 구조는 마태오의 복음서가 그리는 선생이 우리를 위한 자양분으로 준비한 두 겹 샌드위치다.

마태오의 복음서에 나온 다섯 담화

5-7장	107절	현재를 위한 가르침
10장	38절	교회의 사명mission
13장	50절	하느님 나라 비유
18장	33절	교회의 삶
24~25장	94절	미래를 위한 가르침

예수가 산에서 가르칠 때 전한 다섯 개의 담화는 오경의 다섯 책을 떠오르게 한다. 이는 새로운 모세가 전하는 새로운 율법일까? 시편을 포함한 많은 고대 저술이 다섯 권으로 이뤄졌다는 점에서 이는 과도한 추측이 아니다. 마태오는 의도적으로 자신의 복음서를 다섯 설교를 중심으로 구성한다. 예수 이야기를 전할 때 그는 내러티브에서 담화로 옮겨갔다가, 선생의 활동에서 그의 가르침으로 갔다가 다시 돌아온다. 여기에는 두 개의 층위가 있다. 일차적으로 각 담화는 예수가 청중인 제자들에게 말하는 것으로 시작한다(5:1, 10:1,5, 13:10~17, 18:1, 23:1, 24:3). 하지만 더 나아가 이차적으로 예수가 전하는 말은 제자들뿐 아니라 마태오가 속한 교회까지를 염두에 두고 있

는 것처럼 보인다. 예수가 한 많은 명령 중 상당수는 예수가 죽고 부활한 이후의 상황을 고려하고 있다. 마태오는 "너희가 … 할 때,", "너희는 … 해야 한다"와 같은 말을 되풀이해서 이 복음서에 담긴 내용을 듣는 이들, 내용을 읽는 이들에게 도전 의식을 일으킨다. 선생 예수는 (독자가 이 복음서를 읽고 있는) 지금까지, 마태오의 표현을 빌리면 "세상 끝날까지"(28:16~20) 가르친다. 이처럼 구조를 분석함으로써 우리는 마태오의 복음서에서 선생과 이스라엘 사이에서 벌어지는 갈등이 이 내러티브에 담긴 비교와 반복, 대칭과 내포 등의 장치를 통해 점차 더 커지고 있음을 주목할 수 있게 된다. 이제부터는 마태오의 복음서에 있는 설교들이 어떻게 이야기와 어우러지는지를 볼 것이다. 먼저 다섯 담화의 내용과 중심 주제를 개괄하겠다.

담화 1 - 산상 설교(5:1~7:29)

마태오는 예수의 하늘나라의 윤리에 관한 가르침의 구조를 셋으로 구분한다. 가르침은 세 개씩 세 묶음으로 된 아홉 가지 복으로 시작한다. "…은 복이 있다."(5:3~12) 예수가 제자들을 소금과 빛이라 부른 후(5:13~16), 이른바 여섯 개의 '반립명제'antitheses(6=3×2)와 율법이 대비를 이루며 등장한다. "…하고 말한 것을 너희는 들었다." 이에 예수는 요구한다. "그러나 나는 너희에게 말한다. …"(5:17~48) 다음으로 자선, 기도(주의 기도가 여기에 포함되어 있다), 금식 등 세 가지에 관련해 예수가 제시하는 실천은 유대교 지도자들의 그것과 대비를 이룬다(6:1~18). 세 부분으로 이루어진 샌드위치 대형이 뒤따른다. 재물을 신뢰할 것인가, 하느님을 신뢰할 것인가(6:19~33)? 남을 판단할 것인가(7:1~6)? 다시 하느님을 믿을 것인가(7:7~12)? 마지막으로 세 번의 경고가 나옴으로써 이야기는 끝난다. 이 경고에는 좁은 문과 넓은 길이라는 두 가지 선택지(7:13~14), 거짓 예언자들과 눈속임(7:15~23), 반석 위에 집을 짓는 슬기로운 사람과 모래 위에 집을 짓는 어리석은 사람(7:24~27)이 있다. 이 모든 내용을 통해 마태오는 삶의 모든 영역에서 인간이 하느님과 이웃 앞에 의로워야 한다는 주제를 제시한다.

담화 2 - 교회의 사명(10:1~42)

10장은 예수가 제자들을 불러 모으는 장면으로 시작한다(10:1~4). 이후 예수는 이들에게 지침을 내린다. 그는 제자들에게 "이스라엘 백성 중의 길 잃은 양"(10:5~6)에게 가서 복음을 전하고 병을 고치라는(10:7~15) 명령을 내린다. 그들은 예수가 그랬듯 반대와 박해에 직면할 것이다(10:16~25). 가운데 부분에는 두려워하지 말라는 격려가 세 번 등장하고(10:26,28,31) 박해와 분열이 있으리라는 경고와 예수를 맞아들이는 이와 배척하는 이가 있을 것이라는 이야기가 이어진다(10:32~42). 이 설교를 통해 마태오는 예수의 과업과 제자들의 과업을 평행으로 놓고 비교한다. 이 선교 지침은 시간을 통로로 하여 교회에게 전달된다.

담화 3 - 하늘나라 비유(13:1~53)

여기서 마태오는 점점 커지는 하늘나라를 묘사한 비유들을 모아

두었다. 씨 뿌리는 사람(13:1~9,18~23), 가라지(13:24~30,36~43), 겨자씨
(13:31~32), 누룩(13:33), 숨겨둔 보물과 진주(13:44~46), 그물(13:47~50),
집주인(13:51~52). 이 모든 비유는 하늘나라가 작은 것에서 시작해 더
디게, 때로는 비밀스럽게 커감을, 또한 그 비밀이 제자들에게는 밝
혀지지만 이를 이해하지 못하는 이들에게는 숨겨져 있음을 보여준다
(13:10~17,34~35).

담화 4 - 교회의 생활(18:1~35)

18장은 실제적이고 구체적인 선교 지침을 담은 10장과 균형을 이
룬다. 교회를 특징짓는 것은 겸손, 곧 "아이와 같이" 되는 것이다
(18:1~5). 겸손은 다른 사람이 걸려 넘어지지 않게 하는 것(18:6~9), 그
리고 잃은 양 한 마리를 찾아 나선 목자와도 같은 하느님의 사랑의
모범을 따르는 것이다(18:10~14). 15~20절에는 규율에 관한 지침이 등
장하지만 잘못을 교정할 때는 자비롭게, "일곱 번씩 일흔 번이라도"
용서하는 마음으로 해야 한다고 강조한다(18:21~22). 이 장은 자비와
용서에 관해 반면교사 역할을 하는 무자비한 종 비유로 끝나는데, 이
비유는 마태오의 복음서에만 있는 독특한 비유다(18:23~35).

담화 5 - 화, 그리고 종말(23:1~39, 24:1~25:46)

23장에서 마태오는 유대교 지도자, 율법학자, 바리사이파 사람들
에게 화가 있으리라는 표현을 반복하는데 이 부분은 나중에 다시 살
펴보겠다. 24~25장에 나오는 마지막 설교에서 예수는 세상에 화가

있음을 선포하고 하늘나라가 완성되리라고 이야기한다. 24장에서는
전쟁과 박해를 경고하고 사람의 아들이 도래하리라고 이야기하는데
여기서는 마르코의 복음서에 있는 종말론 담화(마르 13장)를 따른다고
볼 수 있다. 마태오는 세 개의 심판 비유로 이야기를 갈무리한다. 첫
번째 비유인 슬기로운 처녀들과 미련한 처녀 비유(25:1~13)와 세 번째
비유인 양과 염소 비유(25:31~46)는 마태오의 복음서에만 수록된 독특
한 비유이지만, 달란트 비유는 루가의 복음서에 수록된 므나 비유와
비슷하다(루가 19:12~27). 이제는 위 담화들이 다룬 세 가지 주제인 의
義, 하늘나라, 교회를 살피면서 마태오의 복음서에 흐르는 셈 전통을
짚어 보아야 한다.

의, 도덕성, 심판

마태오가 그리는 선생 예수는 도덕을 가르치는 데 관심한다. 마
태오가 사용하는 열쇳말 중 하나는 의 혹은 정의라 번역되는 '디카
이오수네'δικαιοσύνη(이 말은 마태오의 복음서에서만 7회 등장하고 루가의 복
음서에서는 1회 등장하며 마르코의 복음서에서는 한 번도 등장하지 않는다)라
는 말이다. 이 단어의 형용사형 '디카이오스'δίκαιος는 마태오의 복음서
에서는 15회, 루가의 복음서에서는 10회, 마르코의 복음서에서는 1
회 나타난다. 요셉은 "의로운 사람"δίκαιος이다(1:19). 예수는 "모든 의"
를 이루기 위해 세례를 받는다(3:15). 의는 주리고 목말라야 할 무엇
이며(5:6), 구하여야 할 것이기도 하다(6:33). 예수는 사람들에게 "의
로운" 행동을 요구한다(5:10,20, 6:1, 21:32). 루가의 복음서에서는 굶주

리는 사람이 복을 누리지만(루가 6:21) 마태오의 복음서에는 의에 굶주린 사람이 복을 누린다(마태 5:6). 루가는 "그의 나라를 구하여라"라고 말하지만(루가 12:31), 마태오는 여기에 "하느님의 의를" 구하라는 말을 덧붙인다(마태 6:33). 우리의 의는 남에게 과시하기 위한 것은 아니지만(6:1), "바리사이파 사람들의 의보다" 나아야 한다(5:20). 각 설교는 심판과 보상 이야기로 끝맺는다. 반석 위에 집을 지은 슬기로운 사람은 보상을 받고 모래 위에 집을 지은 어리석은 사람은 심판을 받는다(7:24~27). 제자들을 맞아들인 사람은 "의인δίκαιος이 받을 상"을 받는다(10:40~42). 밀과 가라지, 좋은 물고기와 나쁜 물고기 이야기(13:36~50)는 "의인들 사이에서 악한 자들을 가려" 내는 이야기다(13:49). 용서할 줄 모르는 종은 심판을 받는다(18:21~35). '의인'은 양으로(25:37,46), 그렇지 않은 자들은 염소로(25:31~46) 비유된다.

구원과 자비는 하느님께서 주시는 선물이다. 이는 자기 종을 용서하는 주인 이야기(18:21~35), 예수가 눈먼 사람들에게 자비를 베푸는 장면(9:27~31, 20:29~34)을 통해 드러난다. 일한 시간과 상관없이 똑같은 품삯을 받은 포도원 일꾼 비유는 마태오의 복음서에만 등장하는 비유로, 하느님의 은총을 강조하는 이야기이다(20:1~16). 의를 대하는 마태오의 태도를 보면 그가 율법에 어떻게 접근하는지를 알 수 있다. 율법은 엄격함을 요구하지만 그 핵심은 하느님 사랑과 이웃 사랑이며(7:12, 22:34~40) "자비이지 제사가 아니다"(9:12, 12:7). 예수는 의인δίκαιοι이 아니라 죄인을 부르러 왔다(9:13). 마태오의 복음서는 아버지이신 사랑의 하느님을 강조한다. 마르코가 하느님을 '아버지'라 부르는 경우는 몇 차례 되지 않은 반면(마르 8:38, 11:25~26, 13:32, 14:36), 마태오의 복음서에서는 50회 이상 등장하는데, 대부분 담화에서 예수가 한 말이다. 착한 행실은 사람들로 하여금 "너희 아버지께 영광을 돌리게" 한다(5:16). 그러나 의로운 일은 사람들에게 인정을 받으려고 해서는 안 되고 "남모르게 숨어서 보시는 네 아버지께" 은밀히 해야 한다(6:1~4,16~18). 기도는 자녀에게 '좋은 것'을 주시는 아버지께 간구하는 것이다(6:6,9). 아버지 하느님께서 어디에 관심을 쏟으시는지는 사명 담화mission discourse와(10:29~32) 교회 담화에서도(18:14) 잘 드러난다. 비유에 따르면 의인은 "아버지의 나라에서 해와 같이 빛날 것이다"(13:43). 오직 하느님만을 아버지라 부를 수 있으며(23:9), 그분의 나라는 심판의 때에 의인을 위하여 준비된 것이다(25:34).

하늘나라

마태오의 복음서에도 '하느님의 나라'kingdom of God라는 말이 몇 차례 나오기는 하지만(12:28, 19:24, 21:31,43), 마태오는 유대인들이 하느님이라는 말을 입에 올리지 않기 위해 대신 사용하는 정중한 표현 '하늘나라'kingdom of heaven를 선호한다(이 말은 30회 이상 나온다). 헬라어 '바실레이아'βασιλεία(히브리어로는 '말쿠트'מלכות)는 '나라'kingdom보다는 통치 혹은 주권으로 옮기는 것이 적절하다. 이 말은 하느님의 권위를 인정하는 모든 곳을 가리킨다. 동방에서 온 박사들은 예수를 "왕"이라 부른다(2:2). 이는 마태오의 복음서 끝에 있는 '책 버팀'에서 예수가 십자가에 매달렸을 때 적혀있던 죄목이기도 하다(27:37). 세례자 요한(3:2)

과 예수(4:17) 모두 하늘나라가 "가까이 왔다"고 선포했으며(요한의 경우 마태오의 복음서에만 이렇게 말한다) 예수는 제자들에게 이를 전하라고 가르친다(10:7). 하늘나라는 지금 이곳의 현실, 그리고 미래에 대한 희망이 섞여 있는 것이다. 예수가 마귀를 쫓아낼 때 "하느님의 나라"는 "너희에게 왔다"(12:28). 그러나 이 나라는 지금도 오고 있으며 이를 위해 우리는 기도하고 구해야 한다(6:10,33). 마태오의 복음서 중심에 자리한 예수의 설교는 하늘나라에 관한 비유 모음이라고도 할 수 있다. 이 비유들은 하늘나라가 커감을(13:3~9,18~23,31~33), 심판 때까지 좋은 것과 나쁜 것이 혼재함을(13:24~30, 47~50), 하늘나라를 위해서는 커다란 대가를 치러야 함을(13:44~45) 알려준다. 사람의 아들은 권능을 떨치며 와서 아버지의 나라를 다스릴 것이다(13:37~43, 25:31~46). 마태오가 전하는 포도원 소작인 비유에 따르면(21:33~46) 이스라엘은 하느님 나라를 받았지만 하느님의 종들을 배척했다(21:36, 두 번에 걸쳐 보내진 종들은 각각 대예언자와 소예언자를 가리킨다). 그러므로 이스라엘은 그 나라를 잃을 것이며 하느님께서는 이를 "열매를 맺는 민족에게 주실 것이다"(21:43). 하늘나라는 이스라엘이 아니며 교회도 아니다. 그러나 교회는 종말론적 완성을 위해 모든 사람을 하늘나라로 불러야 한다.

교회와 제자들

이는 이 복음서 가르침의 세 번째 주제로 우리를 인도한다. 마태오의 복음서는 교회ἐκκλησία(에클레시아)라는 낱말을 사용한 유일한 복음서다(16:18에서 1회, 18:17에서 2회, 총 3회). 두 번째와 네 번째 담화는 다른 복음서보다 더 분명하게 선교를 강조하고(10장), 규율discipline을 지닌(18장) 공동체를 그린다. 마태오가 묘사한 이스라엘의 선생은 이스라엘에게 참회할 것을 요구하고 그가 배척당했을 때 신실한 사람들로 이루어진 새로운 무리를 부른다.

첫 번째 제자들은 갈릴래아 호숫가에서 부름을 받는다(4:18~22, 마르 1:16~20을 반복). 훗날 베드로가 회상하듯(19:27), 이때 예수는 제자들에게 자신의 명령에 응해 모든 것을 버리고 떠나기를 요구한다. 루가의 복음서 9장 57~60절에서는 예수를 따르려던 두 사람이 누구인지 밝히지 않지만, 마태오는 첫 번째 사람이 율법학자이며 두 번째가 제자라고 말한다(8:19,21). 율법학자는 예수를 '선생님'이라 부르고 (마태오의 복음서에서 그를 이렇게 부르는 것은 대적자들뿐이다) 그의 부름을 받는 것이 아니라 자신이 따르겠다고 말한다. 그리곤 "사람의 아들은 머리 둘 곳조차 없다"(8:19~20) 라는 대답을 듣는다. 한편 제자는 예수를 "주님"이라 부르고 이에 "나를 따라오너라"는 말을 듣는다 (8:21~22).

이어서 마태오는 예수가 풍랑을 잔잔하게 한 사건을 전한다 (8:23~27), 이 이야기는 마태오가 자신이 가진 자료들을 어떻게 편집하고 수정하는지를 보여주는 전형이라 할 수 있다. 마르코의 기사에서는 "그들"이 예수를 배로 모시고 갔지만(마르 4:36), 마태오의 복음서에서는 예수가 앞장서서 배에 오르고 "제자들"이 그를 "따라갔다"(8:23). "제자들"과 "따라갔다"라는 표현은 이 이야기에 담긴 교훈을 드러낸다. 풍랑이 닥쳤을 때 마르코의 복음서에 등장하는 제자들은 예수가 자신들을 걱정하지 않는다며 항의한다. "선생님, 우리가 죽게 되었는데도, 아무렇지도 않으십니까?"(마르 4:38) 그러나 마태오의 복음서에서 이들의 울부짖음은 기도로 바뀐다. "주님(자신들의 신적인 주인에 대한 믿음으로), 살려 주십시오(앞서 말했듯 '예수'라는 이름은 '하느님은 구원'이라는 뜻이다). 우리가 죽게 되었습니다." 이렇게 마르코가 가정했던 말이 마태오의 복음서 속 제자들에게는, 그리고 함축적으로는 풍랑을 만난 독자들에게는 현실이 된다. 마태오는 마르코가 정해둔 순서를 뒤바꾼다. 예수는 '먼저' 그들의 믿음을 꾸짖고 '이후' 풍랑을 잠재운다(8:26). 마르코는 이와는 반대로 기술한다(마르 4:39~40). 마르코의 복음서에서는 제자들이 믿음이 '없지만'(마르 4:40), 마태오의 복음서에서 예수는 그들을 "믿음이 적은 사람들"이라 부른다(8:26). 이는 마르코의 복음서에는 나타나지 않는 표현이지만 마태오는 자신의 복음서에서 제자들이 근심 걱정하고 있을 때(6:30), 겁에 질렸을 때(14:30~31), 예수의 말을 오해했을 때(16:8), 간질병 걸리게 한 마귀를 내쫓지 못했을 때(17:20) 이 표현을 사용한다.

예수가 제자들에게 보인 이와 같은 연민, "적은 믿음"과 같은 표현은 제자들의 모습을 마르코의 복음서에서 묘사했던 것보다 한결 긍정적으로 그려낸다. 물론 마태오의 복음서에서도 제자들은 예수를 배반하고(유다, 26:25,47~50), 부인하며(베드로, 26:69~75) 버리기까지 한다(26:31,56). 몇몇 제자는 예수가 부활한 이후에도 이를 의심한다(28:17). 그러나 마르코 기사와는 달리 제자들은 예수의 가르침을 분

명하게 이해하고 있으며(13:51, 16:12, 17:13, 마르 6:52, 8:21, 9:32와 비교),

그를 믿고 경배한다(14:33). '제자'disciples라는 말은 '배우는 이'learners를

뜻한다. 선생이자 주인인 예수에게 배운(10:24~25, 23:8~10) 제자들은

이제 자신들이 이스라엘과(10:5~6) 모든 민족을(28:20) 위한 선생이 될

것이다. 핵심은 반석 위에 집을 지은 지혜로운 사람처럼(7:21~27) 예수

의 가르침을 지키며, "내 멍에를 메고 나에게 배워라"라고 한 예수의

초대에(이 말은 마태오의 복음서에만 나온다. 11:25~27) 응답하는 것이다.

그리고 마침내 그들은 "예수께서 지시하신 대로" 행한다(21:6, 26:19,

28:16). 제자들은 위대한 담화들을 통해 이스라엘의 선생에게 가르침

을 받는다. 그들은 교회, 곧 하느님 백성의 새로운 공동체다. 교회

는 베드로라는 반석 위에 세워져 하늘나라 열쇠를 지녔으며(16:18~19)

그들에게 주어진 것이라면 무엇이든지 매고 풀 권세를 지닌 공동체

다(18:18). 선생은 그들을 가르쳤고, 그들은 온 세상을 가르칠 것이다

(28:20).

선생과 이스라엘의 갈등 - 마태 8:1~23:39

마태오의 복음서에 실린 설교들에 끼어들어 있는 상당 분량의 비-

내러티브 자료는 전체 이야기에 끼어들어 전개를 더디게 한다. 이로

써 예수의 활동과 그의 가르침은 한데 뒤섞여 좀 더 신중한 분위기를

자아내게 된다. 마르코의 사자가 쉴 틈 없이 달린다면, 마태오가 그

린 인간의 얼굴을 한 하느님은 멈추어 숨을 고르고 가르침을 전한다.

그러나 마태오의 복음서에서도 예수와 제자들, 유대교 지도자들의

이야기는 가차 없이 수난이라는 정점을 향해 나아가며 이를 따라 내 러티브의 흐름도 이어진다. 담화들은 그 사이에 끼어있는 자료와 관련이 있으며, 활동을 전하는 부분들은 담화들을 준비하는 역할을 한다. 각 부분을 차례로 살피며 어떻게 갈등이 깊어지고 이야기가 확장되어 가는지 알아보겠다.

이야기의 전개

예수는 3~4장에서 제자들을 부르고 5~8장에서 산상 설교로 그들을 가르친다. 이후 8~9장은 세 개씩 묶여 있는 세 기적 이야기를 전한다. 첫 이야기 묶음은 소외된 사람들, 곧 나병 환자, 백인대장의 하인, 그리고 여인(베드로의 장모)에 관한 이야기다(8:1~17). 제자됨에 관한 두 편의 짤막한 대화(8:18~22)가 나오고 다시금 세 이야기의 묶음, 곧 풍랑을 잔잔하게 한 이야기, 가다라 지방에서 군대 귀신을 쫓아낸 이야기, 중풍 병자의 죄를 용서해 치유한 이야기가 나온다(8:23~9:8). 이 이야기들은 예수에게 자연과 악, 죄를 다스리는 능력이 있음을 보여준다. 이어서 제자됨에 관한 두 번째 막간극이 나온다. 이 막간극에서 예수는 마태오를 제자로 부르고 이로 인해 논쟁이 발생한다 (9:9~17). 그다음 마지막 세 기적 이야기가 나온다. 이 이야기들은 예수가 죽음과 눈멂, 벙어리 됨을 이겨냄을 보여준다(9:18~34). 마르코의 복음서에서 그랬듯 기적은 '권능을 강력히 행사'한다는 뜻으로 쓰이며 '뒤나미스'δύναμις라 불린다(마태 11:20,21,23, 13:54, 14:2). 또한 표징은 예수를 대적하는 이들이 요구하는 것이며(12:38~39, 16:1,4) 마르코의 복음서에서도 표징과 이적은 거짓 예언자의 특징이다(24:24). 그럼에도 기적은 독자들이 예수에게 집중하게 해주고 마태오는 여기에 자신만의 해설을 덧붙인다.

이런 것은 이스라엘에서 처음 보는 일이다. (9:33)

안타깝게도 바리사이파 사람들은 이러한 기적에 대해 귀신 두목의 힘을 빌린 것이라 말한다(9:34).

이에 아랑곳하지 않고 이스라엘의 선생은 자신의 메시지를 전하려 한다. 10장(선교 담화)에서 그는 가르치고 치유하며 마귀를 쫓는 자신의 활동을 제자들에게 맡긴다. 제자들이 이방 사람이나 사마리아 사람이 아니라 "이스라엘 백성 중의 길 잃은 양들"에게 보내졌다고 말하는 복음서 저자는 마태오뿐이다. 마태오는 나름의 이야기 전개를 구상하여 담화를 배치했다. 마태오는 말한다. 선교의 대상은 이스라엘이지만(10:5~6) 제자들은 거부당하고 박해를 받을 것이다(10:17~25). 그러나 이러한 제자들을 돕는 이들은 복을 받을 것이다(10:40~42).

선생 예수가 벌이는 활동에 관한 다음 이야기에서 마태오는 배척과 갈등을 묘사한다. 먼저 세례자 요한조차 예수가 메시아라는 사실의 본질을 오해한다(11:2~19). "이 세대"는 예수에게 응답하려 하지 않으며(11:16~19) "마을들"도 예수를 외면한다(11:20~24). 이로 인해 예수는 하느님 아버지께서 이 일을 감추기도 하시고 드러내기도 하신다는 사실을 돌이켜 본다(11:25~30). 그다음에는 제자들이 안식일에 밀밭을 지나다가 밀 이삭을 잘라 먹은 일, 같은 날 예수가 병을 고친 일을 두고 바리사이파 사람들과 벌인 갈등이 소개된다(12:1~14). 마태오는 이사야서에 나오는 종의 노래Servant Song를 사용해 만일 이스라엘이 선생을 배척한다면 그는 이방 사람들에게 정의와 희망을 가져다 줄 것이라고 말한다(12:15~21, 이사 42:1~4 참조). 갈등은 뒤따르는 베엘제불 논쟁, 표징 요구 사건을 통해 더욱 깊어간다. 마지막으로 예수와 그의 가족 사이에 갈등이 있었음을 암시하는 내용이 등장하나 마태오는 마르코가 전한 내용보다는 한층 분위기를 온건하게 조성해 전한다(12:46~50, 마르 3:20~21, 31~25와 비교). 이렇게 오해와 갈등이 연이어 발생한 다음 나오는 13장의 중심 담화가 마음이 무뎌질 것에 대한 경고와 심판이라는 주제를 비유에 숨겨둔 것은 그리 놀랄 일이 아니다(13:13~15).

14장 1절 이후 마태오의 복음서에서 사건이 일어나는 순서는 대체로 마르코의 복음서를 따른다(마르 6:14 이하). 이야기는 세례자 요한의 죽음을 언급하며 시작하는데, 이는 예수가 머지않아 갈등을 겪게 될 것을 암시한다(14:1~12). 오천 명을 먹이고 난 뒤(14:13~21) 예수는 물 위를 걷는다. 이 이야기의 앞부분 절반 정도는 마르코를 착실하게 따르지만 이후 마태오는 베드로 또한 물 위를 걸으려 했다는 이야기를 추가하는데 이는 마태오의 복음서에만 등장한다. 이때 마태오는 베드로가 물에 빠지며 드린 기도 하나를 소개한다. "주님, 살려주십시오." 그러자 예수는 그를 "믿음이 적은 사람"이라 부른다(14:30~31,

8:25~26의 풍랑 진압과 비교해보라). 제자들은 (마르 6:51~52에서처럼) 놀라거나 오해하지 않고 예수를 경배하며 자신들의 신앙을 고백한다.

선생님은 참으로 하느님의 아들이십니다. (마태 14:33)

15장 1~20절에서는 바리사이파 사람들의 적대감이 심해지는데, 이는 예수가 시로페니키아 출신 여인과 만난 사건과 대비를 이룬다. 마태오의 기사에서 유일하게 예수는 자신이 "오직 이스라엘 집의 길을 잃은 양들에게 보내심을 받았을 따름"이라고 말한다(15:24). 제자들이 그랬듯 여인은 무릎을 꿇고 경배하며 예수에게 기도한다. "주님, 나를 도와주십시오."(15:25) 그다음 그녀는 예수를 향한 믿음을 공표한다. "다윗의 자손이신 주님!"(15:22,27) "믿음이 적은" 제자들과는 다른 그녀에게 예수는 답한다. "여자여, 참으로 네 믿음이 크다." 그리고 여인의 딸은 치유된다(15:28). 조심스럽게 마태오는 제안한다. 이스라엘이 자신의 선생을 의문시하고 배척할 때 그 혜택은 이방 사람들이 누리게 될 것이다.

그럼에도 '이스라엘의 하느님'은 계속된 치유(15:29~31), 사천 명을 먹인 사건(15:32~39)을 통해 영광을 받으신다. 앞에 나온 장들에서 사람들은 계속 예수의 정체를 의문시하며(8:27, 11:2~3, 12:22~23, 14:1~2) 바리사이파 사람들은 표징을 구한다(16:1~4). 그러나 적어도 제자들은 그가 누구인지 안다(16:5~12, 마르 8:21과는 대조된다). 필립보의 가이사리아 장면에서 빠르게 짚고 넘어갈 부분은 잘못된 대답들(16:13~14)과 베드로가 말한 올바른 대답이다. "당신은 살아 계신 하느님의 아들 그리스도십니다."(마태 16:16) 선생은 이제 베드로를 토대로 삼아 새로운 공동체를 세우려 한다. 여기서 "교회"ecclesia라는 말이 처음 사용된다. 예루살렘의 문들도, 지옥도 교회를 이기지 못한다(16:18). 마르코의 복음서와 마찬가지로 여기서도 세 번의 수난 예고가 나오며(16:21, 17:22~23, 20:17~19), 제자됨에 관한 가르침이 이어지고(16:24~28), 변모 사건과 간질병 마귀 들린 사람을 치유한 사건(17:1~21)이 등장한다. 그다음에는 예수가 물고기의 입에서 꺼낸 돈으로 성전세를 내는 기이한 이야기가 나오는데 이는 마태오의 복음서에만 나오는 이야기다(17:24~27). 베드로는 자신이 편애를 받고자 했지만 선생은 "어린이와 같이" 겸손해야 함을 강조하고(18:1~5) 교회 담화에서는 (두 번이나) 자신을 따르는 이들에게 함께 사는 법을 가르친다. 이제 예수는 매고 푸는 베드로의 권세를 모든 제자에게 준다(18:17~18). 화해와 용서가 그들을 증명하는 특징이 되어야 하기 때문이다(18:10~35).

교회 담화 다음 등장하는 예루살렘을 향해 가는 여정(19~20장), 유대교 지도자들과 예수의 충돌(21~23장) 기사는 대체로 마르코의 복음서와 유사하다. 바리사이파 사람들과 결혼을 두고 벌인 논쟁은 마르코의 복음서 10장 1~12절을 반복하고 있으나 '포르네이아'πορνεία, 곧 성적 부도덕으로 인한 이혼에 관해 '마태오의 복음서에만 있는 예외'를 둔다는 점, 거세당한 사람이나 성적 독신주의자에 관한 자료를 추가로 제시한다는 점에서는 차이가 있다(19:1~12). 예수는 어린이들을 축복하고(19:13~15) 부자 청년의 마음에 파문을 일으키며 자신을 따르는 이들에게 상을 약속한다(19:16~30). 포도원 일꾼에 관한 특별한 비유는 마태오의 복음서에만 등장하는 비유로 다른 이들보다 더 큰 보상을 기대하지 말라는 경고가 담겨 있다(20:1~6). 세 번째 수난 예고 (20:17~19) 후에는 야고보와 요한이 예수에게 무엇인가를 청하러 온 장면에서 마태오는 그들의 어머니가 이를 청했다고 말한다(20:20~28, 20절을 마르 10:35와 비교하라). 마르코의 복음서에 등장했던 눈먼 바르티매오는 예리고 성 밖에 있는 이름 없는 눈먼 두 사람으로 바뀐다 (20:29~34).

예루살렘 입성 기사를 다루며 마태오는 구약성서를 성취한다는 주제의 연장 선상에서 예수에게 즈가리야서(스가랴) 9장 9~10절이 그린 어린 나귀를 탄 낮고 낮은 왕의 모습을 덧입힌다. 마르코의 기사와 달리 예수는 예루살렘에 들어서서 곧장 성전을 '깨끗하게' 하러 간다. 그리고 이 일로 인해 예수는 대사제들, 그리고 율법학자들과 논쟁을 벌인다(21:10~17). 이 때문에 무화과나무는 그 다음 날 저주를 받을 수밖에 없고, 그 즉시 말라버리게 된다(21:18~22). 대사제들과 원로들은 예수의 권위를 문제 삼으며(21:23~27), 이에 대한 예수의 답변은 심판에 관한 세 개의 비유로 이어진다. 두 아들 비유는 마태오의 복음서에만 나오며(21:28~32), 포도원 소작인 비유에는 43절에 하느님이 하느님의 나라를 빼앗아 이방 사람들에게 주시리라는 마태오만의 독특한 경고가 담겨있다(21:33~46). 또한 혼인 잔치 비유(22:1~14)는 마르코의 복음서에는 나타나지 않으며 루가의 복음서에서는 훨씬 앞에 등장한다(루가 14:16~24). 루가와 비교할 때 마태오가 전하는 기사는 임금이 그들의 도시를 불살라 버린다는, 더 상세한 내용을 담고 있는데 이는 70년 예루살렘 파괴와 관련이 있을지도 모른다. 또한 이 복음서에만 언급되는, 예복을 입고 준비하지 않은 사람을 내쫓는다는 독특한 이야기도 있다(22:11~14). 이는 마태오가 특유의 방법으로 세 이야기를 모아두는 전형이라 할 수 있는데, 세 이야기 모두 유대교 지도자들과 벌인 논쟁과 장차 있을 이방인 포용에 적용할 수 있다.

이제 새로운 선생은 모든 부류의 유대교 지도자와 갈등한다(대사제들과 원로들 - 21:23, 바리사이파 사람들과 헤로데 당원들 - 22:15~16, 사두가이파 사람들 - 22:23, 율법 교사 - 22:35). 마르코의 복음서에서 그러하듯 독자들은 여기서도 네 개의 논쟁 이야기, 즉 카이사르에게 바쳐야 할 세금 이야기(22:15~22), 부활 논쟁(22:23~33), 가장 큰 계명 이야기(22:34~40, 여기서 율법 교사는 칭찬받지 못했으며 마태오는 율법과 예언서라는 말을 덧붙인다), 그리스도가 어떻게 다윗의 자손이겠냐는 예수의 물음(21:41~46)을 접하게 된다. 이때 4장 11절에서 사탄이 그랬듯 그들은 아무런 답도 못하고 논쟁을 포기한다(22:46). 마태오는 자신이 준비해 둔 마지막 담화를 위해 무대를 정리한다. 이 이스라엘 선생에 따르면 이스라엘의 다른 선생들은 위선자이며 다른 이들이 하늘나라에 들어가지 못하게 막기까지 한다(23장). 이렇듯 강한 표현이 묵시로 이어진다. 24장은 마르코의 복음서를 따라 시작하지만 중반부터는 (사람의 아들이 올) 그 날과 그 시간이 지체되고 있으며 계속해서 깨어 있어야 한다는 내용이 나온다(24:37~51). 루가의 복음서의 경우 이러한 자료는 그의 복음서 전체에 흩어져 있으며(루가 17:26~27,30,34~35,

12:29~40,42~46) 이는 마태오가 Q에서 가져온 자료를 여기에 정리해 두었음을 암시한다. 25장은 앞서 다룬 바 있는 최후의 심판 비유 세 개로 마무리된다. 선생은 "이 모든"(마태 26:1) 것을 마쳤다. 이제 무대 는 수난이라는 절정을 맞이할 준비가 되었다. 여러 갈래로 흘러온 이 야기가 끝맺을 준비를 마친 것이다.

갈등의 전개

이렇듯 마태오의 복음서 내러티브가 어떻게 전개되는지를 분석하 면 이스라엘 선생과 기존 이스라엘 지도자들 사이에 벌어지는 갈등 이라는 기본 플롯을 알 수 있다. 이 플롯에서 중심인물은 이스라엘의 소망을 성취하는 인물인 예수다. 그는 이스라엘만을 염두에 둔 선교 에 뛰어든, 하늘나라를 선포하는 인물이다. 가장 유대교 색채가 강한 이 복음서의 근저에 흐르는 또 하나의 이야기는 역설적이게도 유대 교 지도자들이 그의 가르침을 점점 더 거부하게 되고 이에 복음서는 23장에서 이들을 통렬하게 비난함으로써 이들을 향한 적대감이 극에 달한다는 것이다. 이와 또 다르게 한편에서는 선생이 제자들을 불러 자신을 알리고, 제자들이 그를 믿게 되는 이야기가 흐르고 있다. 이 들이 주축을 이루는 새 공동체는 이방인들까지 품게 된다. 이러한 세 이야기 흐름은 한 곳, 십자가라는 갈림길에서 합류한다. 십자가는 예 수가 이스라엘을 선교하는 데 실패했음을, 제자들도 예수의 기대에 부응하지 못했음을 분명하게 보여주는 지점이다. 여기서 유대교 지 도자들은 승리한 것으로 보인다. 그러나 마태오가 전하는 수난 예고는 예기치 못한 역설적인 전개가 벌어질 수 있음을 경고한다. 즉 하느님의 뜻 안에서 십자가는 이스라엘 선생이 하늘나라를 이방 사람들에게도 엶으로써 이룬 승리다.

우선 독자들은 마태오의 복음서가 묘사하는 이스라엘, 특히 바리사이파 사람들을 잘 살펴야 한다. 마태오가 기록한 독설을 어떻게 이해해야 할까? 마태오 특유의 세 짝 양식triadic fashion에는 적어도 세 가지가 분명하게 드러난다. 첫째, 마태오는 예수를 구약성서를 성취하고 이스라엘 영웅들을 한데 모은 이스라엘 선생으로 그린다. 이는 저자와 그의 대상 독자(청중)가 유대교에 깊이 물든 이들이었음을 암시한다. 둘째, 유대교 지도자들과 예루살렘에 대한 마태오의 태도를 살펴보면 그가 이들을 설득하기 위해 이 책을 썼다고 보기 어렵다. 즉 유대인을 전도하기 위해 이 복음서를 기획했을 개연성은 낮다. 셋째, 마태오의 갈등 묘사, 그리고 그가 사용하는 언어를 살펴보면 유대인들과의 갈등으로 인한 아픔, 쓰라림, 분노가 엄청났음을 알 수 있다. 이와 같은 세 가지 결론에 부합하는 상황은 무엇일까?

예수는 유대인이었으며 그가 불러 모은 첫 제자들도 유대인이었다. 그의 죽음과 부활 이후 초기 그리스도교인들은 계속해서 자신들을 유대인으로 여기며 예수의 기쁜 소식을 자기 민족에게 전했다. 1세기 유대교는 바리사이파, 사두가이파, 에세네파, 젤롯Zealots과 같은, 각기 다른 집단이 공존하는 혼합문화 양상을 띠고 있었다. 당시 초기 그리스도교인들은 유대교 내 또 다른 한 집단처럼 보였다. 그러나 시리아의 안티오키아와 같은 동로마 제국의 국제도시들에서 유대인이 아닌 이들이 교회에 함께 하고자 하는 움직임이 일어나기 시작했다. 바울로가 쓴 편지들은 그가 이방인 선교를 꾀했으며 이로 인해 논란이 일어났음을 보여준다.

66~70년 유대 봉기Jewish Revolt는 예루살렘과 성전이 완전히 파괴됨으로써 막을 내렸다. 파국에 이른 것이다. 이후 로마는 예루살렘에 있는 유대인들에게 관용을 베풀지 않았으며 이들을 온 나라로 흩어버렸다. 전쟁 이전 유대교에 존재하던 다양한 종교, 문화, 정치 집단이 그야말로 한순간에 사라져버렸다. 흩어진 민족을 다시 모으고 새로운 정체성을 세우기 위해 80년대 중반 몇몇 랍비들이 야브네יַבְנֶה에 모였다. 예루살렘과 성전이 사라졌음에 주목하며 그들은 유대교 신앙과 예배를 율법과 회당에 집중시켜 유대교가 이천 년 동안 온 세상에서 살아남게 할 랍비 전통을 일으켰다. 동시에 그들은 이방인들 가운데서 성공적으로 커가던 그리스도교 공동체를 위협으로 간주했고 '비르카트 하미님'בִּרְכַּת הַמִּינִים, 곧 '이단에 대한 기도'를 회당 전례에 포함했다. 이 기도문은 로마 제국이 멸망하기를 바라면서 동시에 이단들מִינִים(미님)과 '노스림'נוֹצְרִים을 저주하는데 노스림은 '나자렛 사람들' 혹은 그리스도교인을 가리키는 말로 추정된다. 이로써 유대-그리스도교인들은 자신들을 스스로 저주하지 않고는 다른 유대인들과 함께 예배하기 어렵게 되었다. 이후 1세기 말에서 2세기 초엽부터 회당과 교회는 다른 길을 걷게 되었다.

이를 고려하면 마태오가 그린 이스라엘 선생 예수는 유대교와 점차 다른 길을 걷게 된 초대 그리스도교의 고통과 아픔을 반영한다.

둘의 관계는 정중하게 차이를 인정하거나 원만하게 화해할 수 있는 관계가 아니었다. 그리스도교인이 공의회에 넘어가고 회당에서 매질을 당해 이방인 통치자 앞에 끌려가게 되리라고, 심지어 자기 가족에게도 그러한 일을 당하리라고 경고하는 복음서 저자는 마태오뿐이다(10:17~25). 그리고 이는 왜 마태오의 복음서가 유대교 색채가 짙음에도 불구하고 유대인을 독자로 겨냥하지 않는지를 설명해준다. 유대인에게 선교를 하기에는 이미 너무 늦은 것이다. 이제 문제는 유대-그리스도교인에게 주어진 신학적 문제, 곧 왜 이스라엘이 자신들의 성서, 자신들의 소망을 성취할 선생을 배척했는가, 왜 하늘나라가 이방 사람들에게 가버렸으며, 왜 예루살렘이 파괴되었는가 하는 점이다. 마태오의 복음서가 이러한 분열이 진행되던 80년대 중반 안티오키아와 같은 곳에서 기록되었다고 보면, 그만이 전하고 있는 독특한 자료나 강조점은 비참한 상황에 처한 유대-그리스도인들에게 위와 같은 물음들에 대해 답을 제시하는 것으로 이해할 수 있다. 율법학자(서기관)처럼 마태오는 "자기 곳간에서 새것도 꺼내고 낡은 것도 꺼내"(마태 13:52) 하나로 만든다. 유대교 회당은 이제 "내 교회"(16:18)를 반대하는 "그들의 회당"(4:23, 9:35, 10:17, 12:9, 13:54) 혹은 "너희 회당"(23:34)이다.

혼인 잔치 비유에서 예수는 심지어 "그들의 도시"(마태 22:7)가 불살라지리라고 경고하기까지 한다. 바리사이파 사람들에 대한 비난은 "예언자들을 죽이고 그곳에 보낸 이들을 돌로 치는" 예루살렘을 향한 탄식으로 갈무리 된다(23:37~39). 이야기는 이스라엘이 선생을 거부하고 이방 사람들이 그를 받아들이는 식으로 전개된다. 예수는 아브라 함의 후손이며 그를 통하여 모든 민족이 복을 받을 것이다. 또 그의 족보에는 이방인이 들어가 있다(1:1~17). 예수는 "오직 이스라엘 집의 길을 잃은 양들에게 보내심을 받았을 따름"이었고(15:24), 또 그가 제 자들을 보낼 때도 마찬가지였다(10:5~6). 마태오가 전하는 포도원 소 작인 비유에서도 소작인들은 예언서에서 이스라엘의 전형적인 상징 이다. 그러나 마태오는 이 이야기를 경고로 끝낸다(이 경고는 마태오의 복음서에만 유일하게 나온다). 즉 하느님께서는 그들에게서 당신의 나라 를 빼앗아 열매를 맺는 다른 민족에게 주실 것이다(21:43). 의미심장 하게 마태오는 교회를 결코 (바울로가 갈라 6:16에서 암시하듯) 새로운 이 스라엘이라 부르지 않는다. 교회란 혼인 잔치에 초대받은 "악한 사람 과 선한 사람"(22:10), 밀과 가라지(13:24~43), 그물에 걸린 좋은 물고기 와 나쁜 물고기(13:47~50)가 뒤섞여 있는 혼합체이며 이 모든 것은 최 후의 때 심판받을 것임을(13:30,36~43,49, 24:45~25:46) 그는 잘 알고 있 다. 이 과도기에, 교회는 자신들을 가르치고 자신들에게 명령하며 (18:1~35) 자신들을 보내 모든 민족을 가르치게 하는(28:19~20) "한 분 선생"을 모시는(23:8~12) 평등한 공동체다. 선생이 이스라엘에게 배척 받았듯 그를 따르는 제자들도 같은 길을 걷게 될 것이다.

선생이 받는 고난 - 수난(마태 26:1~27:66)

젊은이에 관한 짤막한 이야기(마르 14:51~52)가 없고 키레네(구레네) 사람 시몬과 관련해 사소한 차이가 있다(마르 15:21하)는 점을 제외하면 마태오의 복음서는 마르코가 기록한 수난 기사 중 거의 모든 절을 순서를 바꾸지 않고 그대로 담고 있다. 마태오의 복음서에 유일하게 등장하는 절은 26개뿐이다(26:1~2, 25, 52~54, 27:3~10, 19, 24~25, 29, 51하~53, 62~66, 이 구절들은 모두 다룰 것이다). 이러한 유사성에도 불구하고 마태오가 그린 수난은 마르코가 그린 수난과 분위기가 사뭇 다르다. 그의 복음서에서 내내 그래왔듯 그가 전하는 기사는 훨씬 웅장하다. 여기에는 어떠한 모호함도 없다. 마르코의 수난 내러티브는 예수가 겪는 고난에서 끝내 하느님이 계시지 않았다고 말한다. 하지만 마태오의 수난 내러티브에서 수난은 하느님의 현존을 드러내는 수단으로 예수의 정체를 분명하게 보여준다. 마르코의 복음서에서 그랬듯 수난 내러티브는 마태오의 복음서에 흐르는 주요 주제, 곧 이스라엘의 역사와 하느님의 구원, 성서의 성취, 하느님께 순종하는 아들이라는 예수상, 하느님 나라가 이방인에게로 넘겨질 전거가 될 유대교 지도자들과의 마지막 갈등 등 모든 것을 한데 모은다. 선생은 자신의 뜻을 가르쳤다. 이제 독자들은 그가 몸소 실현하는 의로운 고난의 본보기를 보게 된다.

마르코는 다른 사람들에게 장악력을 내어주고 점점 수동적으로 반응하는 한 사람을 그리지만, 마태오는 자신이 선택한 결과로 죽음을 향해 나아가는 이스라엘의 선생을 그린다. 예수가 "이 모든 말씀"을 마치고 난 후 네 번째로 수난을 예고하는 장면을 그림으로써 이후 예수가 어떤 일이 일어날지를 정확히 알고 있음을 분명히 하는 복음서 저자는 마태오뿐이다(26:1~2). 과월절 동안 사용할 방을 마련하려고 제자들을 도성 안으로 들여보내며 예수는 자신의 "때"가 가까이 왔음을 알린다. 여기서 "때"를 가리키는 헬라어는 연대순의 시간을 뜻하는 '크로노스'χρόνος가 아니라 결정적인 순간을 뜻하는 '카이로스'καιρός다(마태 26:18, 마르 14:14와 비교하라). 최후의 만찬에서 유다는 예수에게 "선생님"(랍비)이라 말하고(마태오의 복음서에서 다른 제자는 그를 부를 때 이 호칭을 사용하지 않는다), 예수가 대답해 그가 배신자임을 알아보는 장면도 마태오의 복음서에만 등장한다(26:25). 유다가 게쎄마니 동산에서 한 번 더 예수를 "선생님"이라 부르자 예수는 "친구여"라고 답하며 자신을 체포하도록 허락이라도 하는 듯 왜 왔는지를 묻는다(26:50). 원한다면 "열두 군단 이상의 천사들"을 부를 능력이 있다(26:53)는 예수의 말을 전하는 복음서 저자도 마태오뿐이다. 이미 예수는 광야에서 천사의 도움을 받으라는 유혹을 거부한 바 있으며(4:6~7) 이번에도 그는 그렇게 할 것이다. 그는 자신을 따르는 이들에게 칼을 치우라 말한다. 이처럼 그는 자신이 직접 가르친 비폭력(5:39~40)을 그대로 지킨다. 그가 그렇게 한 이유는 "성경은 반드시 이루어져야" 하기 때문이다. 이는 예수가 이스라엘의 성서와 희망, 과거와 미래를 모두 성취한다는, 마태오의 복음서를 관통하는 공통 주제까지 거슬러 올라간다.

복음서 저자 중 마태오만이 유다의 죽음을 기록한다(마태 27:3~10, 사도 1:18~20은 이에 관한 다른 설명을 전한다). 유다가 실제로 돈을 요구했다고 말하는 이도 마태오뿐이다(마태 26:15). 유다가 받은 은전 서른 닢은 종이 죽었을 때 치러야 할 배상금(출애 21:32), 혹은 즈가리야서

11장 12절에서 나왔듯 해고된 목자(예언자)가 받는 퇴직수당에 해당하는 돈이다. 여기서 하느님은 즈가리야에게 그 돈을 성전 금고에 던져버리라고 말씀하신다(즈가 11:13). 유다는 자신이 받은 돈을 성전에 내던진다. 그러자 사제들은 한 옹기장이의 밭을 사는데, 이는 예레미야가 은전으로 밭을 사서(예레 32:6~15) 옹기그릇에 증서를 담아둔(예레 32:14) 일을 암시하며 이에 앞서 그가 옹기장이 집에 방문했던 일을 떠오르게 한다(예레 18:2~3). 이러한 방식으로 마르코는 구약을 배경으로 하는 구절들을 활용하여 예수가 그의 백성에게 배척당하는 목자이자 예언자임을 드러낸다. 마태오는 유다 이야기를 마르코가 전한 이야기 흐름에 끼워 넣어 "이스라엘 자손"(마태 27:9)인 종교 지도자들의 죄목을 강조한다.

마태오의 복음서 초입에서 동방에서 온 이방인들이 "유대인의 왕으로 나신 이"를 찾아 예루살렘에 왔던 것처럼(2:2), 마태오의 복음서 반대편 '책 버팀'에서 서방 출신 이방인 빌라도는 예수를 "유대인의 왕"이라 부른다(27:11, 29절과 37절도 함께 보라). 동방 박사들이 또 다른 유대인 지도자가 살해 계획을 갖고 있음을 꿈을 통해 고지받았던 것처럼(2:12), 빌라도의 아내 역시 꿈을 꾸는데 이는 마태오의 복음서만 기록하고 있다(27:19). 그녀는 예수를 "의인"(마태오의 복음서의 열쇳말인 '디카이오스')이라 부르며, 어떤 필사본에서는 27장 24절에서 빌라도도 예수를 의인이라고 부른다. 이 이방인 총독이 손을 씻는 장면도 마태오의 복음서에만 유일하게 나오는데, 온 백성이 "그 사람의 피를 우리와 우리 자손에게 돌리시오"하고 외침으로써 다시 한번 이스라엘 선생의 죽음에 대한 책임이 이스라엘에 있음을 지적한다(27:24~25). 앞서 예수는 "의인들이 흘린 의로운 피"가 그들에게 돌아가리라고 경고한 바 있다(23:34~36). 이렇게 예수가 했던 말 그리고 예언자들이 했던 말이 성취된다. 이 지점은 앞에 나온 포도원 소작인 이야기에서 마태오가 독특하게 전했듯(21:43) 이스라엘이 마침내 자신들의 선생을 배척하고 하느님 나라가 다른 민족에게 넘어가는 결정적인 순간이다. 병사들이 예수 앞에 무릎을 꿇고 그더러 왕이라며 비꼬며 조롱하는 장면은 역설적으로 이 진실을 분명하게 드러낸다. 예수가 태어났을 때 이방 사람들이 왕께 경배하려고 무릎을 꿇었듯(2:2,11), 또한 그가 활동하던 중에도 그런 일이 있던 것처럼(15:25), 로마 병사들도 죽음을 맞이하는 예수 앞에 무릎을 꿇는다(27:29).

마르코의 복음서에서도 그랬듯 마태오의 복음서가 그리는 십자가 처형 장면은 어두우면서도 초자연적인 분위기로 그득하다. 마태오가 전하는 예수의 죄패에는 그의 이름이 함께 적혀있다(27:37 마르 15:26과 비교). 사탄의 유혹을 연상케 하는 "네가 하느님의 아들이거든"(27:40, 4:3,6과 비교)이라는 사람들의 조롱 소리가 들릴 때 예수의 정체, 곧 그가 인간이자 하느님 아들임이 분명해진다. "그가 하느님을 의지하였으니, 하느님이 원하시면, 이제 그를 구원하시라지. 그가 말하기를 "나는 하느님의 아들이다" 하였으니 말이다"(27:43) 라는 비난은 시편 22편 8절을 연상시키며 예수는 이 시편을 여는 참담한 첫 마디를 인용한다.

나의 하느님, 나의 하느님, 어찌하여 나를 버리셨습니까?

(마태 27:46)

여기서 마태오는 마르코가 사용한 아람어 표현 '엘로이'ἠλωῒ를 올바른 히브리어식 표현 '엘리'ἠλι,יִלֵא로 고친다. 이 말을 들은 이들이 엘리야를 부른다며 오해할 때도 마태오의 복음서에서 결정적인 표현 "그를 구하여"will save him가 들어있다(27:49). 마르코의 복음서에서 버림받은 예수가 부르짖는 소리는 다른 이에게 닿지 않으나 마태오의 복음서에서는 절망에 찬 예수의 울부짖음에 초자연적이며 묵시적인 사건들이 응답한다. 땅이 흔들리며 바위가 갈라지는 일은('세이스모스'σεισμός) 하느님의 현현(27:51, 판관 5:4, 2사무 22:8, 1열왕 19:11, 시편 68:8, 77:15~20을 보라)이나 주님의 날(하깨 2:6~9, 20~23)을 가리키는 표징이다. 이 복음서에서 '세이스모스'로 인해(seismic, 지진으로 인해) 발생하는 소란은 낯선 일이 아니다. 이미 예수는 갈릴래아 호수에서 일어난 '세이스모스'를 잠잠하게 했다(마태 8:24, 마르 4:37에서는 "풍랑"이라고 표현한다). 또한 예루살렘에 입성하며 그는 온 도시를 "들뜨게" 했다('에세이스테'ἐσείσθη, 마태 21:20). 죽은 자들이 무덤에서 다시 살아났다는 기록(27:52~53)은 에제키엘이 마른 뼈 골짜기에서 본 환상을 떠오르게 한다(에제 37:12~13).

마르코의 복음서에서 십자가 수난은 예수가 겪는 고난의 절정이지만, 마태오의 복음서에서 십자가 수난은 그리스도론의 절정이다. 이스라엘 지도자들은 하느님 아들이라는 예수의 정체에 이의를 제기

하나, 그 정체는 종말론적 위기를 나타내는 표징들을 통해 모든 이에게 선포된다. 마르코의 복음서에서 예수를 알아본 이는 백인대장뿐이지만(마르 15:39), 여기에서는 모든 이가 어떤 일이 일어나는지를 보고 두려움에 휩싸여 예수가 "참으로 하느님의 아들"이라고 고백한다(마태 27:54). 마지막으로 예수의 장례 장면에서 마태오는 (마르 15:43에서와는 달리) 아리마태아(아리마대) 사람 요셉이 산헤드린의 "명망 있는 의회 회원"이라고 언급하지 않는다. 이 이스라엘 지도자 집단이 예수를 배척했기 때문이다. 대신 마태오는 그를 예수의 제자, 선생이 죽음으로써 생겨난 새로운 신앙 공동체의 일원이라고 부른다(27:57).

선생의 명예가 회복되다 - 부활(마태 28:1~20)

모든 이가 볼 수 있던 초자연적 개입이 자아내는 분위기는 마태오의 부활 기사에서도 이어진다. 이를 통해 그는 결말에서 발생하는 난점들을 설명하려 한다. 마르코의 복음서에서는 낯선 젊은 남자가 등장하고 여자들은 이에 놀라서 아무 말도 하지 못하며 예수는 끝내 모습을 드러내지 않는 등 특유의 방식으로 빈 무덤을 둘러싼 수수께끼로 이야기를 맺는 반면, 마태오의 복음서에서는 다시금 초자연적인 지진을 경비병들이 목격하고(28:2~4) 여자들은 다른 이들에게 이야기를 전하러 달려 나가며(28:8) 예수를 만나기도 한다(28:9~10). 또한 마태오는 무덤과 경비병에 관해 설명하며(28:11~15) 산에서 일어난 일(28:16~20)도 기록한다. 이 장에서 마태오는 매우 세심하게 공을 들여, 전형적인 세 장면이 믿는 이들(1~10절), 대적자들(11~15절), 다시 믿는 이들(16~20)의 순서로 균형을 이루도록 배치했다. 천사, 산, 이스라엘에 찾아온 이방 사람들로 시작한 이 복음서는 이제 다시금 천사와 함께, 새 이스라엘을 이방으로 보내는 산을 언급하며 끝맺는다.

주지하듯 마태오는 마르코의 복음서에서 은폐된 것을 명확히 드러내고자 했다. 이를테면 예수가 세례받을 때 들려온 목소리는 예수에게만 전해진 것이 아니라 모든 이에게 전해졌으며, 십자가 처형 때 벌어진 초자연적인 결과들은 예수의 정체가 무엇인지를 백인대장에게뿐 아니라 모든 등장인물에게 드러났다. 마르코의 복음서에서 무덤의 돌은 이미 치워져 있었지만(마르 16:3), 마태오의 복음서에서 여자들과 경비병들은 모두 또 다른 지진을 경험하고 하늘에서 내려와 돌을 굴리는 천사(28:2~4, 마르코의 복음서에서는 수수께끼와 같은 "젊은 남자")를 목격한다. 그러나 마태오의 복음서는 출처가 불분명한 『베드로의 복음서』Gospel of Peter 정도까지 나가지는 않는다. 베드로의 복음서에서 경비병들과 사제들은 거대한 천사 형체가 예수와 십자가를 무덤 밖으로 데려가는 모습을 목격하지만, 마태오의 복음서에서 (천사의 말을 빌려 말하면) 부활은 이미 일어난 것으로 보인다(28:6). 마태오가 그린 제자들이 예수를 믿고 이해하듯, 무덤 앞에 찾아간 여자들도 마르코의 복음서처럼 두려워 떨기만 하지 않고 기뻐하며 순종하여 제자들에게 이 소식을 전하러 달려간다. 그리고 이에 대한 보답으로 부활한 그리스도가 그들 앞에 나타난다. 여자들은 그에게 경배(절)를 올린다(28:8~10).

이제 독자들은 옛 이스라엘과 새로운 공동체가 끝내 결별하는 장면을 보게 된다. 복음서 저자 중 마태오만이 유다와 대사제들에게 어떤 일이 일어났는지에 주목한다. 이어서 경비병이 등장하고(27:62~66) 그들이 매수되었다는(28:11~15) 그만의 독특한 기사를 전함으로써 이야기를 마무리한다. 이 기사는 마태오의 복음서에서 이 부분을 제외하면 유일하게 돈이 등장하는 기사인 유다 이야기를 떠오르게 한다. 회당에서 갈라져 나오던 시기, 유대-그리스도교인Jewish-Christians들을 위해 마태오가 이 복음서를 기술했다는 것이 사실이라면 이 대목의 의미는 좀 더 분명해진다. 마태오는 제자들이 예수의 시체를 훔쳐갔다는 이야기가 "오늘날까지 유대인들 사이에"(28:15) 퍼져 있다고 기록한다. 예수를 "유대인의 왕"이라 부르는 부분(2:2, 27:11,29,37)을 제외하면, 마태오의 복음서에서 유일하게 "유대인"이라는 말이 등장하는 부분이다. 이 유대인들은 복음서 저자인 마태오가 속한, 혹은 선생이 세운 공동체와는 다른 공동체에 속해 있음이 분명하다.

그동안 참 이스라엘은 자신들의 선생을 만나 갈릴래아로 가서 산에 이른다(28:16~20). 마침내, 여기서 독자들은 이 복음서의 절정, 이 복음서에 등장했던 수많은 모든 주제가 합류하는 지점에 다다른다. "믿음이 적음"에도 불구하고, 또한 예수의 수난 앞에서 도망쳤음에도 불구하고 제자들은 마침내 "예수께서 일러주신"(28:16) 대로 간다. 그의 정체가 분명히 드러났다. 제자들은 산에서 예수에게 경배(절)한다. 그 순간에도 몇몇 사람이 이를 의심했다는 기록을 남김으로써(28:17) 마태오는 교회가 혼재된 공동체임을 인정한다. 산이라는 장소를 만난 독자들은 이 복음서에 등장한 다른 모든 산, 그리고 이스라엘 민족에게 큰 의미를 지닌 시나이 산과 시온 산을 떠올린다. 그러나 이 산은 갈릴래아, 곧 마태오가 예수가 활동을 시작하던 때를 전하며 "이방 사람들의 갈릴래아"라 말했던 곳에 있는 산이다. 이스라엘을 향한 선교를 강조하고 있음에도 불구하고 마태오는 요셉의 가계에 아브라함과 이방 사람들을 포함하고 동방에서 온 박사들을 이야기에 등장시키는 등 처음부터 독자들이 이 메시지를 받아들이게 하려고 준비해 왔다(1~2장). 이스라엘이 그들의 선생을 배척했기에, 이제 제자들은 모든 민족을 제자로 삼으라는, 이른바 '지상명령'至上命令, Great Commission을 받는다. 그들은 이제 그들 자신이 선생이 되어야 하며 선생이 그들에게 명령한 것을 다른 사람들에게 가르쳐야 한다(28:20). 마지막 '책 버팀'에서, 마태오는 복음서를 시작하며 언급했던 임마누엘, 곧 "하느님께서 우리와 함께 계시다"(1:23)라는 말을 상기시킨다. 선생은 그들과 영원히, "세상 끝날까지"(28:20) 함께 하겠다고 약속한다. 이 복음서에 하느님은 숨어 계시지 않는다. 계시지 않았던 적도 없었다. 예수 역시 마지막까지 승천하지도, 떠나지도 않는다. 이는 끝이 아니라 오히려 시작이며 모든 것을 아우른다. 곧 "모든 권세"는 예수에게 있으며 제자들은 "모든 민족"에게 가서 "모든 것"을 가르칠 것이다. 예수는 그들과 "언제나" 함께 할 것이다. 마태오가 그린 예수의 초상에서 그는 다름 아닌 인간의 얼굴을 한 하느님이기 때문이다.

그림 6. 성 루가, 린디스파른 복음서, Folio 137b

04

——

짐을 짊어지고 가는 이 - 루가가 그린 예수

힘센 소 - 상징과 의미

마태오가 그린 이스라엘의 선생, 인간의 얼굴을 한 하느님과 마르코가 그린 날뛰는 사자 다음으로 등장하는 예수의 상징은 얼핏 보기에 어색할지도 모른다. 오늘날 소라는 동물을 생각하면 느릿느릿함, 우둔함이 떠오른다. 실제로 몇몇 주석가들은 느릿느릿하게 진행되는 두 권의 책(루가의 복음서와 사도행전)을 쓴 루가를 일컬어 '터벅터벅 걷는 이'라 부르기도 했다. 그러나 성서 시대에 '소'는 이러한 인상을 주는 동물이 아니었다. 기계가 없던 고대 세계에서 소는 가장 강력한 엔진이자 신적인 힘을 드러내는 상징이었다. 이 흔적은 아시리아에서 이집트에 이르기까지 발견할 수 있으며 오경에서도 하느님이 지닌 힘을 "들소와 같은 힘"(민수 23:22, 24:8)이라 말한다. 구약성서에는 주님을 야곱과 이스라엘이 섬기는 "전능하신 분"אֲבִיר(아비르)이라 부르는 표현이 자주 등장하는데(예를 들어 창세 49:24, 시편 132:2,5, 이사 1:24, 49:26, 60:16), 이 말은 힘센 소אַבִּיר(압비르)라는 단어의 말놀이다. 이 외에도 구약성서는 파라오와 같은 인간 왕을 소에 빗대어 말하며 모세는 열두 지파를 마지막으로 축복하며 요셉을 "첫 수송아지 ... 황소 뿔"(신명 33:17)이라고 부른다.

소는 수레를 끌고(민수 7:3) 무거운 짐을 나르며(1역대 12:40) 쟁기질을 하고(신명 22:10, 1열왕 19:19) 곡식을 밟고 밭을 간다(신명 25:4, 호세 10:11). 소는 모든 것을 해내는, 어디에나 필요한universal 일꾼이었다. 잠언은 직설적으로 당대 현실을 드러내 보인다.

> 소가 없으면 구유는 깨끗하지만, 소가 힘을 쓰면 소출이 많아진다.
>
> (잠언 14:4)

이렇듯 소는 부의 상징이었으며 십계의 열 번째 계명에도 등장할 만큼 귀중한 동물이었다. "너희 이웃의 집을 ... 소나 나귀나 할 것 없이 ... 탐내지 못한다."(출애 20:17) 이스라엘 사람들은 이 힘센 동물이 위험할 수도 있다는 사실을 알고 있었다. 이 때문에 모세 율법에는 소가 뿔로 들이받았을 때 보상에 관한 조항까지 수록했다(출애 21:28~32).

소는 그야말로 가축의 왕이었다. 그러나 그저 짐만 나르는 동물은 아니었다. 이스라엘 사람들은 소를 희생 제물로 이용해 죄라는 짐을 지게 하기도 했다(레위 4:3~21, 시편 69:31). 다윗이 전염병을 막기 위해 아라우나의 타작 마당에서 희생 제사를 올릴 때도 소가 쓰였으며(2사무 24:18~25) 솔로몬은 성전을 헌당하며 소 22,000마리를 제물로 잡았다. 실제로 이러한 일을 하려면 상당한 수고가 들었을 것이다. 히즈키야(히스기야)가 소 600마리를 제물로 잡을 때도 사제들은 적잖이 애를 먹었다(2역대 29:33).

터벅터벅 걸어가는 동물이라는, 소에게서 떠오르는 오늘날의 인상을 일부 활용하겠지만, 독자들은 소가 지닌 힘과 강인함, 소라는 상징이 떠오르게 하는 노동력과 부, 희생 제사와 성전 등 고대 이야기들을 잊지 말아야 한다. 루가가 그리는 예수는 철저하게 짐을 짊어지고 가는 이, 모든 짐 진 자와 고통당하는 자를 돌보며 끝내 이들을 위해 기꺼이 자기 자신을 희생 제물로 내어 주는 존재이기 때문이다.

성전과 마구간에 있는 소 - 유아기와 활동의 시작(루가 1:1~4:13)

소는 짐을 짊어지고 나르는, 어디에나 필요한 일꾼이었다. 그러므로 '소'라는 상징을 대표하는 루가가 예수의 보편성을 강조했다는 것은 그리 놀랄 일이 아니다. 앞서 고대 문헌을 언급하며 이야기를 여는 말이 얼마나 중요한지 살펴본 바 있다. 마르코는 예수의 출신을 밝히지 않은 채 곧장 그를 무대로 올려세웠고, 마태오는 예수를 이스라엘 역사에 확고하게 자리매김하려 했다. 루가의 복음서는 두 복음서와는 사뭇 다른 느낌으로 시작된다. 루가의 서문(1:1~4)은 헬라어 문장 하나로 되어 있는데 명확한 의도를 담고 있으며 균형 잡혀 있다. 루가의 의도는 "나도 … 생각하였습니다"(루가 1:3)라는 표현에서 잘 드러난다. 1~2절에서 루가는 전해오는 이전 기록들을 다시 살피며 3~4절에서는 앞으로 이어질 자기 책을 언급한다. 저자는 "각하"라는 정식 직함을 갖고 있는 데오필로Θεόφιλος(하느님을 사랑하는 자)라는 헬라식 이름을 지닌 이에게 의도적으로 일인칭 문장을 쓴다. 우리는 그가 누구였는지 알지 못한다. 그러나 그리스-로마 저술을 보면 발행인이나 후원인에게 헌정사를 남기는 일은 흔했다. 루가는 예수 전기를 그리스-로마식 '일대기'라는 보편적인 무대에 올려놓았다. 루가의 복음서와 유사한 서문은 다른 수많은 고대 전기에서 찾아볼 수 있다. 루가는 이야기('디에게시스'διήγησις, 1:1)를 "차례대로" 혹은 "순서대로"('카텍세스'καθεξῆς, 1:3) 전하려 한다. 이 말은 이 복음서가 꼭 연대순으로 기록되었다는 말은 아니다. 사도행전 11장 4절은 베드로가 자기 이야기를 "차례대로"καθεξῆς 말한다고 하지만 10장에서 했던 이야기와는 순서가 다르다. 베드로가 자신의 관점을 따라 이야기하듯 복음서 저자도 자신이 쓴 복음서를 그렇게 이야기해줄 것이다. 루가가 그린 예수, 곧 짐을 짊어지고 가는 이라는 예수 그림을 밝히기 위해서는 그의 관점을 살피고 그의 내러티브, 디에게시스διήγησις를 읽어내야 한다. 많은 고대 일대기에는 중심 내러티브 앞에 여는 이야기opening stories가 있다. 여는 이야기에서 작가는 주인공의 배경이나 가족, 출생이나 어린 시절, 이를테면 유년기 혹은 그가 어린 시절 배운 내용 등을 짤막하게 다룬다. 여는 이야기에 담긴 모든 요소는 이어지는 일대기의 중심 주제들을 드러내기 위해 작가가 주의 깊게 선별한 것이다.

그 주제들은 이후 내러티브 내내 반복해서 등장하며 결국 절정까지 이어진다. 그리스 극 작품에서 서막prologue은 이러한 의도를 갖고 관객을 준비시켰으며 그 의도는 극 끄트머리에 나오는 종막epilogue에서 압축적으로 다시 제시되었다. 이와 마찬가지로 발레나 서곡overture은 본막을 기다리는 관객이 이어서 등장할 주제에 익숙해지게 하는 역할을 한다. 루가는 여는 이야기를 통해 짐을 짊어지고 가는 이, 가난하고 비천한 사람들 가운데 함께하는 이, 기도하며 성전에 거하는 이로 예수를 그리기 시작한다. 그럼에도 여기에는 보편성이라는 함의가 담겨 있다.

마르코가 그린 사자가 숨 가쁘게 달리는 반면 루가가 그리는 소는 천천히, 터벅터벅 걸어간다. 루가가 그린 예수를 이해하기 위해 독자들은 (마르코의 복음서에서 나타난) 성인 예수가 세례받은 사건을 거슬러 올라가, (마태오의 복음서가 그린) 탄생 이야기도 넘어서서, 그보다 앞서 등장하는 인물(세례자 요한)의 부모에게 자식이 없었다는 이야기를 만나야 한다. 루가는 이를 모두 다루기 위해 긴 두 장을 할애한다. 서문에서 고전 헬라어에 가깝던 문체는 놀랍게도 구약성서의 분위기로 전환된다. 루가는 문학적인 기교가 뛰어난 작가다. 이러한 문체 전환은 루가의 복음서 전반에 걸쳐 일어나며 사도행전에서도 계속된다. 사도행전에서는 처음에는 셈어 같던 문체가 점점 대도시에서 쓰일 법한 헬라어 문체로 바뀌어 간다. 이는 지리상 이야기가 예루살렘에서 로마로 옮겨감을 반영한다. 이러한 여는 이야기에서 "...의 집", "... 앞에", "보아라", "그리고 ...가 일어났다"와 같은 표현들은 히브리 성서를 연상시킨다.* 즈가리야와 엘리사벳은 (창세 6:9이 말한 노아처럼) "하느님 앞에 의로운 사람"이며, (창세 16:1, 18:11이 말하는 아브라함과 사라와 같이) 자식이 없다. 이 부부는 (출애 15:1~21에 등장하는 모세와 미리암, 1사무 2:1~10에 나오는 한나처럼) 하느님을 찬미하는 시편을 올린다. 천사들이 등장하고 기적과도 같은 탄생 사건이 일어나며 시므온과 안나는 성전을 떠나지 않고 오래전부터 전해오는 신앙을 붙든다. 이를 통해 루가의 복음서 서곡의 첫 번째 주제가 드러난다. '예수는 이스라엘 역사에서 나왔다.'

왕, 동방 박사, 힘 있는 사람들이 등장하는 마태오의 복음서의 시작과 달리 루가는 즈가리야와 엘리사벳, 마리아와 같이 경건하고 가난한 이들, 여자들, 유순한 이들과 비천한 이들 가운데 함께하는 소를 그리며 이야기를 시작한다. 마태오는 모든 것을 요셉의 눈으로 보는 반면, 루가는 마리아의 눈으로 보고 그녀가 마음에 간직해 둔 내용을 전한다(2:19,51). 첫 번째 장에서 루가는 예수의 족보가 아닌, 마리아의 가족에 관한 이야기를 전한다. 천사는 마태오의 복음서에서처럼 요셉의 꿈에 나타나지 않으며(마태 1:20) 마리아(루가 1:26)와 그녀의 친척(1:11), 그리고 목자들(2:9)에게 나타난다. 이 세상의 짐을 짊어지고 가는 이들은 마리아의 송가the Magnificat(1:46~55)와 즈가리야의 노래the Benedictus(1:68~79)를 통해 가난한 자를 구원하시고 힘 있는 자들을

---

* 마태오의 복음서에서와 마찬가지로 "그리고 ...가 일어났다"를 뜻하는 헬라어 ἐγένετο는 한국어 역본에서는 거의 생략되었다(예를 들면 1:8,23,41,59, 2:1,6,15,46).

끌어내리시는 하느님을 찬미한다. 마침내 예수가 태어난다. "여관에
는 그들이 들어갈 방이 없었기 때문"(2:7)에 아기 예수는 소가 여물을
먹는 구유에 눕는다. 이렇게 두 번째 주제는 저음 악기로 연주하도록
루가가 작곡한 잔잔한 음악 가운데 울려 퍼진다.

온순해 보이지만, 소는 거대한 일을 해낼 만큼 강력한 힘을 갖
고 있다. 하느님이 이루시는 일을 기쁨으로 노래하는 찬미가 네 차
례(엘리사벳과 마리아의 기쁨(1:41~56), 세례자 요한의 경이로운 출생(1:58,
63~80), 천사들과 목자들(2:10~20), 시므온과 안나(2:28~38)) 울려 퍼지고 이
는 요한의 설교(3:1~6)로 이어진다. 각 이야기에는 나름의 주제가 담
겨있고 시간이 흐를수록 발전해 간다. 이 노래들은 아브라함과 예
언자들부터(1:54~55,69~70) 모든 백성에 이르기까지(2:31~32, 3:6) 구원
(1:47,69,71,77, 2:11,30, 3:6), 자비와 용서(1:50,54,72,77,78, 3:3), 평화(1:79,
2:14,29)를 가져다줄 다윗 왕조의 왕, 구원자가 오실(1:32~33, 69~71,
2:11) 길을 예비하는(1:17,76, 3:4) 기쁨(1:14,47, 2:10)을 담고 있다. 이처
럼 예수가 오신다는 루가의 모든 주제는 마치 푸가처럼, 악구에서
이어지는 악구를 한 노래에서 또 다른 노래로 주고받으며 크레셴도
crescendo를 이룬다.

이스라엘 성전에서는 소를 자주 희생 제물로 드렸다. 소가 성전에
서 환영받는 동물이듯, 가난한 이들은 하느님에게 환대받는다. 루가
의 복음서는 의로운 사제 즈가리야가 성전에 갔을 때 일어난 일로 시
작한다(1:5~23). 예수는 어머니의 정결 예식을 위해 태어난 지 몇 주
만에 성전에 이끌려 간다(2:22~24). 마리아와 요셉은 예수를 위해 비

둘기 두 마리를 제물로 바치는데(2:24), 이는 본래 정결 예식에 드리게 되어 있는 양 한 마리와 비둘기 한 마리의 값을 치를 수 없는 가난한 사람들에게 허락된 제물이다(레위 12:6-8). 예수 가족의 사회·경제적 배경에도 불구하고 시므온과 안나는 성전에서 예수를 알아본다. 그리고는 예수를 통해 이루어진 구원을 알리며 하느님을 찬미한다(2:22~38).

복음서 저자 중 루가만이 전형적인 전기체로 쓰인 예수의 어린 시절 이야기를 통해 그가 성인이 되면 어떤 모습일지를 미리 보여준다. 소년 예수가 지혜로운 선생들을 놀라게 했다는 이야기는 학생이던 어린 시절부터 총명했다는 플루타르코스의 키케로 전기를 떠오르게 한다.[1] 그리고 이 일 역시 성전에서 일어났다(2:41~51). 마태오는 유혹 내러티브(마태 4:8)와 자신이 쓴 복음서를 '산'에서 끝맺지만(마태 28:16), 루가는 유혹 내러티브에서 세상 온 나라를 보여주는 유혹을 순서상 두 번째로 놓으며 여기에 '산'은 등장하지 않는다(루가 4:5). 마지막 유혹은 예루살렘에 있는(이를 명시한 것은 루가뿐이다) 성전에서 일어나며 복음서 끝부분에 있는 '책 버팀' 혹은 구조적인 장치도 마찬가지다. 그는 자신의 복음서를 예루살렘 성전에서 끝마친다(24:53). "소는 제 임자를 안다"(이사 1:3)는 말처럼 예수는 아버지 하느님의 집에 있어야 한다(루가 2:49). 셈어와 유대교적 분위기에도 불구하고 루가의 복음서에서 드러나는 마지막 주제는 예수가 보편적인 의미를 지니고

---

[1]   Plutarch, *Cicero*, II.2.

있음을 말한다. 루가가 그린 예수는 소, 곧 비천하고 가난한 사람들과 여자들의 짐을 짊어지고 가는 존재이며 여기에는 이방인도 포함된다. 한 어린아이가 예수, 즉 구원자라 불린다(1:31). 그는 "온 세계"를 구원하는 존재이며 그의 탄생은 세계 역사에서 일어나는 사건들에 자리한다(2:1~2). 목자들은 다윗의 동네에서 구원자가 나셨다는 소식을 듣지만(2:11) 하늘 군대는 평화를, 하느님의 은총을 땅 위에 있는 모든 이를 향해 한 목소리로 노래한다(2:14). 당시 로마의 기념비들은 황제 아우구스투스Augustus를 '세상의 구원자'saviour of the world라 불렀다. 그는 로마에 있는 '전쟁 신전'Temple of War의 문을 폐쇄한 것으로 유명했다. 그러나 루가에 따르면 참 구원자, 평화를 가져올 이는 보잘것없는 시골 술집 뒤에 숨겨진 소 우리에서 나타난다. 구약이 말하는 경건의 귀감이 되는 사람 시므온은 예수가 자신과 이스라엘을 위한 존재일 뿐 아니라 "모든 백성 앞에 마련"된, "이방 사람들"에게 "계시하는 빛"(2:29~32)임을 알아보고 마리아에게 아이가 장차 "이스라엘 가운데 많은 사람"을 분열시킬 것이라고 경고한다(2:34). 마태오와 마르코의 복음서에서도 세례자 요한은 이사야서에 나온 광야에서 외치는 이의 소리를 말한다. 그러나 루가만 이를 "모든 사람이 하느님의 구원을 보게 될 것"이라는 말로 이어간다(3:6, 이사 40:5를 인용). 다시 한번 그는 이 이야기를 유대의 역사와 로마의 역사, 당시 세계의 통치자들 안에 자리매김한다(3:1~2). 마태오의 복음서는 아브라함에서 요셉까지의 족보로 시작하지만 루가는 이 족보를 예수의 공적 활동이 시작되는 세례 사건 이후에 둔다. 일흔일곱 개의 이름이 등장하는 족보에서 예수는 아브라함과 유대 족장들을 거쳐 하느님의 아들이자 온 인류의 조상인 아담까지 거슬러 올라간다(3:38). 이로써 루가의 서곡 마지막 주제가 드러난다. '예수는 온 세계의 구원자다.'

희극이나 오페라가 시작할 때 등장하는 서곡처럼, 루가는 여는 이 야기에서 성전과 마구간에 모습을 드러낸 소를 그려냄으로써 이 복음서의 중심 주제를 알린다. 예수는 경건한 가난한 자라는 유대교 배경에서 왔으며 성전에서 언제나 하느님 앞에 반가이 맞아들여진다. 동시에 들소의 뿔은 강한 힘을 바탕으로 거대한 일을 행한다. 온 세계를 향한 하느님의 구원 활동이 여기서 일어나고 있다.

긴 여정을 느리게, 터벅터벅 걷는 소 - 루가의 복음서의 문체와 구조

마르코가 앞뒤 없이 몰아치는 것과 달리, 루가는 "순서대로" 쓴 기사를 전한다(1:3). 루가의 복음서 서문은 차분하고 문학적인 자신감에 차 있으며, 이러한 분위기는 중심 내러티브까지 이어진다. 마르코가 "그리고 즉시" 모든 일을 전하는 반면 루가는 한결 여유롭다. 그는 "그리고 …가 일어났다"(3:21, 5:1,12,17, 9:18,51 등)라는 표현을 선호하며, 때로는 "그 무렵에"(2:1, 6:12) 같은 말을 덧붙이기도 한다. "그리고 …가 일어났다"는 히브리어 '바예히'וַיְהִי를 헬라어로 옮긴 표현으로 마태오는 여섯 번, 마르코는 네 번, 요한은 세 번 사용하며 신약성서 나머지 부분에서는 두 번만 등장한다. 그러나 루가는 이 말을 자신의 복음서에서 50회 사용하며 사도행전에서는 15회 사용한다. 어떤 일이 "일어나고", 사건에 또 다른 사건이 뒤를 잇는다. 이처럼 꾸준한

보폭으로 소는 한 발, 또 한 발 나아간다.

마태오의 복음서 절반은 마르코의 복음서에서 나오고 1/4은 루가의 복음서와 본문을 공유하며(Q) 나머지 1/4이 특수한 자료(M)로 되어 있다. 루가의 복음서 구성은 다르다. 루가의 복음서 본문의 29%는 마르코의 복음서를 따르고 13%는 Q에 기반을 두며 약 43%가 그의 특수 자료(L)다. 나머지 15%는 두세 개 자료가 섞여 있다. 게다가 그가 이야기를 배열한 순서는 마르코의 복음서와 나머지 자료 사이에서 일정한 규칙에 따라 반복하며 왔다 갔다 하는 듯한 흥미로운 모양새다.

루가	마르코(M 자료)	Q와 L 자료
1:1~3:2		고유한 L 자료
3:3~4:30	마르 1:1~20에 나오는 내용을 섞어놓음	Q와 L을 활용
4:31~6:19	기본적으로 마르 1:21~3:19를 따라감	
6:20~8:3		Q와 L을 합침
6:4~9:50	기본적으로 마르 4:1~9:40을 따라감	
9:51~18:14		Q와 L을 합침
18:15~24:12	마르 10:13~16:8	수난을 그릴 때 L 자료를 삽입
24:12~50		고유한 L 자료

다른 고대 문헌처럼 복음서들이 10m나 되는 두루마리에 기록되었음을 고려하면 왜 이러한 반복이 나타나는지 더 잘 이해할 수 있다. 나는 책상까지 가서 앉으려면 연구를 할 때 간편하게 참조하기 위해 펼

쳐 둔 백 권도 넘는 책을 요리조리 피해 다니곤 한다. 하지만 고대 작가에게는 집필 작업을 할 때 자기 앞에 두루마리 하나 놓을 정도의 공간밖에 없었을 것이다. 기본적으로 마태오는 내내 마르코의 복음서를 따르며, 아마도 그의 책상 위에는 사본 하나가 펼쳐져 있었을 것이다. 예수를 이스라엘 선생으로 그리기 위해 마태오는 자신이 갖고 있던 위대한 설교 다섯 편 안에 있는 다른 자료들을 마르코의 내러티브에다 끼워 넣었다. 루가는 3장 3절~6장 19절, 8장 4절~9장 50절, 18장 15절~24장 12절을 기록할 때 책상 위에 마르코의 복음서를 펼쳐두었을 것이다. 그 외 부분을 작업할 때는 마르코의 복음서를 말아두고 Q와 자신이 가진 원자료들에서 모은 자료를 결합했던 것으로 보인다. 이러한 자신만의 특수 자료에는 그가 가난한 자, 여자, 이방인, 기도와 기쁨에 특별한 관심을 쏟고 있음이 나타나 있다. 루가는 마태오처럼 마르코의 것이 아닌 것들을 엮어 설교로 만들지는 않았다. 대신 그는 예수의 행적과 어록에 자기 나름의 설정이나 이야기(L)를 뒤섞어 마태오의 복음서와 공유하는 가르침(Q)과 연결한다. 루가가 그리는 예수는 말뿐 아니라 행동으로 가르치는 이다. 예수는 자신의 말을 그에 따른 행동으로 뒷받침한다. 소는 다른 무엇보다 일하는 동물이다.

구조에 주목해 보면 루가의 복음서는 지역의 이동을 반영하여 치밀하게 설계되어 있다. 마르코가 그리는 날뛰는 사자가 사방을 이리저리 질주하는 것과는 달리 루가가 그리는 소는 신중하게 자신의 목표를 향해 나아간다. 예루살렘과 성전을 배경으로 하는 여는 이야기(1:5~4:13)를 지나고 나면 독자들은 예수의 갈릴래아 활동(4:14~9:50)을 만나게 된다. 이 이야기는 예수가 "예루살렘에 가기로 마음을 굳혔다"는 신중한 표현으로 마무리 된다(9:51). 예루살렘을 향한 여정은 길지만 예수는 흔들림이 없다(9:51~19:27). 여기에서 루가는 자신의 자료(L)를 대폭 활용하며 예루살렘을 반복해서 언급한다(9:53, 13:22, 33~34, 17:11, 18:31, 19:11,28). 소가 향하는 곳은 틀림없이 예루살렘이다. 루가는 이 도시를 33회 언급하는데 이는 마태오와 마르코, 요한의 복음서에서 언급한 횟수를 합한 만큼 많은 숫자이다. 사도행전의 경우 이 도시는 60회 언급되는데 신약성서 나머지 부분에서는 14회 나타날 뿐이다. 그만큼 루가의 사유에서 예루살렘은 큰 비중을 차지한다. 소는 희생 제물이 되기 위해 예루살렘으로 간다. 루가만이 "예언자가 예루살렘이 아닌 다른 곳에서는 죽을 수 없기 때문"이라는 말을 언급한다(13:33). 의미심장하게도 부활한 예수는 제자들에게 "이 성에 머물러 있어라"(24:49)라고 가르치며, 그들은 다시 성전으로 돌아간다(24:53). 루가의 복음서에서 예수는 마태오의 복음서가 그랬듯 갈릴래아 산으로 돌아가라고 명령하지 않는다. 루가의 두 번째 책에서도 예루살렘은 교회가 온 세상과 로마를 향해 퍼져 나갈 근거지다(사도 1:8).

루가는 독자들에게 지역에 관한 정보뿐만 아니라 역사도 제공한다. 마르코가 날뛰는 사자에 관해 정보를 주는 데 인색하고 수수께끼를 남기는 반면, 루가는 예수를 그리며 상세한 연대를 제공한다(루가 2:1~2, 3:1~2). 최근 루가의 복음서 연구들은 예수가 '시간의 중심', 곧 모든 역사의 중심축이자 성취의 시간에 서 있음을 보여준다. 예수 이전에 유대교 성서 속 예언의 시대인 과거가 있고, 예수 이후에는 루가가 사도행전에서 서술할 교회의 시대, 미래가 있다. 루가의 복음서는 역사를 따라 세심하게 구성되어 있다. 루가는 복음서 초입에서는 의도적으로 구약의 느낌을 내며 끝에 가서는 예루살렘에 제자들이 모였다고 함으로써 교회의 시작을 알린다. 이는 그가 쓴 두 번째 책 사도행전으로 이어진다. 루가의 복음서에는 사건들이 흐름을 갖고 있다. 소는 흔들림 없이 전진해 나감으로써 자신을 알린다.

이러한 흐름을 자아냄으로써 루가는 하느님의 지식과 계획을 드러내는 구약성서의 소재와 암시를 활용해 그리스도인들이 이스라엘의 진정한 상속자임을 입증한다. "해야 한다"는 뜻을 지닌 낱말 '데이'δεῖ는 루가의 복음서에서 다른 복음서들을 합친 것만큼 많이 등장한다(2:49, 4:43, 9:22, 11:42, 13:14,16, 15:32, 19:5, 21:9, 22:7,37). 부활한 예수는 모든 예언과 구약성서를 성취하기 위해서 자신이 "그래야 했다"고 설명한다(24:26~27,44). 마르코의 복음서에서 예수가 정신이 없을 만큼 거침없는 행보를 보임으로써 모든 것의 임박한 종말로 나아가는 것과는 달리(마르 13:5~37), 루가가 그린 예수는 한결 신중하다. 루가가 보기에 "종말이 곧 오는 것은 아니다"(루가 21:9, 마르 13:7과 비교). 하느님 나라가 '당장' 나타나기를 기대하는 이들에게 루가의 예수는 먼 길을 떠나면서 자기 종들에게 각각 열 므나를 주며 그를 위해 쓰게 한 왕 비유를 들려준다(19:11~27). 여기서 이야기는 다급하기는커녕 세상을 긍정하는 태도를 보인다. 로마 제국은 (요한의 묵시록이 말하듯) 사탄이 이끄는 악이 아니다. 사도행전에서 복음이 퍼져나갈 때 로마는 그리스도인들을 보호한다. 요한과 예수의 탄생으로 이미 "해는 하늘 높이" 떠올랐다(1:78). 루가는 마르코와 마태오가 언급한 "하느님의 나라가 가까이 왔다"는 선언을 기록하지 않는다(마르 1:15, 마태 4:17). 대신 그는 "오늘"이 구원자가 나신 날이라고 말한다(루가 2:11). 예수는 "오늘" 주님의 은총을 선포하는 성경 말씀이 이루어졌다고(4:21), "오늘" 자캐오(삭개오)와 같은 세리에게 구원이 이르렀다고(19:9), "오늘" 참회하는 강도에게도 낙원이 허락된다고(23:43) 선포한다. 소의 발걸음은 느릴지 모른다. 하지만 그 발걸음은 분명하다. 시간과 공간이 바뀌어도, 지역을 옮기고 역사가 진행되어도 소의 발걸음에는 흔들림이 없다.

소, 무리, 이를 몰고 가는 자들 - 루가의 인물 설정

복음서에는 크게 세 부류의 등장인물, 곧 예수, 제자들, 당대 종교 지도자들이 나온다. 이 세 부류를 주인공으로 하는 세 이야기 가닥은 죽음과 부활이라는 공통의 절정을 향해 나아간다. 이제부터는 루가가 그린 소 예수와 그를 따르는 제자 무리, 그리고 이 무리를 돌보게 될 종교 지도자들에 대해 살펴보겠다.

예수

루가는 예수의 비천한 집안 배경, 출생, 소년 시절을 언급함으로써 그의 인간적인 모습을 강조한다. 자녀들이 어렸을 때 성장 일지에

아이들이 커가는 과정을 기록하는 일은 나와 아내의 기쁨이었다. 복음서 저자 중 루가만이 세례자 요한(1:80)과 아기 예수(2:40)가 어린 시절 어떻게 자랐는지를 기록한다.

예수는 지혜와 키가 자라고, 하느님과 사람에게 더욱 사랑을 받았다.

(2:52)

부모가 자신들의 아이를 미쳤다고 생각한다면 다른 사람들은 이 가족을 좋게 보지 않을 것이다. 루가는 예수의 가족이 그를 제지하려 했다는 언급을 빼버리고(마르 3:21. 마르코의 복음서의 경우에는 마르 3:19~35에 나온 베엘제불 논쟁과 연결되어 있다) 가족이 예수를 만나려 한 일화(루가 8:19~21)를 베엘제불 논쟁과 떨어뜨려 놓는다(루가 11:14~23). 마태오처럼 루가 역시 예수가 무언가를 모르고 있다는 마르코의 언급(마르 13:32, 15:34)을 빼고 예수가 인간적인 감정이 내비치는 구절도 제외한다(연민 - 마르 1:41, 루가 5:13, 화 - 마르 3:5, 루가 6:10, 분노 - 마르 10:14, 루가 18:16).

예수 활동의 첫 번째 부분을 다루며 루가는 계속해서 예수의 정체에 물음을 던진다. 안식일에 나자렛(4:22)과 가파르나움(4:36)에 있는 회당에 예배하러 온 사람들은 예수의 말에 놀라움을 금치 못한다. 율법학자들과 바리사이파 사람들(5:21), 세례자 요한(7:19), 제자들(8:25), 헤로데(9:9)도 예수의 정체에 관해 의문을 품는다. 예수가 제자들에게 자신이 누구냐고 묻자 베드로는 "하느님의 그리스도"라고 고백한다(9:18~22). 루가는 이 사건이 어디서 일어났는지 말하지 않으며 이 사건을 마태오의 복음서(루가는 베드로와 교회 이야기를 빼놓았다, 마태 16:17~19), 마르코의 복음서보다(루가는 베드로가 저항하고 예수가 꾸짖는 장면을 빼놓았다, 마르 8:32~33) 훨씬 짧게 언급한다. 마르코의 복음서에서는 이 사건이 전환의 중심인데 반해, 루가의 복음서에서 중요한 전환은 더 나중에, 예수가 예루살렘을 향하는 장면에서 일어난다(루가 9:51). 예수의 비밀이 드러나는 이 장면을 마르코의 복음서는 절정의 순간으로 그리지만, 루가는 그렇게 처리하지 않고 예수의 정체를 알리는 몇 가지 단서를 제시한다.

첫 번째 단서란 예수를 예언자로 보는 것이다. 루가의 복음서가 전하는 세례 장면은 예언자에게 기름 붓는 장면을 떠오르게 한다. 이 복음서에는 세례자 요한, 그리고 마태오의 복음서에 등장하는 의에 관한 대화가 빠져있는 반면 성령이 내려오며 예수에게 "너는 내 사랑하는 아들"이라고 하는 목소리가 들려온다(3:21~22). 마찬가지로 예수가 나자렛에서 배척당한 사건에서 루가는 엘리야와 엘리사를 언급하며 그가 예언자임을 암시하는 분위기를 강화한다(4:16~30). 나인이라는 동네에서 과부의 아들을 살린 사건은 엘리야가 행한 기적을 연상시킨다(7:11~17, 1열왕 17:17~24와 비교). 그뿐만 아니라 사람들은 예수를 "큰 예언자"라 부르고(7:16), 바리사이파 시몬도 그가 예언자가 아닐까 자문한다(7:39). 헤로데 주위에 있는 사람들뿐 아니라(9:8), 제자들도 사람들이 예수를 예언자라 생각한다고 말한다(9:19) 예수는 요나(11:29~32), 그리고 배척당하고 살해된 예언자들과 자신을 비교한다(11:47~52). 그는 자신을 나자렛의 "예언자"라 부르기도 하며(4:24), "예언자가 예루살렘이 아닌 다른 곳에서는 죽을 수 없다"(13:33)는 이유로 거룩한 도시를 향한 여정을 떠난다. 그렇기에 예수가 죽고 난 뒤 글레오파(글로바)라는 제자가 엠마오로 가는 길에서 그를 "행동과 말씀에 힘이 있는 예언자"라 부르는 것도 놀랄 일은 아니다(24:19). 또 다른 본문에서 예수는 바리사이파 사람들(5:21~24, 6:1~5), 제자들(6:20~22), 무리(7:24,34) 앞에서 자신을 가리켜 "사람의 아들"이라 부른다. 다른 복음서에서 그러하듯 이 표현은 예수의 정체를 드러내기보다는 예수가 행하는 활동을 주목하게 한다. 그는 고난을 받으며(7:34, 9:22,44) 심판의 때에 하느님께 신원을 받아 다시 올(9:26, 11:30, 18:8, 21:27) '사람'이다.

예수의 정체에 관한 물음에 루가가 내놓는 답은 그리스도론으로 가득하다. 먼저 천사가 "다윗의 동네에서 … 구주가 나셨으니, 그는 곧 그리스도 주님이시라"고 선언한다(2:11). 공관복음서 저자 중 루가는 유일하게 이 칭호를 사용한다. 그는 하느님을 "내 구주"(1:47)라 부르며 이후 동일한 말을 예수에게 돌린다(2:11). 예수는 사람들에게 그들의 믿음이 그들을 "구원했다"(7:50, 17:19, 18:42)고 말한다. 구원이 자캐오에게 이른 것은 "인자(사람의 아들)가 잃은 것을 찾아 구원하러"왔기 때문이다(19:9~10). 천사가 다윗의 동네를 언급하는 장면은 다윗의 계보에게 하느님께서 하신 약속을 생각나게 한다(2사무 7:8~16). 마리아는 예수가 "그의 조상 다윗의 왕위"를 받으리라는 말을 듣는다(루가 1:32~33). 시므온은 예수가 "주님께서 세우신 그리스도"(2:26)임을 알아보며 베드로는 "하느님의 그리스도"(9:20)라고 고백함으로써 이를 인정한다. 예수는 자칭 "그리스도 곧 왕"(23:2, 19:38, 23:35,37~39,42)이라 말한 혐의로 고발당하며, 부활한 후에는 자신을 두고 "그리스도가 마땅히 이런 고난을 겪고서, 자기 영광에 들어가야 하지 않겠습니까"(24:26)라 말한다.

취임 설교에서 예수는 이사야서를 인용한다. "주님께서 내게 기름을 부으셔서(문자상으로는 'christ-ed')..."(4:18) 다른 복음서 저자들이 예수를 퀴리에Κύριε라고 기술할 때 이는 단지 '~님', '주인님'처럼 경의를 표하는 말일 뿐이다. 그들은 예수의 생애 내내 그를 완전한 칭호로 부르지 않는다. 오직 루가만이 자신이 전개하는 내러티브에서 예수를 부를 때 '주님'이라는 명확한 용어를 사용한다. 먼저 이 말은 1~5장 내러티브에 나온 해설에서 하느님을 가리킬 때 14회 사용되며(1:6,9,11,58,66, 2:9,22,23상,23하,24,26,39, 3:4, 5:17), 이후에는 예수를 가리킬 때 14회 더 사용된다(7:13,19, 10:1,39,41, 11:39, 12:42, 13:15, 17:5,6, 18:6, 19:8, 22:61, 24:34). 하느님께서 그러하시듯 예수도 '주님'이다. 다른 복음서들이 부활 이후 인간 예수를 향해 신앙을 진술하는 것을 경계한다는 점을 고려하면 루가의 복음서에서 드러나는 이러한 면모는 루가 자신의 관점을 시사한다고 볼 수 있다. 천사가 선언하고(1:32,35) 하늘 목소리가 확인해 주었듯(3:22, 9:35) 예수는 '주님'이요 하느님의 아들이다. 귀신들도 이를 알고 있으며(4:34,41, 8:28) 법정에서 재판에 넘겨졌을 때 예수도 이를 인정한다(22:70).

소는 힘이 세고 우직한 동물이며 가축의 왕이다. 그러나 동시에 소는 희생 제물이기도 하다. 루가의 복음서에 마르코의 복음서와 같은 비밀은 없다. 세례자 요한은 예언자이고, 예수 또한 예언자가 지닌 많은 특징을 갖고 있다. 그러나 더 나아가 그는 다윗 가문의 메시아, 하느님의 아들, 구원자, 주님이다. 그는 이스라엘을 향해 참회하라고 외치지만, 루가에 따르면 그는 고향에서부터 배척받는다(4:16~30). 초자연적인 존재들은 예수의 정체가 하느님의 아들임을 분명하게 알고 있지만 인간들은 사뭇 다른 반응을 보인다. 어떤 이들은 그를 예언자라 생각하고 또 다른 사람들은 그를 거짓 메시아라고 한다. 제자들에게 예수는 그리스도 곧 주님이다. 시므온이 경고했듯 그는 "이스라엘 가운데 많은 사람을 넘어지게도 하고 일어서게도"하면서 분열을 일으킨다(2:34). 이제 이 이야기로 들어가야 한다.

소를 뒤따르는 무리

열왕기에서 엘리야는 엘리사가 열두 겨릿소를 뒤따르며 열두째 겨리를 끌고서 밭을 갈고 있는 모습을 발견한다(1열왕 19:19). 이처럼 루가는 소를 따라 밭을 가는 이들에게 관심을 둔다. 하지만 겨리는 열둘로 끝나지 않는다. 루가는 특정 집단으로서의 '제자들'에게 별다른 관심을 보이지 않는다(제자라는 말은 37회 나타나는데 이는 마태오나 요한의 복음서에서 사용한 횟수의 절반에 가깝다). 대신 루가는 예수를 만난 사람들의 반응에 주목한다. 루가는 즈가리야와 엘리사벳(1:5~80), 바리사이파 사람 시몬과 죄인인 여인(7:36~50), 자캐오(19:1~10) 같은 사람들 개인의 이름을 거론한다. 그는 이들의 현실적이고 구체적인 사정을 잘 알고 있다. 그는 예수와 함께 하는 큰 무리에 긍정적인 태도를 보인다(3:21, 11:29, 12:1, 23:5). 예수는 무리의 환영을 받을 만큼 유명했고(8:40), 무리는 예수가 한 일을 보고 기뻐하며(13:17) 그가 전하는 말에 귀 기울인다(19:48, 21:38). 복음서 저자 중 루가만이 유다가 "무리가 없을 때(혹은 그들 몰래, 22:6)" 예수를 배신해야 했다고 말한다. 루가의 복음서에서는 예수가 십자가를 짊어지고 갈 때도 큰 무리가 그를 따르며 가슴을 치고 통곡한다(23:27).

따라서 루가의 복음서에서 예수를 따르는 이들은 열둘을 훌쩍 넘어선다. 베드로를 포함한 제자들을 부르는 사건은 예수의 첫 설교(4:16~32, 42~44), 축귀와 치유 활동(4:33~41) 이후에 일어난다. 기적적으로 물고기를 잡았다는 루가만의 독특한 이야기는 베드로와 그의 동료들이 모든 것을 버리고 예수를 따른 이유를 설명해준다(5:1~11). 루가에게 제자란 이들을 넘어선 훨씬 광범위한 집단을 가리키며 예수는 이들 중 열두 '사도'를 택한다(6:13). 열두 사도는 선교 실습을 위해 파송되는데(9:1~6, 마태 10:1, 5와 비교), 이외에 70명(일부 사본에서는 72명)을 둘씩 짝지어 보냈다고 말하는 복음서 저자는 루가뿐이다(10:1~16). 여성 제자가 있다고 언급하는 이도 루가뿐이다. 막달라 여자 마리아(그녀에게서 일곱 귀신이 떨어져 나갔다고 언급한다), 헤로데의 청지기 쿠자(구사)의 아내 요안나, 수산나, 그 밖에도 제자들에게 금전적인 도움을 준 여자들을 루가는 언급한다(8:1~3). 루가만 언급한 마리아와 마르타(마르다) 이야기에서 마르타는 여자가 있어야 할 자리가 부엌이라는 전통적인 관점을 갖고 있다. 그의 발 앞에서 예수의 말을 듣던 마리아를 예수가 제자로 받아들인 것은 당시로써는 파격적인 일이었다(10:38~42).

　루가는 다른 복음서보다 열두 제자를 더 긍정적으로 그린다. 마르코는 제자들이 믿음이 없다고 말하며 마태오는 믿음이 적다고 말하지만, 루가가 같은 장면을 그릴 때 제자들은 예수를 향해 "우리에게 믿음을 더하여 주십시오"라고 간청한다(17:5, 마태 17:20와 비교). 루가는 마르코가 제자들을 비판하는 부분(예를 들면 마르 4:13과 루가 8:11을 비교), 제자들이 의문을 던지는 부분(마르 9:10, 루가 9:37)을 뺀다. 마태오의 경우 야고보와 요한이 하늘나라에서 좋은 자리를 달라고 요청할 때 이를 그들의 어머니가 주도한 것으로 서술하지만 루가는 교묘하게 침묵하며 이 장면을 제외한다(마르 10:35~45, 마태 20:20). 최측근 제자 세 사람이 예수의 변모 사건을 보고 정신을 차리지 못하고 허둥지둥할 때도 루가는 그들이 지쳤고 두려웠기 때문이라는 설명을 달아놓는다(루가 9:32~34). 겟쎄마니 동산 기사에서 루가는 베드로와 야고보, 요한을 따로 선별하지 않으며, 예수는 "모든" 제자가 "슬픔에 지쳐"(22:45) (마르코처럼 세 번이 아니라) "한 번" 잠든 일을 용서해 준다. "제자들은 모두 예수를 버리고 달아났다"는 마르코의 기록은 삭제되고(마르 14:50, 루가 22:53과 비교), 그 대신 "예수를 아는 사람들과 여자들"이 "다 멀찍이 서서" 십자가 처형을 지켜본다(루가 23:49). 물론 그가 모든 것을 긍정적으로만 그리지는 않는다. 제자들은 최후의 만찬을 나눌 때 겸손이 무엇인지 제대로 이해하지 못하고(22:24~27) 겟쎄마니 동산에서는 비폭력이 무엇인지 깨닫지 못한다(22:35~38,49~50).

예수는 부활한 이후에도 글레오파에게나(24:25~27,32), "위로부터 오는 능력"을 입기 전 다른 제자들에게(24:46~49) 많은 것을 설명해야 한다. 시몬 베드로는 (마르 1:16~18에서처럼) 별다른 동기도 없이 예수를 따르기보다는 자신의 장모가 치유되는 사건(루가 4:38~39)과 고기잡이 기적(5:1~11)을 목격하고 나서야 두려워하며 말한다. "주님, 나에게서 떠나 주십시오. 나는 죄인입니다."(5:8) 그럼에도 불구하고 예수는 그를 동역자로 삼고 열두 사도를 뽑을 때 베드로라는 이름을 가장 먼저 부른다(6:14). 다른 부분에서도 그는 대변인으로서 예수를 그리스도로 고백하고(9:20) 예수의 변모 사건에서는 초막을 짓겠다는, 자기가 무슨 말을 하는지도 모르는 말을 하며(9:33) 자신들이 모든 것을 버리고 예수를 따르기 위해 헌신하고 있음을 강조한다(18:28). 루가는 베드로가 수난 예고에 저항하자 예수에게 꾸짖음을 당하는 이야기를 뺀다(루가 9:22와 마르 8:32~33을 비교). 게쎄마니에서 베드로가 깨어있지 못할 때도 루가가 그리는 예수는 이를 나무라지 않는다(루가 22:40~46과 마르 14:33,37을 비교). 베드로가 주를 버리지 않겠다고 경솔하게 약속하는 장면(마르 14:29~31) 대신, 루가는 최후의 만찬 자리에서 예수가 베드로를 향해 그가 자신을 부인하리라고 예언하는 장면을 집어넣는다. 사탄이 그 뒤에 숨어 있지만, 예수는 베드로의 믿음이 무너지지 않기를 기도한다. 그가 다시 돌이켰을 때 그는 자신에게 주어진 "형제"를 굳세게 해야 하기 때문이다(루가 22:31~34). 루가는 훗날 베드로가 지도자가 된 사도행전에서도 그리스도인들을 가리키는 데 '형제'라는 말을 자주 사용한다(사도 1:15, 15:7,23 등). 베드로가 예수를 부인한 사건을 다룰 때도 그는 저주나 맹세를 뺀다(루가 22:60과 마르 14:71 을 비교). 그 대신 루가는 "주님께서 돌아서서 베드로를 똑바로 보셨 다. 베드로는 주님께서 자기에게 하신 그 말씀이 생각났다"(22:61)고 쓰며 이는 다른 복음서에는 나오지 않는 설명이다. 부활한 그리스도 가 베드로에게 나타났다고 이야기하는 복음서 저자도 루가 뿐이다 (24:34). 소는 긴 여정을 흔들림 없이, 천천히 걸어나간다. 소는 죽음 과 부활을 지나 베드로가 그 시작을 이끌게 될 사도들의 행전까지 나 아간다. 베드로, 스데파노(스데반), 바울로는 희생 제물인 소가 받은 재판과 고난을 반복할 것이다. 다시 한번, 이러한 방식으로 루가가 전하는 기사는 역사의 흐름에 깊이 들어와 있다.

종교 지도자

마르코가 그린 사자는 자연 세계와 갈등하며 초자연 세계와도 갈 등한다. 마태오가 그린 이스라엘의 선생은 이스라엘 지도자들에게 거부당했다. 그러나 루가는 복음서 이야기를 성전에 있던 즈가리야 라는 사제로 시작한다(1:5~23). 성전에 있던 독실한 예배자 시므온과 안나는 갓 태어난 구원자를 알아보며(2:22~38) 열두 살이 된 예수는 성 전에 있던 종교 지도자들과 처음으로 만난다. 그리고 그들은 예수를 보고 놀란다(2:41~51). 따라서 독자들은 루가의 복음서를 읽기 시작 할 때 성전과 종교 지도자에 관한 긍정적인 인상을 느끼게 된다. 물 론 마리아의 송가는 권력자들이 무너지리라고 경고하며(1:51~52) 시 므온은 "이스라엘 가운데 많은 사람"이 분열되리라고 예언한다(2:34).

예수가 갈릴래아에서 활동하는 동안(4:14~9:50), 그리고 예루살렘으로 가는 여정에서(9:51~19:27) 바리사이파 사람들은 빈번히 등장하여 예수와 전통과 율법을 두고 논쟁을 벌인다. 그들은 예수가 죄를 용서할 수 있는 권위를 갖고 있는지 의문을 품고(5:21~22, 7:49), 금식(5:33~39), 안식일에 한 활동과 치유(6:1~2,6~11, 13:14, 14:1~6), 정결 의식(11:38) 등을 걸고넘어진다. 바리사이파 사람들은 예수가 죄인들과 가까이한다는 것에도 불만을 토로한다(5:29~32, 7:39, 15:1~2). 열두 살 아이와 종교 지도자들 사이에서 촉발된 논쟁은 예수가 활동하는 내내 이어진다. 그러나 여기에 대립만 있는 것은 아니다. 바리사이파 사람들이 예수와 대등하게 토론하려고 그를 만찬에 초대한 일을 적은 복음서 저자는 루가뿐이다. 또한 루가는 바리사이파 사람 시몬과 예수가 함께한 만찬 이야기를 전하는데 이 자리에서 죄인인 한 여인이 예수에게 넘치는 사랑을 표현한 사건이 발생한다(7:36~50).

루가는 바리사이파 사람과 한 만찬 기사를 한 번 더 활용해 마태오의 복음서에서는 예수가 독설을 퍼붓는 장면으로 나타나는, 겉과 속의 깨끗함에 관한 Q의 교훈을 전한다(루가 11:37~44와 마태 23:6~7, 23, 25~27을 비교). 예수가 율법 교사, 율법학자, 바리사이파 사람들과 벌인 논쟁(11:45, 53, 12:1)을 기술할 때는 마태오의 복음서에 나온 설교를 많이 사용한다(루가 11:45~12:1을 마태 23:4, 29~31, 34~36, 13을 비교). 예수의 비판은 마태오의 복음서 23장처럼 단일 담화를 통해 나타나기보다는 대화 중에 일어난다. 바리사이파 사람들은 헤로데 당원들과 함께 음모를 획책하지 않고(마르 3:6) "헤로데 왕이 당신을 죽이고자 합니다"라고 경고한다(루가 13:31). 한 번 더 등장한 만찬에서 '안식일에 치유를 행해도 되는가'를 두고 벌어진 바리사이파 사람들과의 논쟁은 겸손에 관한 가르침에 더 무게를 둔다. 예수는 그들에게 큰 잔치와 제자됨에 관한 비유를 전한다(14:1~35). 이 모든 만찬에도 불구하고 예수는 죄인들과 함께한 식사를 변호하기 위해 바리사이파 사람들에게 잃어버린 양, 동전, 탕자 비유를 이야기해 주어야 한다(15:1~3). 루가는 이야기를 듣고 비웃는 그들을 "돈을 좋아하는" 사람들이라 부른다(16:14). 스스로 의로운 줄 알던 한 바리사이파 사람은 18장 9~14절에서 소개된 루가의 복음서에만 등장하는 비유에서 자기 죄를 참회한 세리와 대비를 이룬다. 예루살렘에 입성할 때 잠깐 등장해 군중이 보인 호응에 저항한 사건(19:39) 이후 바리사이파 사람들은 사도행전이 시작될 때까지 다시 등장하지도, 언급되지도 않는다.

예수가 성전에서 시위하고 거기서 "날마다" 가르친 탓에 처음으로 심각한 위기가 일어난다.

> 대사제들과 율법학자들과 백성의 지도자들이 예수를 없애버리려고 꾀하고 있었다. (19:45~47)

바리사이파 사람들과 만찬을 함께하며 생겨나는 갈등은 이제 없지만, 그 대신 희생제의 체제를 장악한 권력자들과 갈등이 발생한다. 이들은 우리에 머물러 있지 않을 소를 어떻게 다루어야 할지 아는 이들이다. 그들은 신중하게 움직인다. 평범한 백성은 모두 예수의 말을 열심히 들었기 때문이다(19:48). 예수가 성전에서 한 활동은 직접적인 도전으로 간주되었다. 대사제들, 율법학자들, 원로들은 예수의 권한에 물음을 던진다(20:1~8). 그들은 군중이 예수에게 불쾌감을 느끼게 만들고 그가 로마와 문제를 일으키게 하려고 애쓴다. 고양이와 쥐가 벌이는 것 같은 위험천만한 게임이 이어진다. 예수는 세례자 요한의 권한을 언급한 반문으로 응수한다. 복음서 저자 중 루가만이 그들이 "온 백성이 … 우리를 돌로 칠 것이다"(20:6)라며 겁을 먹었다고 이야기한다. 예수는 그들을 겨냥해 포도원 소작인 비유를 이야기하지만 그들은 군중이 두려워 아무것도 하지 못한다(20:9~19). 마르코와 마태오의 복음서에서 그러하듯 카이사르에게 바치는 세금(20:20~26)과 부활(20:27~40)에 관한 물음이 이어지지만, 질문을 던진 이들은 바리사이파 사람들과 헤로데 당원들이 아니라(마르 12:13, 마태 22:15~16) 대사제들과 율법학자들, 원로들이다(루가 20:1,19). 이 논쟁 이후 "그들은 감히 예수께 더 이상 질문을 하지 못하였다."(20:40)

앞서 루가의 복음서에만 나오는 독특한 비유인 착한 사마리아 사람 이야기와 결합해 언급한 가장 큰 계명에 관한 물음(10:25~37) 대신, 루가는 다윗의 자손에 관한 문제(20:41~44)와 율법학자들을 향한 맹렬한 비난(20:45~47, 마태 23장에서는 바리사이파 사람들을 향해 독설을 퍼붓는다)으로 이야기를 이어간다. 루가의 복음서에서는 종말론적인 가르침이 짤막하게 소개되는데, 여기서 예수는 성전 파괴를 예언하지만(21:5~36) 올리브 산이라는 언급은 생략되어 있다(마르 13:3, 마태 24:3). 갈등은 교착상태에 빠진다. 성전에서 예수는 이른 아침부터 그의 말을 들으려고 모여든 사람들을 날마다 가르치지만(21:37~38) 대사제들과 율법학자들은 "백성들을 두려워하여" 아무것도 할 수 없다(22:2). 오직 루가만 이 시점에 사탄을 개입시킨다. 사탄은 가리옷 사람 유다가 "무리가 없을 때" 예수를 배신하도록 유혹한다(22:3~6). 예수는 붙잡힌 뒤 대사제의 집으로 끌려가며(22:54), 거기서 대사제들과 원로들, 율법학자들은 그를 빌라도에게 데려간다(22:66~23:2). 오직 루가만 예수가 헤로데 앞에서 심문받고 조롱을 당했다고 전하지만(23:6~11), 결국 그와 빌라도는 모두 예수가 "사형을 받을 만한 일을 하나도 저지르지 않았"다고 선언하고 그를 놓아주자고 한다(23:12~16). 루가는 예수를 "맹렬하게" 고발하고(23:10), 빌라도의 판결을 듣고도(23:13) 강하게 저항해서 끝내 예수를 "그들의 뜻대로" 넘겨주게 만든(23:25) 이들이 대사제들과 율법학자들임을 강조한다.

따라서 갈릴래아-여정-예루살렘, 3부로 이루어진 지역 이동의 구조는 갈등을 루가의 이야기에서 필연적인 것으로 발전시킨다. 처음에 나오는 성전과 종교 지도자들에게 루가는 호의적인 태도를 보이고 있으며 이후 갈릴래아, 예루살렘을 향하는 와중에 만난 바리사이파 사람들도 만찬 주최자이자 토론 상대자로 대한다. 그러나 예수가 예루살렘에 도착한 뒤 만난 대사제들과 원로들은 예수의 죽음에 책임을 져야 할, 위험한 대적자들이다. 소 떼를 돌보는 지도자가 되는 길을 버린 그들은 소를 도살하는 법밖에 알지 못한다. 루가와 그가 속한 이방인 교회는 마태오의 복음서만큼 랍비 계열의 바리사이파와 논쟁하지 않는다. 사도행전에서도 바리사이파 사람들이 등장하는데 루가는 이들을 호의적으로 그린다. 가말리엘은 초기 그리스도인들을 변호하며 힘을 실어주고(사도 5:34) 일부 신자도 바리사이파다(15:5). 바울로도 자신이 바리사이파 출신이라는 배경을 활용한다(23:6~9, 26:5). 루가가 그린 예수, 짐을 짊어지고 가는 존재인 그에게 진정한 대적자는 성전을 장악해 여기서 나오는 힘을 가련하고 가난한 이들을 위해서가 아니라 자기 이익을 위해서만 휘두르는 부유한 권력자들이다. 그들은 분명 소를 도살하는 데 성공했다. 그러나 마리아의 송가가 예언했듯(1:52) 그들이 한 일은 도리어 권력자들을 무너뜨리고 비천한 이들을 높일 것이다. 이제부터는 이 부분을 좀 더 상세히 살피겠다.

무거운 짐을 진 사람들 - 소가 하는 활동

루가가 그린 예수 초상의 핵심은 예수가 나자렛에 있는 회당에 처음 방문한 사건에서 드러난다(4:16~30). 이 사건에 관한 루가의 이야기는 마르코와 마태오의 복음서에서는 훨씬 뒤에 등장하는 병행 기사들(마르 6:1~6, 마태 13:54~58)에 비해 세 배나 길다. 이 이야기는 이후 이어지는 예수 활동의 전조다. 루가는 "회개하여라, 하느님의 나라가 가까이 왔다"는 말(마르 1:15, 마태 4:17)을 전하는 대신 예수가 이사야의 예언을 성취하는 이임을, 곧 성령에게 기름 부음을 받아 가난한 사람에게 기쁜 소식을 전하고 포로 된 사람, 눈먼 사람, 억눌린 사람을 해방하는 이임을 보여준다(4:18~21). 그에게 예수는 소, 가난한 이와 어려움에 처한 모든 사람을 위해 짐을 짊어지고 가는 존재다. 사람들은 처음에는 시골 젊은이의 "은혜로운 말"에 감동하지만(4:22), 그것은 그가 엘리야가 이방 사람, 시돈에 살던 과부와 시리아 사람 나아만에게 한 일들을 언급하기 전이었다(4:26~27). 예수가 모든 사람이 짊어진 짐에 대한 관심, 온 세계를 향한 보편적인 구원에 대한 관심을 드러내자 회당에 모인 사람들은 분노하며 그를 내쫓는다. 그는 감동을 주는 젊은이일 뿐 아니라 "나아가" 죽음을 모면한 예언자이다. '포류오마이'πορεύομαι는 루가가 즐겨 쓰는 말 중 하나로, 루가의 복음서에서 예수는 외딴곳(4:42)과 동네(7:11)를 지나 예루살렘을 향해 (9:51,53, 13:33, 17:11, 19:28), 자신의 운명을 따라(2:22) "나아간다". 부활한 후 그는 제자들과 함께 엠마오로 "나아갈" 것이다(24:13,28). 루가의 복음서는 온 세상을 향한 구원의 여정이다. 소는 지방의 문제와 나라의 문제를 넘어서 이방인을 향해 나아간다. "주님의 은혜의 해"(4:19)를 선포함으로써 소는 가난한 사람, 포로 된 사람, 눈먼 사람, 억눌린 사람, 과부의 짐을 짊어지고 간다.

가난한 자와 부유한 자

앞서 말했듯 고대 세계에서 소는 부의 상징이었다(잠언 14:4). 잠언에서는 가난한 자들이 먹고 사는 채소와 사치의 상징인 기름진 소를 비교한다(15:17). 루가의 복음서는 종종 '가난한 자를 위한 복음서'gospel for the poor라 불린다. 그뿐만 아니라 루가는 부유한 자를 향한 경고를 많이 남겨 놓았다. "재산이 차고 넘치더라도, 사람의 생명은 거기에 달려 있지 않다"고 말하는 복음서 저자는 루가뿐이다. 또한 그가 실어둔 어리석은 부자 비유(12:13~21)는 "너희 소유를 팔라"는 예수의 가르침(12:22~34)에 힘을 실어준다. 예수가 "돈을 좋아하는" 바리사이파 사람들에게 들려준 부자와 나자로 비유 역시 루가의 복음서에만 등장하는 이야기인데 이 이야기는 부자가 이기심 때문에 벌을 받게 되었다고 말한다(16:19~31). 마르코와 마태오의 복음서에 등장한 젊은이는 그가 가진 "많은 소유"를 "팔라"는 말을 듣는데(마르 10:17~31, 마태 19:16~30), 루가의 복음서에서 그는 "큰 부자"이며 예수는 그에게 "네가 가진 것을 '다' 팔라"고 명령한다(루가 18:18~25). 자캐오도 루가의 복음서에만 나오는 인물이다. 그 또한 "부자"였지만(19:2) 젊은이와 달리(18:23) 예수의 말에 순종한다. 이에 예수는 말한다. "오늘 구원이 이 집에 이르렀다."(19:1~10)

이 이야기는 마리아의 송가에 나오는 힘 있는 자를 끌어내리고 부유한 자를 빈손으로 떠나보내리라는 내용을 성취한다. 엄청난 역전이 일어나는 가운데 다른 편에서 비천한 자는 높아지고 굶주린 자는 좋은 것으로 배부르게 된다(1:52~53). 예수가 복된 소식을 전하는 대상은 가난한 자이다(4:18, 7:22). 루가가 전하는 팔복 이야기에서 복을 받는 이는 가난한 사람과 굶주린 사람이며(6:20~21, 이와 달리 마태오는 "마음이 가난한 사람"과 "의에 주린 사람"에게 복이 있다고 전한다(마태 5:3,6), 이에 상응하는 화가 있으리라는 이야기는 루가의 복음서에만 나온다(6:24~26). 거지 나자로는 아브라함의 품에서 위로를 받는다(16:25). 루가의 복음서에서만 예수는 사람들에게 부유한 사람을 만찬에 초대하지 말고 "가난한 사람, 지체에 장애가 있는 사람, 다리 저는 사람, 눈먼 사람"을 초대하라고 말한다(14:12~14). 이어서 큰 잔치 비유가 곧바로 나오는데 여기서 "가난한 사람들과 지체에 장애가 있는 사람들과 눈먼 사람들"은 밭, 소, 아내를 소유한 부유한 사람들이 초대를 거부한 후에 초대된다(14:15~24, 마태 22:9~10에 나오는 "선한 사람이나 악한 사람이나" 다 받아들인 혼인 잔치 이야기와 대조하라).

잃어버린 자들과 받아들일 수 없는 자들

루가가 그리는 예수는 바리사이파 사람들과 저녁을 함께할 뿐 아니라 "죄인"과도 함께 식사한다(5:29~32, 15:1~2, 19:7). 루가는 "죄인"이라는 단어를 나머지 세 복음서에 나오는 것보다 더 많이 사용한다. 베드로는 예수를 만났을 때 자신을 죄인이라 부르지만(5:8), 다행히도 예수는 "죄인의 친구"다(7:34). 하늘에서는 의인 아흔아홉보다, 회개하는 죄인 한 사람을 두고 더 기뻐할 것이라고 말한 복음서 저자 역시 루가뿐이다.

자신이 한 첫 번째 선언문을 충실히 따라(4:18~19) 예수는 나병 환자들(5:12~16, 7:22, 17:11~19), 중풍 병자들(5:17~26, 7:22), 눈먼 사람들(7:21~22, 18:35~43), 세리들(5:27~30, 15:1~2, 19:1~10)과 어울려 지낸다. 당시 이 사람들은 사회에서 받아들이지 않던 부류였다. 식사할 때나 예배를 드릴 때 사람들은 불결해질까 봐 두려워 이들을 배척했다. 15장에서 독자들은 바리사이파 사람들의 비판에 대응해 예수의 행동을 정당화하는 잃어버린 것에 관한 세 개의 비유를 만나게 된다(15:1~32). 잃어버린 양 비유는 마태오의 복음서에도 등장하지만 마태오의 복음서에는 "(만일) 그가 그 양을 찾으면"(18:13)이라는 가정이 붙어 있다. 이와 달리 루가의 복음서는 "그가 찾았을 때" 잔치가 벌어진다(15:5)고 확정하여 말한다. 잃어버린 동전 비유(15:8~10)와 잃어버린 혹은 방탕한 아들(탕자) 비유(15:11~32)는 루가의 복음서에만 나온다. 특히 탕자 비유는 네 복음서에 나오는 비유 중 가장 긴 비유로 상세한 내러티브와 함께 인물묘사도 풍부하다. 루가가 시종일관 그렸던 부자와 가난한 자의 역전은 이 이야기에서도 이어져 황량했던 아버지의 마음이 기쁨을 얻고 죽음에 직면했던 작은아들이 생명을 얻는가 하면 행복을 누리던 큰아들이 시기심에 빠진다. 독자들은 이 이야기에서도 잔치가 벌어지는 장면을 목격한다. 아버지는 돌아온 작은아들을 위해 "살진 송아지"를 잡아 잔치를 연다.

여성

당시 여성은 앞서 소개한 이들과 마찬가지로 사회에서 대우받는 존재가 아니었다. 마르타는 여성이 남성의 시중을 들어야 했음을 알려준다(10:40). 루가의 복음서는 엘리사벳, 안나, 마리아의 이야기로 시작하는데 마리아는 다른 복음서에서 가끔 등장하는 반면(마르 3:31~35, 6:3, 마태 1:16~20, 2:11, 13:53), 루가는 열세 차례나 그 이름을 부른다(루가 1:27,30,34,38,39,41,46,56, 2:5,16,19,34, 사도 1:14). 2장 41~51절, 8장 19~21절, 11장 27~28절 역시 마리아와 관련이 있는 이야기다. 루가의 복음서에는 다른 복음서에 없는, 여성이 연루된 사건이 많다. 나인 성 과부(7:11~17), 향유를 부은 여인(7:36~50), 여성 제자들의 동행(8:2~3), 마리아가 예수 앞에 앉아 말씀을 듣고 칭찬을 받은 이야기(10:38~42), 무리 가운데서 소리 높여 외친 한 여인(11:27), 안식일에 병 고침을 받은 여인(13:10~17) 등 루가의 복음서에만 있는 이야기들이 그 예다. 이 이야기들 외에도 루가의 복음서에는 마르코의 복음서에 있던 베드로의 장모(4:38~39), 야이로의 딸과 하혈병 걸린 여인(8:41~56)에 관한 이야기 또한 등장한다. 여성은 루가가 전하는 비유에도 자주 출현하는데 주로 남성과 짝으로 등장할 때가 많다. 겨자씨를 뿌린 남자 다음에는 누룩을 가진 여자가 등장하고(13:18~21) 남자가 잃어버린 양은 여자가 잃어버린 동전과 짝을 이루며(15:3~10), 두 여자가 맷돌을 갈다가 하나는 마지막 때 가고 하나는 남게 되는 이야기는 두 남자가 잠을 자다가 하나는 가고 하나는 남는 이야기와 균형을 이룬다(17:34~35). 이렇듯 루가가 그리는 예수는 가르침을 전하면서도 포용적이다. 루가는 성전을 떠나지 않던 과부 예언자 안나(2:37), 시돈 과부(4:25~26), 나인 성 과부(7:17), 갖고 있던 것을 전부 바친 가난한 과부(21:1~4, 이 과부는 다른 복음서에도 등장하는 유일한 과부다. 마르 12:41~44)처럼 과부에게도 관심을 둔다. 루가의 복음서에만 나오는 비유에 등장하는 한 과부는 끈질긴 기도의 본을 보여준다(루가 18:1~8). 과부는 자신을 돌봐주는 사람이 없었기에 매우 취약한 부류에 속했다. 사도행전에서 루가는 이들이 초대 교회에서도 특별한 보살핌을 받는다고 기록한다(사도 6:1, 9:39~41).

유대인이 아닌 이들

짐을 짊어지고 가는 이는 유대인이 아닌 이들에게도 관심을 쏟는
다. 루가의 복음서에만 등장하는 착한 사마리아 사람의 비유를 보
라(10:29~37). 당시 사마리아 사람은 이스라엘 사람과 아시리아 사람
의 혼혈이라 하여 포로기 이래 유대인들이 꺼리는 종족이었다. 하지
만 이 비유에서 사마리아 사람이 진정한 이웃 사랑을 보여준 반면 사
제와 레위 사람은 이웃을 지나쳐 버린다. 이와 유사하게, 루가의 복
음서에만 나오는 한 이야기에서 나병 환자 열 사람 중 예수에게 돌아
와 낫게 해주어 감사하다고 한 유일한 사람 또한 사마리아 사람이다
(17:11~19). 온 세상을 향한, 보편적 구원에 대한 루가의 관심은 시므
온이 "이방 사람들에게는 계시"라고 찬미한 대목(2:32), 엘리야와 엘
리사가 비非유대인을 대상으로 활동했다는 대목(4:24~27)에서 이미 드
러난 바 있다. 야고보와 요한이 성미 급하게 사마리아 사람들에게 불
을 내리게 해 달라고 요구할 때 예수가 거절하는 장면을 그리는 것
도 루가뿐이다(9:51~56). 이스라엘 사람들에게서는 본 적 없는 믿음을
가진 백인대장(7:1~10, 마태 8:5~13과 비교), 귀신들린 게르게사(거라사)
사람(8:16~39, 마르 5:1~20과 비교), 니느웨 사람들과 남방 여왕 이야기
(11:29~32, 마태 12:38~42와 비교), 큰 잔치 비유(14:15~24, 마태 22:1~10과 비
교)와 포도원 소작인 비유(20:9~19, 마태 21:33~46과 비교)와 이에 관한 경
고 등 루가는 다른 복음서에 기록된 이방인 이야기들을 되풀이해 전
한다. 역사의 전개에 대한 루가의 관심은 그의 독특한 표현을 빌리면
"이방 사람들의 때"(21:24), 모든 민족을 향한 선교로 복음서를 끝맺는

다는 점(24:47)에서도 알 수 있다. 이 선교는 그가 쓴 두 번째 책에 있는 '책 버팀'의 골자가 된다(사도 1:8, 28:28).

고대 세계에서 소는 무거운 짐을 나르는, 어디에서나 없어서는 안 될 일꾼이었다. 루가는 예수를 짐을 짊어지고 가는 모든 이, 특히 그 짐을 나눌 만한 사람이 없던 가난한 자, 버림받은 자, 여성, 이방인 같은 이들에게 관심을 쏟는 이로 그린다. 소는 느릿느릿, 꾸준히 예루살렘을 향한 여정을 걷는다. 길을 가면 갈수록 소는 더 많은 짐을 짊어진다. 이를 감당할 힘을 그는 과연 어디서 얻는 것일까?

짐을 짊어지고 갈 힘 - 루가가 말하는 영성

소는 무거운 짐을 실어 나르며 빠르지는 않지만 참을성 있게 꾸준히 걷는 동물이다. 앞서 말했듯 유대인들은 이런 소를 종교적인 상징으로 활용하기도 했다. 소의 뿔은 하느님의 권능을 상징했고 소는 희생 제물로 사용되었다. 루가는 예수를 짐을 짊어지고 가는 이로 그린 복음서 저자이며 그렇기에 예수가 지닌 힘의 원천을 가장 분명하게 묘사한 저자이기도 하다.

기도

루가의 복음서는 성전에서 드린 기도로 시작해서(1:5~23) 제자들이 "하느님을 찬미하면서 날마다 성전에서 지냈다"는 말로 끝난다(24:53). 루가가 그린 예수는 그야말로 기도의 사람이다. 그는 일이 생길 때마다 기도하는 예수를 수차례에 걸쳐 강조한다. 세례를 받을 때

(3:21), 다른 사람들을 위해 활동한 후(5:16), 사도들을 뽑기 전(6:12), 베드로가 고백하기 직전(9:18), 변모하기 전(9:29), 제자들에게 주의 기도를 가르치기 전(11:1~3) 예수는 기도한다. 루가는 마르코의 복음서나 Q를 출처로 하는 자료에 매번 "그가 기도하고 있을 때"와 같은 구절을 덧붙였다. 물론 마르코의 복음서에서도 예수는 기도한다(마르 1:35, 14:32~42 등). 그러나 루가는 이러한 습관과 습관이 빚어내는 힘을 강조한다. 예수가 특별히 베드로를 위해, 그가 자신을 부인하고 다시 돌아오면 다른 사람들을 "굳세게" 하리라 기도했다고 말하는 모습을 언급한 저자는 루가뿐이다(22:31~32).

제자들은 예수가 기도의 모범을 보이는 모습을 보고 묻는다. "주님, 우리에게 기도를 가르쳐 주십시오." 이어서 루가가 전하는 주의 기도가 나온다(11:1~4). 한밤중에 친구를 만나는 비유(11:5~8), 집요하게 재판관에게 조르는 과부 비유(18:1~8)는 루가의 복음서에만 등장하며, 두 비유는 모두 포기하지 말고 계속해서 기도해야 한다는 것을 강조한다. 성전에서 기도한 바리사이파 사람과 세리 이야기도 루가의 복음서에만 나오는데, 이 이야기는 기도란 겸손하게 용서를 구하는 마음으로 해야 하는 것임을 독자들에게 일깨운다(18:9~14). 게쎄마니 동산에서 예수는 함께 기도해 달라고 제자들에게 부탁하는데(22:40) 이는 다른 복음서들에서 "내가 기도하는 동안에 너희는 여기에 앉아 있어라"라고 말한 것과는 대조적이다(마르 14:32, 마태 26:36). 사도행전에서도 루가는 기도를 끊임없이 언급하는데, 이는 이들이 기도에 관한 가르침을 잘 배웠음을 보여준다(사도 1:14,24, 2:42,

3:1, 4:23~31, 6:4,6, 10:9,30, 11:5,12, 13:3, 14:23, 16:13, 16:25, 20:36, 21:5, 22:17, 28:8 등). 마지막으로 루가는 자신의 복음서에 마리아, 즈가리야, 시므온의 노래, 즉 마리아 송가Magnificat(1:46~55), 즈가리야의 노래 Benedictus(1:68~79), 시므온의 노래Nunc Dimittis(2:29~32)를 남겼다. 이 노래들은 이후 교회에서 행하는 기도에 크게 기여했다.

성령

소는 가장 힘이 센 동물이다. 성령은 하느님의 권능(루가 24:49)으로, 루가가 그린 예수 그림에서 결정적인 역할을 한다. 루가는 자신의 복음서에서 이 말을 18회 언급하며 사도행전에서는 57회 언급하는데 이는 믿기 어려울 만큼 많은 회수다(마르코의 복음서에서는 6회, 마태오의 복음서에서는 12회 언급한 것과 비교해 보라). 독자들은 이 복음서를 읽는 와중에 중요한 부분이 시작될 때마다 등장하는 성령과 맞닥뜨리게 된다. 복음서 시작부터 성령은 마리아(1:35), 엘리사벳(1:41), 즈가리야(1:67), 요한(1:15, 80), 시므온(2:25, 26, 27)에게 임한다. 루가에 따르면 예수가 공적 활동을 시작할 때 성령이 세례를 받는 그에게 "형체로" 임하여 그를 광야로 인도하기도 하고(4:1) 나오게도 한다(4:14). 마치 누군가 소를 이끌고 가는 것처럼 말이다. 예수가 나자렛에서 한 선언은 "주님의 영이 내게 내리셨다"(4:18)는 말로 시작한다. 이와 유사하게, 예수가 예루살렘을 향해 여정을 떠나기로 했을 때도 독자들은 성령을 언급하는 일련의 구절들을 만난다(10:21, 11:13, 12:10,12).

예수는 철저하게 성령에 붙들린 사람일 뿐 아니라 성령으로 세례를 베푸는 사람이다(3:16). 구하고 찾으며 문을 두드리라는 Q 구절에서 마태오는 하느님께서 당신의 자녀들에게 "좋은 것"을 주시리라는 말로 마무리한다(마태 7:11). 반면 루가는 하늘에 계신 아버지께서 "구하는 사람에게 성령을 주시지" 않겠느냐고 말한다(11:13). 부활한 예수는 이 약속을 거듭 강조하며(24:49) 사도행전 곳곳에서 이 약속이 이루어진다(사도 2:1, 33을 보라). 사도행전은 성령이 예수의 영임을 분명하게 밝히는 책이기도 하다(사도 16:6~7). 마지막으로, 마태오와 마르코의 복음서에서 '표징과 기적'은 거짓 메시아들의 것이지만(마르 13:22, 마태 24:24), 루가의 복음서에서 기적은 하느님의 권능이라는 예수의 정체를 드러낸다. 베드로는 물고기를 낚게 된 기적을 통해 자기 죄를 고백하고 예수를 따른다(루가 5:1~11). 마태오의 복음서 11장 4절에서 세례자 요한이 예수의 정체를 물었을 때 예수는 자신이 행한 기적을 "말로" 설명하지만, 루가의 복음서에서 예수는 "행한다".

> 그 때에 예수께서는 질병과 고통과 악령으로 시달리는 사람을 많이 고쳐주시고, 또 눈먼 많은 사람을 볼 수 있게 해주셨다. (루가 7:21)

사도행전에서는 예수만 "하느님께서 기적과 놀라운 일과 표징으로 여러분에게 증명해 보이"지 않는다. "하느님께서는 그를 통하여 … 이 모든 일을" 행하시는데(사도 2:22), 이제는 (성령을 받은) 제자들도 기적과 표징을 자주 행한다(2:43, 4:30, 5:12, 6:8, 14:3, 15:12). 루가는 실로 강력한 힘을 지닌 소를 그린 셈이다.

기쁨과 찬미

언젠가 C.S.루이스는 말했다. "기쁨은 천국의 가장 중요한 업무다." 그러나 마르코의 복음서의 경우 마르코 특유의 고난과 어둠의 신학으로 인해 기쁨이 드러나지 않는다. 마르코가 기쁨과 즐거움을 뜻하는 '카라'χαρά를 사용할 때는 씨 뿌리는 사람 비유에서 말씀을 "곧 기쁘게" 받아들이지만 어려움이 닥치면 "곧" 시들어버리는 사람을 설명할 때뿐이다(마르 4:16~17). '기뻐하다'라는 뜻을 지닌 동사 '카이로'χαίρω는 대사제들이 유다가 예수를 배신하기로 했다는 말을 들었을 때 단 한 번 사용된다(14:11). 이처럼 마르코는 기쁨과 관련된 말을 긍정적으로 쓰지 않았다. 마태오도 기쁨을 언급하기는 하나(마태 2:10, 5:12, 13:44, 28:8 등) 이스라엘 민족에게서 분열되리라는 아픔과 쓰라림으로 인해 그 어감이 사라진다. 루가도 이런 아픔을 익히 알고 있으며 그렇기에 예수를 무거운 짐 진 자들이 겪는 고통으로 뛰어드는 이로 그린다. 그러나 동시에 그는 여러 차례에 걸쳐 세상의 눈에는 가난해 보이나 부자나 권력자가 놓쳐버린 기쁨을 누리는 이들을 그린다. 생물학 지식이 부족해서일지도 모르지만 내 눈에 소가 가장 즐겁게 뛰노는 동물로 보이지는 않는다. 하지만 루가가 그린 소, 예수는 기쁨에 젖어 있다.

내 평생 가장 기뻤던 경험을 꼽으라면 아이들이 태어났을 때일 것이다. 루가도 요한과 예수가 탄생했을 때의 엄청난 기쁨을 강조한다.

루가의 복음서에서 천사는 즈가리야에게 기쁨과 즐거움을, 그의 아들이 태어나 기뻐하리라고 약속한다(1:14, 1:58에서 이 약속이 이루어진다). 그의 아들 요한은 엘리사벳의 태중에서 기뻐 뛰논다(1:41,44 - '기뻐 뛰놀다'라는 뜻을 지닌 '스키르타오'σκιρτάω는 신약성서에서는 이곳과 루가 6:23에서만 나온다). 기쁨에 넘쳐 즈가리야(1:64,68)와 시므온(2:28), 안나(2:38)는 찬미한다. 마리아가 부른 찬미의 노래는 "내 마음이 내 구주 하느님을 좋아함(기뻐함)은"(1:47)으로 시작한다. 예수의 탄생은 "큰 기쁨이 될 소식"(2:10)이다. 이에 천사들과 목자들은 모두 "하느님을 찬미"('아이네오'αἰνέω는 복음서 저자 중 루가만 사용한다)한다(2:13,20).

이러한 기쁨은 예수와 그를 따르는 이들이 활동할 때도 만연하다. 70명(혹은 72명)의 제자는 선교 실습을 나갔다 "기쁨에 차서" 돌아온다(10:17). 예수 자신도 "성령으로 기쁨에 차서" 기도한다(10:21, 이 구절은 루가의 복음서에만 등장한다). 마태오의 복음서에서는 목자가 잃은 양을 '(만일) 찾는다면', 그는 "길을 잃지 않은 아흔아홉 마리 양보다 그 한 마리 양을 두고 더 기뻐할 것"이라고 말한다(18:13) 반면 루가의 복음서에서 목자는 그의 양을 찾았을 '때', 이웃 사람을 불러 잔치를 연다. "나와 함께 기뻐해 주십시오." 이와 유사하게 루가의 복음서에만 독특하게 등장하는 잃어버린 동전 비유(15:9)와 탕자 비유(15:24~25, 32) 같은 비유들도 떠들썩하게 기뻐함으로 이야기가 마무리된다. 하늘에서 누리는 기쁨을 강조한다는 점에서 루가는 C.S.루이스와 생각을 같이한다(15:7,10). 복음서의 끝에서 등장하는 또 하나의 전형적인 '책 버팀'도, 시작이 기쁨이었던 것처럼 기쁨으로 끝난다. 루가의 복음서에서 제자들은 예수가 예루살렘에 입성할 때 "기뻐하며 하느님을 찬미한다αἰνέω"(19:37). 부활한 예수와 처음 만났을 때 제자들은 "너무 기뻐서 믿지 못하고 놀라워하고" 있었지만(24:41), 이내 그들은 "하느님을 찬미하면서αἰνέω" 날마다 성전에서 지낸다(24:53). 모든 시련과 박해에도 불구하고 기쁨과 즐거움은 사도행전까지 이어지며(χαρά/χαίρω, 8:8, 12:14, 13:52, 15:3, 16:34) 찬미도 계속된다(αἰνέω, 2:47, 3:8~9). 아마도, 소는 우리가 생각했던 것보다 훨씬 더 기쁘고 즐겁게 뛰노는 동물인 듯하다.

우리를 구원하는 희생 제물 - 수난(루가 22:1~23:56)

마르코의 사자가 꽁꽁 묶인 채 재갈 물림을 당하고 마태오의 선생이 천사 대군을 부르기를 거부하듯, 루가가 전하는 수난 내러티브에서 예수는 수동적으로 변한다. 루가는 여기에 신적 필연성divine necessity이라는 이유를 붙인다. 루가의 복음서에는 "해야 한다"δεῖ는 표현이 일곱 차례 등장한다(9:22, 13:33, 17:25, 22:37, 24:7,26,44. 마르코의 복음서에서 8:31에서 단 한 번 나오는 것과는 대조적이다). 짐을 짊어지고 가는 이는 마지막까지 짐을 짊어지고 "가야 한다". 소는 반드시 예루살렘으로 가서 희생 제물이 되어야 한다.

마태오의 복음서가 마르코의 복음서의 모든 수난 기사를 담되 다른 분위기를 자아내는 반면, 루가가 전하는 기사는 세밀하게 살펴보면 둘과 다르다. 그는 여자가 예수의 머리에 기름을 부은 일(14:3~9, 그 대신 루가 7:36~50이 전하는 향유를 가지고 온 죄인 여자 이야기를 보라), 겟쎄마니 동산에서 예수가 극심한 슬픔에 잠겨 괴로워하나 제자들은 여러 번 잠든 일(마르 14:33~34,38하~42), 제자들이 달아난 일(마르 14:50~52), 재판을 받을 때 거짓 증언을 한 사람들과 대사제(마르 14:55~61), 예수의 침묵(마르 14:61, 15:4~5), 병사들과 지나가는 사람들의 조롱(마르 15:16~20, 29~30), 고독한 예수의 마지막 절규(마르 15:34~35), 빌라도가 놀란 일(마르 15:44) 등 많은 사건을 빼놓았다. 대신 루가는 자신의 원자료(L)에서 얻은 추가 자료를 기사에 넣어 이야기를 엮어낸다. 이는 아래에서 논의할 것이다(루가 22:15~16, 24~38, 43~44, 23:6~16, 27~31,34,39~43,46,49). 또한 루가의 복음서에서 다루는 어떤 사건들은 마르코, 마태오와는 다른 순서로 진행된다. 가령 예수는 성찬례를 제정한 후 유다가 배신하리라고(22:21~23), 또한 이어지는 저녁 식사 중에 베드로가 자신을 부인하리라고(22:33~34, 마르 14:29~31과 비교) 예언한다. 베드로가 부인하고 예수가 조롱을 당하는 장면은 심문을 받기 전에 나온다(22:66~71, 반면 마르 14:53~72에서는 심문을 받은 이후 일어난다). 이 모든 요소를 통해, 무거운 짐을 짊어지고 가는 소가 희생 제물이 되는 사건, 즉 수난은 루가가 제시한 다양한 구상과 주제(제자들, 기도, 여성, 버림받은 자에 관한 이야기)의 절정을 이룬다. 앞서 나는 루가가 그리스-로마 전기를 따라 자신의 복음서를 엮어냈으며 특히 서문과 탄생 이야기, 유년기 이야기를 그리스-로마식으로 서술했음을 강조한 바 있다. 이러한 일대기에서 영웅은 흔히 죽기 전 친구들과 함께 식사를 하고 '고별 연설'을 한다. 고별 연설을 할 때는 미래, 자신의 죽음과 이로 인해 자신의 친구들에게 닥칠

난관을 예언하고 덕을 행하라고 간곡하게 권고하기도 하며 후계자를 세우고 사칭하는 자를 주의하라고 당부하기도 한다. 마태오의 복음서는 예수의 위대한 담화에 전형적인 고별 연설 자료를 일부 수록했다(마태 18장, 23~25장). 루가는 예수가 벗들과 함께 식탁에 둘러앉는 것으로 시작해(루가 22:14), 성찬을 나누며 계속될 그들의 삶을 예비한다(22:15~20). 예수는 배신을 경고하며(22:21~23) 자신이 떠나면 어떻게 해야 할지를 두고 벌어진 논쟁에 종지부를 찍고(22:24~30) 다른 사람들을 굳세게 할 후계자로 베드로를 세운 뒤(22:31~34) 폭력을 경고한다(22:35~38). 이 고별 연설은 이 복음서에서 시종일관 그려왔듯 예수가 다른 사람들을 보살피고, 도와주며, 가르치는 이임을 보여준다. 사도행전에서도 루가는 바울로가 이와 동일한 주제들을 가지고 고별 연설을 한다고 기록한다(사도 20:17~35).

게쎄마니 동산에서 기도의 사람 예수는 모든 제자를 기도로 초대한다(22:40). 이때 루가는 제자들을 사뭇 긍정적으로 묘사하면서 마르코의 복음서가 베드로와 야고보, 요한에 관해 언급한 부분과 베드로를 책망하는 부분을 뺀다. 제자들은 "슬픔에 지쳐서" 딱 한 번 잠이 들었을 뿐(22:41~46), (마르 14:50에서처럼) 그를 저버리고 도망가지 않는다. 앞서 예수가 태어났을 때 천사들이 출현했듯(루가 1:26, 2:9~15) 다시 천사들이 나타나 그가 죽음을 마주할 수 있도록 도움으로써 균형을 이루는데, 이 장면은 예수의 인간적 고뇌를 강조하는 장치이기도 하다(22:43~44, 고대 사본 중 절반 정도에는 이 부분이 기록되어 있지 않아 주석가들은 이 구절의 진위에 대해 의견을 달리한다). 예수가 체포될 때 대사제의 종의 귀를 고쳐주었다고 기록한 저자는 루가뿐이다. 활동하는 내내 비천한 이들을 도와주었던 그는 이때도 돕기를 그치지 않는다 (22:51).

이어지는 내용에서 루가는 보다 광범위한 독자를 염두에 둔다. 이방인 독자를 위해 그는 다양한 심문 장면에서 예수가 결백함을 강조한다. 루가의 복음서에는 거짓 증인들도 없고 대사제가 예수에게 신성모독이라는 혐의를 씌우지도 않는다(22:66~71, 마르 14:55~64와 비교하라). 빌라도(세 차례, 23:4,13,22), 헤로데(23:15), 참회하는 강도(23:40), 백인대장까지(23:47) 모두 예수가 결백함을 선언한다. 이는 모두 루가의 복음서에만 나온다.

사도행전에서도 루가는 교회 지도자들의 결백을 강조한다(사도 4:14,21, 5:39, 16:37~39, 18:14~15, 22:25, 23:9, 26:31 등). 역사와 지리에 관심을 두고 있는 루가는 로마 제국과 사법 체계 덕분에 교회가 생존하고 성장할 수 있음을 알고 있었다. 또한 루가의 복음서를 읽는 이방인들은 예수가 십자가에서 처형되지만 그가 죄를 범하지 않았음을 이해했을 것이다.

루가가 그린 초상화에서 예수는 인간적인 죽음을 맞이한다. 그러나 그는 이때도 (마르 15:34에서처럼) 자기 자신을 염려하거나 자신이 버림받았다는 사실에 몰두하지 않고 언제나 마음을 쏟았던 비천한 자, 가난한 자, 여자들을 염려한다. 이 복음서에 이미 숱하게 등장했던 여자들이 십자가를 향해 나아가는 예수를 보며 처음으로 눈물을 흘린다. 이전에도 그들에게 관심을 쏟았던 것처럼, 예수는 이들에게 말한다.

> 예루살렘의 딸들아, 나를 위해 울지 말고, 너희와 너희 자녀를 위해
> 울어라. (루가 23:28)

텔레비전의 뉴스 보도만 보아도 쉽게 알 수 있듯 전쟁이 일어나고 도
시가 포위되면 가장 고통받는 이들은 여성과 어린이다. 자신의 운명
을 넘어서 예루살렘의 파멸을 내다본(23:27~31) 예수는 여성과 어린
이, 그다음으로는 평범한 사람들, 곧 권력자들의 명령을 이행하는 무
지한 목수들과 군인들에게 관심한다.

> 아버지, 저 사람들을 용서하여 주십시오. 저 사람들은 자기네가 무
> 슨 일을 하는지를 알지 못합니다. (23:34)

일부 고대 사본에는 빠져있으나 이 내용은 루가가 그린 예수상, 곧
죄인인 여자(7:47~50)처럼 버려진 사람들을 용서하는 예수의 모습에
부합한다. 이후 루가는 스데파노가 죽을 때에도 예수가 했던 말과 비
슷한 용서의 기도를 했다고 전한다(사도 7:60). 제자들도 예수의 모범
을 따른 것이다. 예수 곁에서 십자가에 달린 죄수를 용서한 일을 전
하는 복음서 저자는 루가 뿐이다. 다시 한번 예수는 사회에서 버림받
은 이들에게 관심을 쏟는다(23:39~43). 마지막으로 예수는 큰 소리로
울부짖지만, 그는 고독하게 버림받지 않았다. 이 순간에도 기도의 사

람은 다른 사람들을 위해 기도하며(23:34), 잠자리에서 어린아이가 시편을 낭송하듯 시편 구절을 되뇐다. "아버지, 내 영혼을 아버지 손에 맡깁니다."(23:46, 시편 31:5를 보라) 그는 죽음에 이른 순간까지 하느님을 신뢰한다.

루가의 복음서는 권력자들과 비천한 자들의 처지가 뒤집히리라는 마리아의 노래와(1:52~53) 이스라엘이 분열되리라는 시므온의 예언으로(2:34) 시작했다. 그리고 이렇게 끝난다. 처음에 백성들은 대사제들, 지도자들과 함께 "못 박으시오"를 외치지만(23:13,18), 이후에는 십자가까지 예수를 따라가며 심지어 여자들은 통곡한다(23:27). 그들은 아무 말 없이 "서서 바라보고 있었고"(23:35) 이후 "가슴을 치면서" 집으로 돌아간다(23:48). 지금껏 복음서에 숱한 찬미가 있었지만, 이제는 이방인 백인대장이 하느님을 찬미한다(23:47). 제자들은 예수를 저버리지 않았지만 여자들과 함께 "멀찍이" 서서 십자가를 지켜본다(23:49). 부유한 자들, 권력자들은 이 복음서에서 대적자다. 대사제들과 원로들은 예수를 죽음으로 내몰기 위해 모의했다(19:47~48, 20:19, 22:2,52,66, 글레오파가 24:20에서 한 말도 함께 보라). 루가의 복음서에서 예수를 조롱하는 이는 통치자와 군인들이지 오가는 사람들이 아니다(23:35~37). "이 자가 남을 구원하였으니... 자기나 구원하라"는 조롱에는 역설적인 측면이 있다(23:35,37,39). 이 복음서에서 이 구원자는(2:11,30) 시종일관 자신이 아니라 다른 사람에게 관심을 쏟았다. 그리고 죽음을 맞이하는 순간에도 짐을 짊어지고 가는 이는 여자들, 보잘것없는 병졸들, 십자가에 매달린 강도를 구원하려 애쓴다. 그는 타인

이 짊어진 짐을 대신 지고 그들의 죄 때문에 십자가에 매달린다. 이 것이 소가 언제나 짊어지고 가야 할 짐이었다.

그는 다시 나아간다 - 부활(루가 24:1~53)

한 이야기를 마무리하는 좋은 결말이 여러 갈래의 가닥을 한데 모 은다면, 가장 좋은 결말은 더 나아가 새로운 지평을 열어준다. 마르 코의 복음서는 빈 무덤을 그림으로써 예수가 부재한다는 수수께끼 와 같은 결말을 제시한다. 그런가 하면 마태오의 복음서는 초자연적 인 사건과 갈릴래아 어느 산 위에서 참 이스라엘에게 선교를 위임하 는 선생의 모습을 그림으로써 그때까지 제시한 주제들을 하나로 모 은다. 루가의 복음서에서 예수는 다시 한번 벗들과 함께 걷고 식사한 다. 그리고 제자들은 예루살렘에 머물며 성전에서 기도하고 찬미한 다. 우리는 루가의 서문을 서곡에 빗댄 바 있다. 이제 그는 차분한 마 지막 악장 종결부coda에서 서곡에서 제시했던 주제를 다시 등장시킨 다. 하지만 종종 블록버스터 영화들이 그러하듯 여기에는 흥미진진 한 속편도 등장한다.

빈 무덤 앞에 있던 여자들에 관한 루가의 이야기는 마르코의 복 음서처럼 수수께끼 같지도, 마태오의 복음서처럼 부산하지도 않다 (24:1~11). 의문도, 지진도 없이, 그들은 굴러나간 돌을 발견한다. 그 리고 "눈부신 옷을 입은 두 남자"(24:4)를 만난다. "눈부신 옷"이라는 말은 예수의 변모 사건 때 이미 언급된 바 있다. 변모 사건에서 두 사 람, 모세와 엘리야는 예수에게 그의 "떠남(탈출)"exodus이 예루살렘에서 이뤄질 것이라 말한다(9:29~31). 이제, 갈릴래아로 돌아가는 여정 대신 새로운 여정이 시작된다(마르 16:7, 마태 28:7과 비교하라). 지리에 관심이 많은 루가에게 갈릴래아로 돌아가는 것은 불가능한 일이다. 여자들은 "갈릴래아에 계실 때 (예수가) 하신 말씀", 곧 하느님의 뜻 아래 그가 고난을 받아야 하고 십자가에 처형되어야 하며 부활해야 한다는 말을 기억하라는 이야기를 듣는다(24:6). 이렇게 "...해야 한 다"δεῖ는, 신적 필연성을 가리키는 말이 세 번 등장함으로써(24:7,26,44) 세 번의 수난 예고(9:22,44, 18:31~33)가 성취된다. 마지막으로 루가는 무덤에 찾아온 사람들의 이름을 언급하는데, 이는 그들 중 갈릴래아 에서 예수를 부양하던 막달라 여자 마리아, 요안나가 포함되어 있기 때문이다(24:10, 8:1~3을 보라). 여자들의 비천한 처지를 잘 알고 있던 루가는 남자들이 이들이 하는 말을 "어처구니없는 말"로 듣고 믿지 않았음을 지적한다(24:11).

여자들 이야기에 이어서 루가가 전하는 부활 사건 중 중심 이야 기는 지금껏 등장한 적 없는 두 제자에게 일어난다. 이 대목을 통해 서도 독자들은 예수가 평범한 사람들에 대한 관심을 잃지 않음을 알 게 된다(24:13~35). 글레오파와 그의 동료(루가가 다른 곳에서 남성과 여 성을 짝으로 등장시켰던 것에 맞춰본다면 그의 아내일 수도 있다)는 여자들 이 전한 이야기를 믿지 않았던 것으로 보인다(24:22~24). 무거운 짐을 짊어진 이들에게 언제나 관심을 쏟는 예수는 그들이 슬퍼하고 있음 을 알아채고(24:17) 그들이 가는 여정(중요한 루가의 주제)을 함께하며 이 무거운 짐을 자신에게 내려놓도록 한다. 황당하지만, 그들은 예수에게 예수에 관한 모든 일을 말한다. 그리고 자신이 말할 차례가 되자 예수는 인내심 많은 소처럼 "모세와 모든 예언자에서부터 시작하여"(24:27) 일관된 관점으로 자기 이야기를 설명한다. 이제 역사 수업이 끝나고 지리 이야기로 넘어간다. 엠마오에 도착하자 예수는 더 먼 곳까지 가려 한다. 이 복음서에서 바리사이파 사람들, 제자들, 그리고 죄인들과 함께했듯, 그는 저녁 식사에 초대받고 거기서 "빵을 들어서 축복하시고, 떼어서 그들에게 주었다"(24:28~30). 최후의 만찬을 떠올리는 이 장면을 그냥 지나칠 수 있을 리 없다. 황당했던 상황은 예수가 사라짐과 함께 끝난다. 이제 남은 일은 오던 길을 되돌아 11km를 달려 예루살렘에 가서 다른 사람들에게 그들이 빵을 뗄 때 비로소 알아본 이가 예수였다는 소식을 전하는 것뿐이다(24:33,35).

이제 모든 이야기 갈래가 한데로 모인다. 빵을 나누다 사라졌던 예수가 다시 나타나 벗들과 물고기를 나누어 먹는다(24:41~42). 이 장면은 오래전 갈릴래아에서 제자들을 불렀던 첫 번째 고기잡이 기적을 연상케 한다(5:1~11). 이 만남에 제자들은 기쁨을 감추지 못한다(24:41). 다시 한번 신적 필연성, 하느님의 뜻 아래 이루어져야만 하는 일이 언급된다(24:44). 아득한 과거(모세와 예언자들, 24:44)와 최근 일어난 사건들(예수의 수난과 부활, 24:46)은 새로운 미래, 곧 "예루살렘에서부터 시작하여" "모든 민족에게" 나아갈 새로운 미래(24:47)를 위하여 하나로 모인다. 시간과 공간이 새로운 길을 향해 나아가기 시작한다. 온 세계를 위한 구세주, 그리스도 주님(2:11)은 이제 시므온이 노래했듯(2:32) 이방 사람들에게 주어지는 계시다. 그는 세례자 요한이 예언했듯(3:16) 성령의 능력을 부어준다(24:49). 복음서는 시작했을 때와 같은 방식으로 끝맺는다.

크게 기뻐하면서 예루살렘으로 돌아가 하느님을 찬미하면서 날마다 성전에서 지냈다. (24:52~53)

좋은 이야기는 그 자체로 종결되지 않으며 새로운 시작을 알린다. 루가의 복음서는 무거운 짐을 짊어지고 가는 이가 지금도 활동하고 있음을 보여주는, 속편을 위한 예고편이다. 성령은 예수의 영이며(사도 16:6~7), 그는 자신이 세운 사도들의 행전the Acts of Apostles 안에서, 그리고 이를 통하여 루가가 긴 안목으로 바라보고 있는 역사와 세계를 완성한다. 사도들은 예수의 영에 힘입어 가난한 자와 고통당하는 자를 위하여 그와 동일한 곳에서 동일한 활동을 해내며 이를 넘어선다. 그들은 치유하며 예수가 전하는, 온 세계를 구원하는 메시지를 전한다. 그들은 선포한다. "우리의 무거운 짐을 대신 짊어지고 가는 이가 있다!"

그림 7. 성 요한, 린디스파른 복음서, Folio 209b

05

높이 나는 독수리 – 요한이 그린 예수

독수리 파사이트와 과이히르 - 상징과 의미

마르코가 그린 예수가 C.S.루이스의 소설 속 사자 아슬란이라면, 요한이 그린 예수에 해당하는 인물도 나니아 연대기에서 찾을 수 있지 않을까. 독수리 파사이트Farsight는 높이 날고 넓은 곳까지 보기에 공중에서 원을 그리듯 한 바퀴 돌면 동쪽 끝에 있는 거대한 케어 패러벨Cair Paravel 성이 폐허로 변한 모습에서부터 티리안 왕King Tirian이 랜턴 웨이스트Lantern Waste에 숨어있는 모습에 이르기까지 나니아 전역을 볼 수 있다.[1] 루이스는 자신이 쓴 이야기에 등장하는 독수리에게 멋진 이름을 붙였다. 생물학자들에 따르면 독수리는 뇌 중 시각에 관여

---

[1] C.S.Lewis, *The Last Battle*, Puffin/Penguin, 1956, pp.83~85.

하는 부분의 비율이 사람보다 일곱 배나 크다고 한다. 루이스의 친구 J.R.R.톨킨J.R.R.Tolkien도 독수리의 시력에 관한 고대 전설을 소개한다.

안개산맥 독수리들의 왕은 깜빡이지도 않고 태양을 바라볼 수 있으며 달빛 아래서도 아득히 먼 땅에서 움직이는 토끼를 볼 수 있는 눈을 가졌다.[2]

피터 잭슨Peter Jackson은 자신이 감독한 영화 '반지의 제왕'The Lord of the Rings 시리즈에서 톨킨이 창조해낸 경이로운 생명체인 바람의 왕 과이히르Gwaihir the Windlord와 그를 따르는 거대한 독수리들을 영상으로 구현해 내고는 무척이나 뿌듯해했다고 한다. 어쩌면, 당연한 일이다. 영화를 본 사람이라면 누구나 이 웅대한 새들이 보여주는 위엄과 힘을 느꼈을 것이다. 톨킨이 쓴 다른 책에서 이 고결한 동물은 꼭 필요할 때 나타나 위기에 처한 영웅들을 구출해내는, 만물의 아버지 일루바타르Illuvatar의 섭리를 상징하는 존재이다.

이스라엘에서 연구할 때 나는 팔레스타인 사막에 나가 거대한 새들이 별다른 힘도 들이지 않은 채 하늘로 솟아올라 꼬리를 한 번 움직이는 것만으로 상승기류를 뚫고 나아가는 모습을 보곤 했다. 아시리아의 니니브Ninib나 니누르타Ninurta 신상에서 피라미드 위에 있던 날개 달린 동물에 이르기까지, 고대 문명이 독수리를 조류의 왕일 뿐

---

[2]   J.R.R.Tolkien, *The Hobbit*, Unwin, 1966, p.96. 『호빗』(씨앗을 뿌리는 사람)

아니라 신을 상징하는 동물로 여긴 것은 그리 놀랄 일이 아니다. 욥기에서 주님은 "폭풍 속에서" 욥에게 응답하시며 독수리가 하늘 높이 솟아올라 멀리 볼 줄 안다고 말씀하신다.

> 독수리가 하늘 높이 떠서 높은 곳에 보금자리를 만드는 것이 네 명령을 따른 것이냐? 독수리는 … 거기에서 먹이를 살핀다. 그의 눈은 멀리서도 먹이를 알아본다. (욥 39:27~29)

하느님은 진정한 '바람의 왕'이다. 그분은 때로 당신을 독수리에 비유하며, 시나이 산에서는 모세에게 이렇게 말씀하신다. "너희를 어떻게 독수리 날개에 태워 나에게로 데려왔는지 보지 않았느냐."(출애 19:4) 주님은 우리의 젊음을 "독수리처럼" 새롭게 하시기에(시편 103:5), 그분을 소망으로 삼는 사람은 "독수리가 날개를 치며 솟아오르듯 올라갈 것"(이사 40:31)이다. 독수리는 놀라우리만치 빠른 속도를 가리키는 은유로도 쓰인다(잠언 23:5, 예레 4:13, 애가 4:19, 하바 1:8). 또한 독수리는 육식을 하는 맹금(욥 9:26)이기에 파멸, 나아가 하느님의 심판을 상징하기도 한다(신명 28:49, 예레 48:40, 49:22). 잠언 기자는 이해할 수 없는 네 가지가 있다고 말하며 그중 하나로 "독수리가 하늘을 지나간 자리"를 꼽는다(잠언 30:18~19). 성 요한이 치솟아 날아오르는 모습을 이해하고자 할 때, 독자의 눈에 그 광채가 너무도 눈부셔 눈을 뜰 수 없을 때 저 말은 독자에게 위로가 될 것이다.

9세기 저술가 요하네스 스코투스 에리우게나 John Scotus Eriugena가 쓴

'성 요한의 복음서 서문에 관한 설교'Homily on the Prologue to the Gospel of St John는 설교문을 시작하는 단어들을 빌어 '독수리의 소리'The Voice of the Eagle라 불린다. 그는 독수리를 이용해 이 복음서 저자를 "빠르게 날며 하느님같이 보는 영적인 새"라고, 자신의 복음서 서문에서 환상을 통해 셋째 하늘에 갔다 온 바울로보다도 더 높이 솟아올라 삼위일체와 성육신의 신비를 드러내려 한다고 기술한다.[3] 이 책에서 복음서 저자의 상징은 곧 예수의 초상을 의미하기도 한다. 요한이 그린 예수는 독수리이며 이 복음서 저자는 독수리 발톱에 붙잡혀, 주님께 붙들려 하늘 높이 솟아오른 선견자visionary다. 다른 복음서 저자들이 교향곡이나 오페라의 작곡가라면 요한은 자기 음악에 완전히 빠져든 채 안간힘을 써서 관객에게 모든 주제를 들려주는 훌륭한 지휘자와 같다.

높이 날아 바라보는 전망 - 서문과 시작(요한 1:1~51)

맨 처음부터 시작하자. 시작하기 제일 좋은 건 맨 처음이 아니겠니.

(영화 '사운드 오브 뮤직'The Sound of Music 중 '도레미 송')

앞서 언급했듯 고대 '일대기'는 주인공의 출생이 아니라 그가 공적인 무대에 나타나는 장면을 그림으로써 시작하기도 했다. 마르코는 곧장 예수가 세례받는 장면부터 시작하며 마태오의 복음서는 예수

---

[3] John Scotus Eriugena, *Homily on the Prologue to the Gospel of St John*, 4~5장

의 탄생, 이방인 박사들이 그를 경배하기 위해 찾아온 사건이 공적인 의미를 갖는다고 제안한다. 루가는 시점을 더욱 앞당겨 탄생 이전의 일, 기적과 같은 엘리사벳의 임신, 세례자 요한의 출생으로 이야기를 시작함으로써 예수가 나아갈 길을 예비한다. 그러나 요한은 시간을 훌쩍 뛰어넘어 훨씬 더 과거까지 거슬러 올라간다. 그가 보기에 예수를 시간과 장소, 혹은 족보라는 인간적인 기원으로 설명하는 것만으로는 충분치 않다. 요한이 보기에 예수는 모든 시간 "이전부터" 존재하기 때문이다. 태초에 그는 하느님과 함께 있었다. 그는 하느님이다 (요한 1:1). 옛 전기 작가 디카이아르쿠스Dicaearchus는 『그리스의 일대기』 Life of Greece'라는 책을 쓴 바 있다. 이 표현을 빌려 말하자면 요한이 쓴 예수 이야기는 '우주의 일대기'Life of the Cosmos다. 코스모스κόσμος라는 말은 다른 복음서들에서 그리 많이 나오지 않지만 요한은 이 말을 자신의 복음서에서 거의 80회나 사용한다. 그가 그린 예수 초상은 우주적인 규모를 담고 있다.

다른 복음서에서 예수 이야기는 이스라엘 지역과 역사라는 수평적 차원에서 일어난다. 하지만 요한은 이 이야기를 수직적인 차원으로 끌고 간다. 요한에게 예수는 이 모든 것 위에, 그리고 이 모든 것을 넘어 존재한다. 예수의 자리는 "하느님과 함께"이며, 그의 시간은 모든 것이 시작되기 전이다. 요한은 그리스 철학과 동방 종교에서 이원론을 취해 '위에 있는' 세상과 '아래 있는' 세상을 구별하고 '영적인 것'과 '육적인 것'을 대비시킨다. 물론 예수는 위에서 세상으로 들어와 세상을 구원함으로써 이 이원론적인 구분을 깨뜨린다. 요한은 자신의 저작에서 빛과 어둠, 진리와 거짓, 생명과 죽음, 사랑과 증오, 믿음과 불신, 이 모든 것을 극명하게 대비시킨다. 뛰어난 지휘자가 그러하듯 그는 서두에 울려 퍼지는 팡파르를 통해 핵심 주제들을 알린다. "생명"life과 "빛"light이라는 말은 요한의 복음서에서 나머지 세 복음서를 합친 것보다도 두 배 자주 등장한다. 요한에 따르면 생명과 빛은 "그의 안에서"(1:4) 나타나야 한다. 또한 그는 '알다', '보다', '믿다'와 같은 동사를 자주 사용하며 요한의 복음서 서문부터 이 동사들이 쓰인다(1:10,12,14,18). '증언'witness이나 '증언하다'testify와 같은 주제도 계속 등장하는데 그 시작은 초반에 나오는 세례자 요한의 '증언'이다 (1:7~8). 서문의 절정에서 나오는 말인 '영광'과 '진리'는 이후에도 요한이 쓴 이야기에서 크게 울려 퍼진다(1:14,17).

통상 고대 전기는 주인공에 관한 두 질문, '그는 누구인가?', '그는 어디에서 왔는가?'라는 물음에 답하면서 시작한다. 요한의 경우에는 서문의 끝까지, 곧 예수가 모세보다 우월한 인물임이 드러날 때까지 예수라는 진짜 이름을 말하지 않는다(1:17). 대신 그는 유대교 문화와 그리스 문화에 속한 이들에게 강한 반향을 일으키는 한 칭호를 사용한다. 그 칭호란 말씀Logos이다. 하느님께서 천지를 창조하실 때 만물을 말씀만으로 존재하게 하신 순간부터("하느님이 말씀하시기를 "…가 생겨라" 하시니" 창세 1:3,6,9,11,14,20,24,26) 예언자들이 반복해서 하던 말 "주님의 말씀이 내게 임하시니"에 이르기까지, 구약성서에서 주님의 말씀은 살아 움직인다(이사 55:11). 한편 그리스 철학에서 로고스λόγος는 우주의 배후에 있는 논리적 이치logical rationality를 뜻했다. 위와 같은 부분에서 로고스가 남성적인 원리라 한다면 히브리인들은 여성적인 원리, 하느님의 지혜인 소피아가 하느님께서 천지를 창조하실 때 곁에 있었다고 생각하기도 했다(잠언 8:22~31, 신구약 중간기 지혜 문헌, 예를 들면 지혜 7:22~10:21도 참조하라). 요한은 이 모든 은유를 자신의 서문에서 한데 모은다. 그는 의도적으로 "모든 것이 그로 말미암아 창조"되는 때, 곧 "태초"라는 장엄한 말을 사용함으로써 독자들이 창세기 서두를 떠올리게 한다(1:1,3). 그가 전하는 예수 이야기는 창조와 재창조를 결합한다. 예수는 다름 아닌 하느님이며, 그는 태초부터 이때까지 하느님과 함께였다.

이것이 한 인간에 관한 전기적 초상의 서문이라는 점은 놀랍기 그지없다. 하느님의 말씀, 그 안에 빛과 생명이 있는 말씀(1:4)이 세상에 왔다(1:9). 요한의 서문은 시간과 공간을 뛰어넘어 하느님의 높이까지 솟아오른 후 느닷없이 급강하해 땅으로 내려와 "그 말씀이 육신이 되어 우리 가운데 사셨다"(1:14)고 주장한다. 이는 매우 비범한 주장이며 유대교 유일신 신앙에 비추어 봤을 때는 더더욱 그러하다. "우리 가운데 사셨다ἐσκήνωσεν(에스케노센)"는 말은 광야에서 이스라엘 민족과 함께 장막σκηνή(스케네)에 거하신 하느님(출애 25:8~9), 그리고 언젠가 하느님께서 다시금 시온에 장막을 두고 거하시기를 열망했던 예언자들(요엘 3:17, 즈가 2:10)을 떠오르게 한다. 그뿐만 아니라 중간기 지혜 문헌인 『시라크 아들의 지혜(집회서)』Wisdom of Ben Sirach에서 창조주는 여인인 지혜에게 야곱의 땅에 장막을 두라고 말씀하신다(집회 24:8~10). 하느님은 '쉐키나'שְׁכִינָה, 곧 그분 "영광"의 구름 안에서 모세에게 나타나셨다(출애 24:15이하). 하느님의 거룩한 독수리가 예수의 인격 안에 거하셨기에, 우리는 그분의 "영광", 곧 아버지께서 주신 외아들의 영광, 은총과 진리가 충만한 영광을 보았다(요 1:14하). 은총 χάρις(카리스)과 진리 ἀλήθεια(알레테이아)는 히브리어 '헤세드' חֶסֶד와 '에메트' אֱמֶת, 곧 하느님께서 끊임없이 주시는 은총 넘치는 사랑과 신실함을 나타낸다(출애 34:6 등). 유대인들이 경험했으며 지혜 문학에서 창조주 하느님에 관해 기록한 모든 것이 이제 예수에게서 나타난다고 요한은 말한다. "일찍이, 하느님을 본 사람은 아무도 없다." 그러나 이제 "외아들이신 하느님"인 예수를 통해 알려진다(1:18).

또한 서문은 이후 등장할 이야기의 윤곽을 보여준다. 예수를 통해 하느님은 "자기의 것"을, 곧 자신이 창조한 세상과 자신의 백성을 찾아오셨지만 그들은 하느님을 알아보지도, 맞아들이지도 않았다. 다만 예수를 맞아들이고 그를 믿은 사람들이 새로운 "하느님의 자녀"가 된다(1:10~13). 높으신 하느님에서 시작하고 그 규모가 우주적임에도 불구하고 복음서 이야기의 본질은 동일하다. 요한의 복음서 역시 예수가 어떠한 활동을 하는지, 유대교 지도자들은 그를 어떻게 배척하는지, 제자들이 어떻게 그를 맞아들이는지와 같은 문제들에 주된 관심을 쏟는다. 예수와 나머지 등장인물들이 벌이는 갈등은 빛과 어둠이 벌이는 우주적 갈등의 일부다. 그러나 어둠은 빛을 알지도, 물리치지도 못한다. 요한이 1장 5절에서 사용한 헬라어 '카텔라벤' κατέλαβεν은 '어둠이 빛을 굴복시키지 못했다'로 읽을 수도 있다. 그는 자신의 이야기를 풀어가는 동안 독자들이 지배하는 이가 누구인지 의심하도록 내버려 두지 않을 것이다.

이 갈등과 분리의 양상은 곧바로 드러난다. 다른 복음서처럼 요한은 광야에서 외치는 소리인 세례자 요한으로 본론을 시작한다. 그러나 여기에는 결정적인 차이가 있다. 요한은 예수가 세례를 받았다는 이야기를 기록하지 않는다. 다만 세례자의 발언을 통해 예수가 세례를 받았음이 암시적으로 드러날 뿐이다(1:29~33). 예수에게 직접 세례를 주는 대신(이는 예수가 그보다 우월함을 암시하는 것일 수 있다), 세례자 요한은 드러내놓고 "유대인들"과 바리사이파 사람들에게 증언한다(1:19,24). 곧 예수는 자신보다 우월한 분(1:27,30)이자 "하느님의 어린 양"(1:29,36)이며 "하느님의 아들"(1:34)이다. 심지어 그는 자기 제자들을 예수에게 보내며 그들은 예수를 따른다(1:36~37). "유대인들"은 예수에게 비판적인 물음을 던지지만(1:19~22,25), 몇몇 사람들은 "와서 보아라. … 나를 따라오너라"(1:39,43,46)라는 예수의 초대에 응답한다. 이 중에는 이미 베드로라는 새 이름을 얻은 시몬도 있다(1:42). 우주라는 높은 무대에서 쏜살같이 아래로 내려온 독수리는 신속하게 나아가 적은 무리를 자신의 날개로 품는다. 하지만 나머지 사람들은 그를 비판한다.

독수리가 하늘을 지나간 자리 - 요한이 전하는 이야기를 따라서, 문체와 구조
요한의 복음서와 공관복음서, 원자료와 배경

독수리가 하늘을 지나간 자리를 살피기란 어려운 일이다(잠언 30:19). 많은 독자가 교묘하기 그지없는 이 복음서 저자가 펼쳐내는

예상 밖의 이야기 전개와 전환, 그 내용의 높이와 깊이를 따라가려 할 때 잠언 저자가 하늘을 날아다니는 독수리를 보는 것과 같은 기분을 느낄 것이다. AD 2세기로 거슬러 올라가 알렉산드리아의 클레멘스는 요한이 공관복음서에 담긴 '육체적 사실'physical facts을 보완하는, 신학적 성찰로 가득한 '영적인 복음서'spiritual gospel를 썼다고 주장했다. 앞서 살펴보았듯 마르코와 마태오, 루가의 복음서에도 무수한 신학적 통찰이 담겨있지만 요한의 복음서는 또 다르다. 예수가 활동하고 뒤이어 권력자들과 갈등을 벌이고 수난으로 이어지는 기본적인 이야기, 일부 어록과 이야기, 사건에 있어서 요한의 복음서와 공관복음서에는 공통점이 있다. 그러나 요한은 다른 복음서들과는 상이한 문체로, 자신만의 주제와 어휘를 가지고 상이한 시간의 흐름을 따라 이야기를 풀어간다(예를 들어 성전 정화 사건은 마르 11장에서처럼 복음서의 끝부분이 아니라 시작 부분에서 일어난다. 요한 2장). 요한의 복음서에는 비유도, 축귀도 없다. 요한의 복음서에서 예수는 하느님 나라에 관한 간결하고 함축적인 이야기를 전하기보다는 많은 살이 붙은, 자기 자신에 관한 담화 형식으로 말한다. 현대 독자들도 사랑해 마지않는 많은 인물과 사건들, 이를테면 가나에서 벌어진 혼인 잔치(2:1~11), 니고데모(3:1~21), 사마리아 여자(4:1~42), 베짜타(베드자다) 못 가에 있던 병자(5:1~16), 실로암 못에 있던 눈먼 사람(9:1~41), 라자로(11:5~44)는 요한의 복음서에만 등장한다.

수 세기에 걸쳐 요한의 복음서를 해석한 이들은 그가 다른 복음서들을 알고 있었다고 전제하고 그의 복음서에 추가된 요소들을 요한의 신비적인 상상력의 산물로 돌렸다. 그러나 최근 반세기 많은 학자는 요한이 나머지 복음서에 의존하지 않았다고 본다(1장에 나오는 원자료 도표를 보라). 요한의 복음서는 흔히 '요한 공동체'Johannine Community라 불리는 요한의 교회에서 보존하고 발전시킨 예수에 관한 다른 전승들을 포함하고 있다. 학자들은 이 집단의 발전에 관하여 다양하고도 복잡한 이론들을 내놓았다. 다수의 학자가 이 복음서는 몇 개의 판본을 거쳐 최종 형태에 이르렀다고 생각한다. 그러나 최근 몇 년 동안은 본문을 '넘어서' 원저자, 원자료를 밝히고 가설에 근거해 요한 공동체를 재구성하는 데 초점을 맞추던 논의의 무게중심이 본문 '앞에 드러난' 문학적 사안을 다루는 쪽으로 이동했다. 이러한 접근 방식은 본문이 어떻게 형성되었는지와는 상관없이 지금 독자들이 보는 본문을 그대로 받아들이고 이 본문과 독자의 상호작용, 내러티브, 플롯, 이야기 전개, 인물과 갈등, 문체와 구조를 탐구한다. 이는 이 책에서 복음서 저자들이 그린 예수의 네 초상을 다룬 방식이기도 하다.

구조

요한의 복음서 전체 구조는 기본적으로 두 부분, 곧 예수의 활동과 그의 수난으로 이루어져 있다. 첫 번째 부분인 이른바 '표징의 책'The Book of Signs은 예수가 일으킨 기적들, 본문의 표현을 빌려 쓰면 "표징"(2:11, 4:54 등)을 중심으로 구성된다. 이 책은 세례자 요한의 증언에서 시작해(1:19 이하) 세례자 요한을 언급하고 예수가 보인 표징들을 요약하여 진술함으로써 마무리된다. 수난 이야기는 '영광의 책'The

Book of Glory이라 불리며 최후의 만찬부터(13:1) 마지막 결론까지에 해당한다(20:30~31). 표징의 책은 10장 42절에서 끝나는 것처럼 보이나 또 다른 표징, 곧 죽은 라자로가 일어나는 사건이 나오고(11장) 다시 한번 요약이 나온다(12:44~50). 이는 11장과 12장이 각각 절반을 이루는 두 책 사이에서 '간주곡' 역할을 하고 있음을 보여준다. 물론 이 두 장이 후대 편집 과정에서 삽입되었을 가능성도 있다. 이와 유사하게 요한의 복음서에서 절정은 20장 30~31절이며 여기서 저자는 자신의 목적을 드러낸다. 이후 나오는 구절들, 제자들이 기적처럼 많은 물고기를 낚고 부활한 그리스도와 함께 아침 식사를 나눈 일(21:1~23)과 또다시 등장한 결론적 요약(21:24~25)은 이 구절들이 일종의 부록 혹은 후대의 편집 결과임을 암시한다. 그러므로 요한의 복음서 전체 구조를 독수리처럼 그려볼 수 있다. 두 주요 부분은 날갯짓을 할 '날개'가 되며 중간에 있는 '간주곡'은 날씬한 몸통에 해당한다. 서문과 부록은

1:19~10:42
표징의 책

11:1~12:50
간주곡

13:1~20:31
영광의 책

1:1~18
서문

21:1~25
부록

그림 8. 요한의 복음서 구조

양쪽 날개 끝에 뻗어 있는 깃털이라 할 수 있다(그림 8을 보라).

서문과 간주곡, 부록이 후대의 편집이라고 단정할 수도 없고 아니라고 단정할 수도 없다. 다만 이 세 부분은 처음, 중간, 끝으로써 예수의 활동과 수난을 그린 두 핵심 부분을 감싸는 역할을 하고 있다.

시간

마르코에게 시제는 언제나 '지금'이다. 그렇기에 마르코의 복음서에서 예수가 활동하는 기간은 몇 주에 불과하다. 루가는 역사라는 더 넓은 흐름에 자기 이야기를 정초하지만 그의 복음서에서도 예수는 자신이 죽음을 맞이하는 날인 한 번의 과월절을 지키기 위해 예루살렘으로 떠난다. 이처럼 공관복음서는 모두 예수의 활동이 단 일 년 안쪽이었음을 암시한다. 흔히 사람들이 알고 있는 3년이라는 예수의 공적 활동 기간은 요한이 전한 기사에서 유래했다. 요한의 복음서에서 예수는 독실한 여느 유대인이 그러하듯 예루살렘에 수시로 간다. 적어도 그는 "세 번"의 과월절에 예루살렘을 찾았다. 가나에서 열린 혼인 잔치 이후 성전 정화 사건이 벌어졌을 때가 처음이고(2:13,23), 두 번째는 오천 명을 배불리 먹였을 즈음이다(6:4). 그리고 세 번째 방문은 수난 기사에서 내내 언급한다(11:55, 12:1, 13:1, 18:28,39, 19:14). 루가는 예수를 '시간의 중심' 곧 이스라엘의 과거 역사와 교회가 만들어 갈 미래 사이에 위치시켰다. 요한 또한 모세(1:17, 5:46, 6:32, 7:19~23), 야곱(4:12), 아브라함(8:32~58)을 언급하는 등 이스라엘의 역사를 되짚어 보고 미래에 있을 교회를 내다본다(17:20~21, 21:23~24). 그러나 우주적인 규모를 그리려는 요한은 루가보다 한 걸음 더 나아간다. 그에 따르면 예수는 시간이 존재하기 전, "태초"(1:1)부터 존재했으며 "마지막 날"(6:35~59, 11:24, 12:48)에 있을 시간의 끝까지 있을 것이다.

요한은 시간을 매우 중시한다. 그래서 요한의 복음서에는 '지금', '이미', '최근'과 같은 시간과 관련된 짤막한 낱말이 자주 등장한다. "내 때가 오지 않았다"(2:4, 7:30과 8:20도 보라)는 말을 전한 가나에서부터 이어지는 이야기의 목적지인 수난에 이르기까지(12:23,27, 13:1, 17:1) 그는 '날'과 '때'를 빈번하게 언급한다. 문학 비평가들은 이야기를 전하기 위한 시간인 '내러티브 시간'narrative time과 이야기가 펼쳐지는 시간인 '이야기 시간'story time을 구분한다. 요한이 전하는 이야기에서 '내러티브 시간'은 시간 이전의 '태초'부터 시작해 예수가 출현하기까지의 서문 열여덟 절을 날쌔게, 보이지 않을 정도로 신속하게 지나간다(1:1~18). 이후 시간은 속도를 늦춰 세 장 반에 걸쳐 두 과월절 사이 한 해를 지나간다(2:13~6:4). 이듬해는 더 느려져서 여섯 장을 차지한다(6:4~11:55). 마지막으로 시간은 한 번 더 느려져서, "과월절 엿새 전"(12:1)부터 과월절 다음날까지(20:1) 한 주를 아홉 장에 걸쳐 다룬다. 이는 마치 동영상을 보면서 앞부분은 빨리 감기로 대충 본 뒤 절정에 이르러서는 한 컷도 놓치지 않기 위해 느린 화면으로 보는 것과 같다. 저자는 이를 통해 무엇이 중요한지, 그 일이 일어나는 때가 언제인지를 분명하게 보여준다.

'이야기 시간'은 이따금 내러티브에서 '회상 장면'flashback으로 나타나며 안정적으로 순서를 따라 펼쳐진다. 7장 50절이 3장 2절에서 밤에 방문한 니고데모를, 19장 39절이 11장 49~52절에서 한 가야파의 예언을 다시 언급하는 것은 그 좋은 예다. 내러티브 해설자narrator와 청자, 혹은 독자는 알고 있지만 이야기에서는 아직 일어나지 않은 일인 '미래 장면'이 잠깐 등장할 때도 있다. "그때는 요한이 아직 옥에 갇히기 전이었다"(3:24)와 같은 문장은 그 대표적인 예다. 또 마리아는 "주님께 향유를 붓고, 자기의 머리털로 주님의 발을 씻은(과거 시제) 여자"(11:2)이지만, 이 행동은 이야기 시간에서는 12장 13절까지 여전히 이루어지지 않은 일이다. 몇 년이 지난 세 번째 시간에 이르러서야 사건은 해설자와 청자가 서 있는 시간과 만난다. 요한은 이야기 시간 이후 일어나는, 그러나 청자들의 시간보다는 앞서 일어난 일들을 미리 언급한다. 예수가 성전에 관해 말했을 때 훗날인 부활 후에 제자들이 이를 기억했다고 언급하며(2:22), 성령이 "아직 오지 않았다"고도 말한다(7:39). 마지막으로 예수에게 사랑받는 제자에 관한 소문은 "믿는 사람들(의 공동체) 사이에 퍼져"나갔다.(21:23) 독수리는 성령의 바람을 타고 치솟아 올랐다가 빠른 속도로 내려오는가 하면 앞을 향해 나아갔다 다시 되돌아온다. 독수리의 움직임은 종잡을 수 없다. 그렇기에 독자는 이 움직임에 주의를 기울여야 한다.

문체

저자는 성령이라는 바람에 올라타 오랜 시간 묵상하고 깊이 생각하면서 독특한 문체, 어휘, 사고방식을 발전시켰다. 중세에 이르기까지 문서에 구두점과 인용 부호는 존재하지 않았지만, 문체와 맥락을 살펴며 고대 사본을 보면 누가 무엇을 말하는지를 분명하게 알 수 있다. 그러나 요한의 복음서는 그렇지 않다. 심지어 이 복음서에서 가장 유명한 구절, "하느님께서 세상을 이처럼 사랑하셔서 외아들을 주셨으니, 이는 그를 믿는 사람마다 멸망하지 않고 영생을 얻게 하려는 것이다"(3:16)조차 누가 말한 것인지 분명치 않다. 일부 영역본은 이 구절을 예수에게 돌리고 이로써 예수의 대사는 3장 10절부터 21절까지 이어진다. 그러나 다른 번역본에서는 그의 대사가 15절에서 끝나고 16~21절은 해설자의 말이다. 이와 유사하게 3장 31~36절을 세례자 요한의 대사로 보느냐, 해설자의 해설로 보느냐에 따라 번역이 갈린다. 요한의 복음서에서는 모든 사람, 곧 내러티브 해설자나 등장인물이 모두 동일한 언어로 말한다. 게다가 어휘는 제한되어 있다. 사랑, 진리, 빛, 어둠, 생명, 세상, 보다, 바라보다, 알다, 믿다, 보내다, 머무르다, 때, 영광, 아버지, 아들 등의 열쇳말이 반복되고 또 반복된다. 요한이 사용하는 이 말들은 다른 복음서에는 잘 나오지 않는다. 좀 더 정확하게 말해 요한의 복음서에 나오는 이 말들은 요한의 복음서를 제외한 신약성서에 나오는 이 말들을 합친 것보다도 많이 나온다. 각 문장의 길이는 짧으며 사다리나 층계, 나선계단처럼 서로 의존한다. 요한은 때로 앞으로 등장할 내용과 지금을 연결하기도 하고 지금을 보완하기 위해 과거로 되돌아가기도 한다. 평행 구조를 이루되 정반대의 순서로 교차하는 구절들도 있다(이를 교차대구chiasm라 한다). 이러한 구절들은 동일한 주제로 시작해 끝맺음으로써 일종의 고리를 형성한다. 이러한 방식으로 요한은 일곱 개의 표징, 일곱 개의 담화, 일곱 개의 "나는 ... 이다"$_{I\,am...}$ 어록을 만들어냈다. 역사 속에서 신앙인들은 기도할 때, 묵상할 때, 혹은 다른 이들을 가르칠 때 이를 몇 번이고 심사숙고하며 읽었다.

층위

일정한 어휘를 반복해서 사용하는 쉬운 문체 덕분에 언뜻 요한이 전하는 이야기는 단순해 보인다. 하지만 묵상하고 숙고할수록 표면적인 내용과 그 안에 담긴 내용이 깊은 수준에서 단단하게 엮이게 된다. 사람들은 이 복음서를 두고 어린아이도 물장구칠 수 있지만 코끼리도 수영할 수 있는 연못이라 말하곤 했다. 요한의 복음서는 무언가에 막 눈을 떠서 그리스도교로 개종한 이들에게 손쉽게 권하는 책이기도 하지만, 수천 년 동안 그리스도교 신비주의자들이 기도하고 학자들이 논쟁을 벌이는 책이기도 하다. 이 복음서는 그만큼 다양한 수준에서 다양한 층위로 읽을 수 있다. 연구년을 보내며 이 책을 작업하는 동안 나는 밴쿠버 아일랜드$_{Vancouver\,Island}$에서 독수리 한 마리가 물고기를 사냥하는 모습을 보는 호사를 누린 적이 있다. 내 눈은 바다의 표면만 볼 뿐이었지만 물 '위'를 맴돌던 독수리는 수면 '아래'를 볼 수 있었다. 독수리는 물속으로 들어갔다가 수고의 대가로 발톱에 물고기를 거머쥐고 그 모습을 드러냈다.

한 이야기를 읽을 때 내러티브 시간, 이야기 시간, 그리고 내러티브 해설자가 속한 시간을 구분하듯 독자는 본문을 접했을 때 표면적인 내용, 본문이 전하는 이야기 속으로 들어가 의미를 따지는 수준,

그리고 본문 배후에 있는 저자와 만나 소통하는 더욱 깊은 수준을 발견할 수 있다. 저자는 독자를 끊임없이 인도하여 독수리의 관점으로 표면 밑을 보게, 그리고 물고기를 사냥하게 한다. 예수는 다른 사람들과 태어남(3:3), 물(4:7), 빵(6:25이하), 봄sight(9:1)과 같은, 그야말로 인간적이고 자연적인 것들에 관해 대화를 나누지만 상대는 그의 말을 이해하지 못하고 다시금 물음을 던지는 장면이 이어진다. 니고데모는 어머니의 뱃속에 다시 들어갈 수 없지 않냐며 되묻고(3:4), 사마리아 여자는 예수에게 물을 길을 두레박이 없지 않냐고 묻는다(4:11~12). 군중은 먹을 빵을 달라 하고(6:32~34) 어떻게 사람의 살을 먹을 수 있냐며 경악한다(6:52). 예수가 "땅의 일"이 가리키는 '영적 실재'를 꿰뚫어 보도록 초청하는 대상은 그들이지만(3:12), 좀 더 깊은 층위에서는 저자 요한이 독자에게 그와 같은 초대장을 건넨다고 볼 수도 있다. 바리사이파 사람들처럼 멀리 보지 못하고 높은 곳에서 볼 줄 모르는 이들은 눈이 먼 채 머물러 있다(9:40). 요한 내러티브의 핵심은 이러한 '오해'misunderstandings이다. 자연의 것인 빵과 물, 인간의 것인 태어남과 봄은 더 깊은 차원에 자리한 영적 실재를 가리키는 '상징'이다. 피상적인 오해는 턱을 들어 어딘가를 가리키거나 눈을 깜빡이며 신호를 보내는 행위처럼 요한이 멀리 볼 줄 아는 독자에게 신호를 보내 이 복음서에 담긴 역설을 제대로 볼 수 있게 하는 장치다. 그러나 내러티브에 등장하는 인물들은 예수의 말과 행동에 숨겨진 참뜻을 놓친다. 예수가 자신이 "들려 올라간다"(3:14, 8:28, 12:32)고 말했을 때 표면적으로 이 말은 무리가 영웅을 헹가래 쳐 올리듯 영광스럽게 높임 받음을 뜻한다. 그래서 무리는 그 말이 무엇을 뜻하는지를 묻는다 (12:34). 하지만 독자들은 이 역설적인 말이 처형틀, 곧 십자가에 자신이 들려 매달리게 됨을 가리키고 있음을 안다. 이러한 방식으로 요한이 드러내는 이중 역설double irony의 핵심은 예수가 영광을 받는 것은 (12:23) 바로 그의 수난(13:1)이라는 점이다. 표면적으로는 끔찍한 처형으로 보이는 이 사건이 실은 하느님의 아들이 영광을 받아 아버지께로 들어 올려지는 사건이다. 가야파는 무정하게도 한 사람이 "백성을 위하여 죽는" 것이 로마인들의 손에 모두가 멸망하는 것보다 낫다고 말한다(11:50, 18:14). 여기에 요한은 예수가 단지 그들 백성과 민족을 위해서가 아니라 하느님께서 하시는 일을 보고 그분의 자녀가 되는 모든 사람을 위해 죽는 것이라는 역설을 분명하게 보인다(11:51~52). 다시 한번, 요한은 독자들을 독수리와 함께 날아올라 멀리 내다보고 높은 데서 살피도록 초대한다. 이 모든 것은 복음서 저자와 그가 속한 공동체가 오랜 기간 신학적으로 고민한 문제와 묵상한 내용을 드러낸다. '독수리가 하늘을 지나간 자리'를 따르려면 집중해야 한다. 비행은 예상치 못한 방향으로 전개될 것이다. 때로는 그 방향 자체가 바뀔 것이다. 한 자리를 맴돌기도 할 것이며, 빠른 속도로 돌진하다 느닷없이 아무 움직임 없이 느릿하게 날기도 할 것이다. 저 하늘 위까지 올라가다 때로는 수면 아래 깊은 곳까지 내려갈 것이다. 독수리는 모든 차원과 층위에서 종횡무진일 것이다. 그리고 결국 이 모든 날갯짓, 모든 관심과 고민은 결국 한 가지 지점을 향해 나아갈 것이다. 그 지점이란 다름 아닌 예수라는 인물이다. 과연 예수는 누구인가? 그리고 그의 의도는 무엇인가?

독수리가 땅에 내려앉았다? - 예수의 인성

달에 첫발을 내디딘 우주비행사들은 달 착륙선에 '독수리'라는 별명을 붙였다. 달에 착륙해 그들이 교신한 첫 마디는 '독수리가 땅에 내려앉았다'였다. 이 말은 요한의 복음서 서문을 한마디로 요약한다. 하느님의 말씀이 우주 높은 곳을 떠나 우리 가운데 오셨다. 독수리가 땅에 내려앉은 것이다. 그 순간부터 예수는 죽 무대의 중심에 있다. 심지어 그가 없을 때도 무대에 선 사람들은 예수가 누구인지, 예수를 어떻게 대해야 할지를 논한다(1:19~28, 3:25~26, 7:45~52, 10:19~21, 11:45~53, 55~57, 12:9~11, 20:24~25). 그는 거의 모든 내러티브의 주인공이자 거의 모든 담화의 발화자로서 본문을 지배한다. 그는 중심인물이다. 그럼에도 독자들은 주의해야 한다. 현대 문학 비평에서 인물설정characterization 분석은, 특히 내러티브 연구에서는 결정적으로 중요하다. 저자는 '평면적인' 인물은 희화화하거나 정형화하여 처리하지만, '입체적인' 인물은 현대 전기 문학에서는 심리 분석을 통해, 현대소설에서는 인물 내면에 자리한 감정을 세심하게 해설하곤 한다. 그러나 그리스-로마 전기 문학 등 모든 고대 내러티브에서는 보통 저자가 주인공을 묘사할 때 그의 위대한 행적이나 말을 기술하는 등 '간접적인' 수단을 활용했다. 고대인들은 인물의 심리나 성격보다는 품성에 관심을 기울였으며, 입체적인 개별 인물보다는 유형과 전형에 더 관심이 많았다. 복음서에서 저자는 예수라는 인물을 직접 분석하지 않는다. 복음서 저자는 내러티브 해설자가 되어 그가 한 위대한 행위, 그가 남긴 말, 기적과 가르침을 읊어주는 방식으로 예수라는 인물을 묘사한다. 서문에서 숭고함과 지고함을 이야기하고 난 요한은 예수의 인간으로서의 삶, 활동, 죽음을 서술할 때 곤란을 느꼈을 것이다. 정말 독수리는 땅에 내려왔을까?

마르코는 예수가 행한 기적들을 언급하며 그를 행동하는 맹수로 그린다. 마태오는 긴 설교 다섯 편을 통해 선생 예수를 그린다. 요한은 '말'과 '행동'을 엮어 자신이 쓴 복음서의 첫 번째 큰 '날개'로 삼는다. 그는 기적을 '표징'σημεῖα(세메이아)이라 부르는데 이는 장황한 담화들로 이어진다. 요한의 복음서는 표징을 예수가 느끼는 연민을 보여주려는 목적으로 사용하지 않는다. 그렇다고 표징을 숨기려 하는 것도 아니다. 첫 번째 표징, 곧 가나에서 물을 포도주로 만든 사건은 예수의 "영광을 드러냈고, 그의 제자들은 그를 믿게" 한다(2:11). 두 번째 표징은 관리와 (예수를 통해 병이 나은) 그의 아들뿐만 아니라 "온 집안"을 믿게 한다(4:53). 세례자 요한은 표징을 행하지 않았으나 많은 사람이 예수를 믿었다는 말로 표징의 책은 끝난다(10:41~42). 저자는 예수가 한 "많은 다른 표징" 중 이러한 표징들을 골라 독자가 "예수가 그리스도요 하느님의 아들이심을 믿게" 한다(20:30~31). 사람들은 예수를 선생님 혹은 랍비라고 부르지만(1:38,49, 13:13) 예수가 전하는 가르침은 하느님 나라가 아니라 자기 자신에 관한 것이다. 요한은 층위, 오해, 상징 등 자신이 뽐낼 수 있는 모든 문학적 기교를 발휘해 이를 드러내려 한다. 그리하여 많은 사람을 먹인 사건은 빵으로 굶주림을 해결했다는 표면적인 층위를 넘어 만나와 모세 이야기를 거쳐 예수의 정체까지 파고 내려간다.

> 우리는, 선생님이 하느님의 거룩한 분이심을 믿고, 또 알았습니다.
>
> (6:69)

눈먼 사람을 고친 사건은 전형적인 요한의 문체로 기록되어 있으며, 여기서 예수는 표면적인 층위에서 '육체적' 시력을 회복한 사람이 있는가 하면 더 깊은 차원에서 '영적'으로 눈이 멀어 믿음의 눈을 잃어버린 이들이 있다는 상이한 평가를 내린다. 이 사건을 본 바리사이파 사람들은 예수가 "죄가 있는 사람"이지 "하느님에게서 온 사람이 아니"라고 굳게 믿게 되는데(9:16,24) 이러한 생각은 역설적으로 그들을 눈먼 사람 되게 한다(9:39~41). 이들과 대조적으로 눈먼 사람은 육체적 시력을 회복할 뿐 아니라(9:7) 새로운 눈을 달라고 간구하고 결국 믿음에 이른다(9:36~38). 예수가 라자로를 살려 아버지 하느님과 하느님 아들인 자신의 영광을 드러낸 사건을 보자(11:4). 11장 11~13절에는 잠자는 것과 죽은 것을 혼동하게 하는, 상징과 오해를 활용한 전형적인 요한의 문체가 등장한다. 마르타는 그녀의 오라버니가 살아나리라는 예수의 단언을 오해하고는 "마지막 날" 살아나리라고 답한다. 그러나 이내 그녀는 예수가 "그리스도이시며, 하느님의 아들이심을"(11:27) 믿고, 예수는 하느님께 기도에 응답하시고 라자로를 살리셔서 무리가 믿도록 해달라고 요청한다(11:41~2). 그리고 당연한 이야기이지만 라자로가 무덤에서 일어나 나오자 무리는 예수를 믿게 된다(11:45). 이 이야기는 유대교 지도자들이 생명을 주는 이를 죽이려 모의한다는, 복음서에서는 익숙하게 등장하는 반전으로 마무리된다.

이렇듯 요한은 표징과 담화를 엮어 간접적으로 예수라는 인물 설정을 드러낸다. 요한은 "나는 …" "생명의 빵"(6:35,41,51), "세상의 빛"(8:12, 9:5), "부활이요 생명"(11:25)이라고 직접 언급함으로써 상징을 엮어낸다. 여기에 "양이 드나드는 문"(10:7,9), "선한 목자"(10:11,14), "길이요, 진리요, 생명"(14:6), "참 포도나무"(15:1, 5)까지 더하면 꼭 일곱이 된다. 이러한 "나는… 이다" 어록은 예수의 정체를 가리키는 상징으로만 기능하는 것이 아니다. 독자들이 표면 아래를 주목한다면 모든 어록에 넘쳐나는 유대교적 배경을 발견할 수 있다. 빵과 빛은 율법과 지혜에 대한 은유이고(집회 15:3, 시편 119:105), 포도나무는 이스라엘을 상징한다(이사 5:1~10, 예레 2:21, 호세 10:1). 또 양과 목자는 백성과 그들의 지도자들을 뜻한다(시편 100:3, 에제 34장). 구약성서를 떠올리는 은유를 예수에게 돌림으로써 요한은 그가 이스라엘 신앙과 역사의 정점임을 암시한다. 게다가 "나는 …이다"라는 말은 하느님께서 모세에게 계시하신 당신의 이름으로(출애 3:14, 'I am who I am'), 이사야도 자주 사용한 표현이다(이사 43:10,13,25). 그러니 예수가 "아브라함이 태어나기 전(부터) 내가 있다I am"고 말했을 때 사람들은 신성모독으로 여기고 돌을 들어 그를 치려 했다(8:58~59).

요한은 더욱 직접적인 정보를 칭호를 활용해 제시한다. 처음에 사람들은 세례자 요한이 '그리스도'라 추측하는데 이 칭호는 자연스럽게 예수에게로 옮겨간다(1:20~41, 3:28~30). 사마리아 사람들은 예수가 그리스도임을 알아차리며(4:25~26,29,42), 나아가 유대인들도 그렇게 추측하게 된다(7:26~27,31,41~42, 10:24). 이는 위험한 일이다. 예수를 메시아라고 고백하는 사람은 누구든지 "회당에서 쫓"아냈기 때문이다(9:22, 12:42). 하지만 마르타는 자기 믿음을 입에 올리기를 두려워하지 않는다(11:27). 요한의 복음서의 목적은 한 마디로 "예수가 그리스도요, 하느님의 아들이심을" 믿게 하려는 데 있다. 그 믿음이 생명을 주기 때문이다(20:30~31, 17:3). 마르코의 복음서는 8회, 루가의 복음서는 10회, 그리고 마태오의 복음서는 15회, 예수를 '하느님의 아들', 혹은 '아들'이라고 부르지만 요한은 이 용어를 25회나 사용한다. 그리고 이와 더불어 하느님은 약 100회가량 '아버지'로 불린다. 내러티브 해설자만 예수를 아들이라 부르는 것이 아니다(1:14,18, 3:16~18, 35~36, 20:30~31). 유대인들과 논쟁할 때나 이야기를 나눌 때 예수 자신도 이 말을 기꺼이 자신을 가리키는 데 쓴다(5:19~26, 6:40, 8:36, 10:36, 11:4, 14:13, 17:1). 유대인들은 "그는 마땅히 죽어야 합니다. 그가 자기를 가리켜서 하느님의 아들이라고 하였기 때문입니다"라고 빌라도에게 항의한다(19:7). 한술 더 떠서 예수는 말한다.

나와 아버지는 하나이다. (10:30)

요한의 그림은 서문에서 높이 날며 내려다보는 관점에서 시작했다. 내러티브가 진행되는 동안에도 예수는 이러한 인식을 잃지 않는다. 그는 자신이 하느님과 함께 선재했음을 pre-existence 알고 있다 (6:38,62, 17:5). 그는 자신을 세상에 보낸 이가 누구인지, 자신을 보낸 이유가 무엇인지도 알고 있다(6:39), 자신의 때가 아직 오지 않았는지 (2:4), 그 때는 언제 오는지(12:23, 13:1, 17:1), 사람에게 가진 것이 다 떨어졌을 때 할 일이 무엇인지를 알고 있으며(6:6), 어디에서 왔고 어디로 가는지(7:33, 8:14, 21, 13:3), 어떻게 갈 것인지(12:32~33)를 알고 있다. 창세 전 아버지와 함께 누리던 영광 안에서 자신과 함께할 모든 사람이 만나는 마지막 운명까지(17:5, 24, 20:17) 그는 알고 있다. 그는 모든 것을 완벽하게 알고 있다. 그는 이토록 높이 날며 모든 것을 내려다본다.

그렇다면 이 높이 날며 멀리 보는 독수리는 정말로 땅에 내려앉을까? 다시 말해, 요한이 그린 예수는 참 인간인가, 아니면 땅에서 한 뼘쯤 '떠서' 맴돌고 있을까? 앞서 언급한, 인물 설정에서 드러나는 고대와 현대의 차이를 떠올려보라. 오늘날 관점에서 예수는 입체적인 인물은 아니다. 그러나 하느님과 같은 앎에도 불구하고 요한이 그리는 예수는 피곤과 갈증을 느끼고(4:6~7) 친구의 죽음에 눈물 흘리며 (11:35) 벌어진 일에 "비통"해 한다(11:33,38). 심지어 수난 내러티브에 드러나는 예수의 담담한 확신도 "괴로움"(12:27)이라는 감정을 거친 이후에 생긴 것이다. 그는 친구들 때문에 낙담하여 가슴에 사무친 물음을 던진다.

너희까지도 떠나가려 하느냐? (6:67)

간접적인 단서를 통한 이러한 인물 설정은 고대 내러티브에서 전형적으로 등장하는 방식이다. 요한이 그리는 예수가 지닌 신성과 인성의 양가적 긴장 상태는 여타 그리스-로마 일대기에 나타나는 정형화된 인물 유형stereo-type과 독특한 특성individual character의 혼합과 유사하다.

마르코의 복음서와 달리, 요한의 복음서에서 예수의 정체는 비밀이 아니다. 서문(1:1)부터 "나의 주님, 나의 하느님"이라고 했던 토마(도마)의 고백(20:28)에 이르기까지 그의 정체는 분명하게 드러난다. 유대교의 법정 용어를 들어, 많은 '증인'이 예수를 '증언한다'. 세례자 요한(1:19, 34, 3:26~30), "위에서 오시는 이"(3:32~33), 사마리아 여자(4:39), 예수가 하는 일(5:36), (하느님) 아버지(5:37), 성서(5:39), 진리의 영(15:26), 제자들(15:26), 해설자 자신(19:35, 21:24)이 이를 증언한다. 그러나 다시 한번 요한은 역설, 그리고 의미의 층위를 기법으로 사용한다. 즉 처음부터 예수가 누구인지 아는 '우리'는 이야기가 진행되는 동안 믿게 되는 다른 사람들을 지켜본다. 불행히도 많은 사람이 아직도 이를 받아들이지 않으며 이는 보지 못하거나 믿지 못하기 때문이다(9:41, 10:24, 12:37). 이 복음서에서 예수의 첫 마디는 "너희는 무엇을 찾고 있느냐?"이다(1:38). 일종의 '회상 장치'flashback loop나 책 버팀으로써 예수는 두 동산, 첫 번째는 자신을 체포하러 온 이들에게(18:4, 7~8), 그다음에는 빈 무덤 곁에서 울고 있는 마리아에게(20:15) 같은 물음을 던진다. 많은 사람이 "예수를 찾는다"(6:24, 26, 11:56 등). 그러나 예수는 유대인들에게나 제자들에게나 자신을 찾지 못하리라고 경고한다(7:34, 8:21, 13:33). 대신 그가 몸소 필립보(빌립, 1:43), 못 가에 있던 남자(5:14), 눈먼 사람(9:35), 라자로(11:17)를 찾아간다. 이야기 내내 그는 자신이 원할 때 자신을 찾는 사람들에게 찾아가고 떠난다. 그는 자신을 믿게 될 사람을 찾고 구하지만, "그를 찾아 죽이려는" 이들은 좌절하게 된다(5:18, 7:19~30, 8:37~40, 10:39).

톨킨이 쓴 『반지의 제왕』The Lord of the Rings에서 '위대한 독수리족 중에서도 가장 빠른 독수리, 바람의 왕 과이히르'는 사루만Saruman이 간달프Gandalf를 아이센가드Isengard에 있는 오르상크 첨탑에 가뒀을 때 제일 먼저 그를 찾아낸 신적 존재다.[4] 피터 잭슨이 연출한 영화에서는 이 이야기를 간달프가 아찔한 첨탑에서 '믿음으로' 뛰어내려 거대한 독수리의 등에 안전하게 착지해 구출되는 장면으로 멋지게 그려냈다. 과이히르는 간달프가 죽음에 빠져 땅속에 있을 때 그를 발견해 로스로리엔Lothlórien에 있는 갈라드리엘Galadriel에게 데려다주어 회복할 수 있도록 돕기도 한다.[5] 이야기의 결말에서도 과이히르와 독수리들은 어둠과 악으로 가득한 운명의 산 비탈에 쓰러져 있던 프로도와 샘을 구해낸다.[6] 톨킨이 그린 독수리들은 일루바타르의 시종이지만, 요한의 예수는 다름 아닌 하느님 자신, 독자들을 어둠과 악에서 구하려고 이 세상 위 높은 곳에서 내려온 독수리다. 그가 우리를 찾아내리라 믿기만 하면 우리는 구원을 받을 것이다.

---

[4] J.R.R.Tolkien, *The Lord of the Rings*, Unwin, 1969, p.279. 『반지의 제왕』(씨앗을 뿌리는 사람)

[5] *Ibid.*, p. 524.

[6] *Ibid.*, pp. 985~987.

갈등으로 인해 드러난 발톱 - 표징의 책과 '유대인들'(요한 2:1~12:50)

톨킨의 이야기에서 누메노르Numenor는 일루바타르(톨킨 세계관의 '신')에게 복을 받아 세운 나라다. 아틀란티스를 연상케 하는 이 섬나라는 욕망이 도를 넘어 악에 빠지고 만다. 누메노르가 맞이할 비극적 운명의 전조는 먼저 독수리 모양을 한 구름을 통해 알려지고, 그다음에는 독수리들이 직접 나타남으로써 분명하게 드러난다. 거의 모든 사람이 죄를 뉘우치지 않기에 일루바타르는 누메노르를 멸망시킨다.[7] 구약성서에서도 독수리는 심판을 상징한다. 독수리는 발톱으로 움켜쥐는 힘이 강해 가축 떼를 습격해 한 마리를 낚아챌 수 있다. 이스라엘을 벌하도록 하느님께서 부르신 이방 나라는 그들을 "독수리처럼 ... 덮친다"(신명 28:49). 이러한 은유는 심판하시는 하느님 자신에게도 적용된다(예레 48:40, 49:22). 요한이 그린 예수 초상에 나타나 있는 것은 은총 충만한 모습뿐만이 아니다. 요한의 복음서와 요한 서신들에는 격렬한 갈등으로 인한 상처의 흔적이 있으며 독수리는 부리와 발톱을 세우고 이에 대응하기를 주저하지 않는다.

공관복음서를 통틀어서 '유대인들'이라는 말은 몇 회 등장하지 않는다. 그러나 요한의 복음서에는 이 말이 약 70회 등장한다. 특히 요한은 갈등이 고조되는 표징의 책과 간주곡 부분에서 이 말을 많이 사용했다. 유대인들은 먼저 세례자 요한에게 묻고(1:29,24), 그다음에는 예수에게 그가 "유대인들의 과월절"에 성전에서 벌인 시위에 관

---

[7]   J.R.R.Tolkien, *The Silmarillion*, Unwin, 1977, pp.277~280. 『실마릴리온』(씨앗을 뿌리는 사람)

해 묻는다(2:13, 18~20). '유대인들'의 지도자 중 한 사람인 니고데모는 밤중에 예수에게 와서 묻는다(3:1~2). 후에 그는 예수를 변호하고 그의 장례를 돕는다(7:50, 19:39). 사마리아 여자와 대화할 때 예수는 명백하게 유대인으로서 말하며 "구원은 유대인들에게서 난다"고 단언한다(4:9,22). 그러니 '유대인들'이 예수를 대적하는 편에 선다는 것은 실로 놀라운 일이다. "유대 사람의 명절"(5:1), 그들은 예수가 안식일에 병을 고쳐준 사람을 찾아가 물음을 던지고(5:10,15) 예수를 박해하고 죽이려 찾아다닌다(5:16,18). 또 다른 "유대 사람의 명절", 곧 두 번째 과월절 기간(6:4)에 오천 명을 먹인 기적적인 사건 이후 '유대인들'은 예수와 논쟁하고(6:41,52) 제자 가운데 일부가 예수 따르기를 그친다(6:66). 다음번 "유대 사람의 명절"이 되자(7:2) 갈등이 더 증폭된다. 이때 '유대인들'은 보다 적극적으로 예수를 체포해 죽이려 한다(7:1,11,25,30,32,44~52). 이에 사람들의 반응도 점점 갈린다. 한편에서는 더욱 예수를 옹호하고(7:12,31,40~41,50~51), 다른 한편에서는 '유대인들'을 두려워해 예수와 관련해 침묵을 지킨다(7:13). 이 같은 분열은 다음 장으로 이어진다. 8장에서 일부 '유대인들'은 그를 믿었지만(8:31), 예수는 그들을 향해 "너희는 너희 아비인 악마에게서 났다"며 비난한다(8:44). 그러자 그들도 예수를 비난한다. "당신을 사마리아 사람이라고도 하고, 귀신이 들렸다고도 하는데, 그 말이 옳지 않소?"(8:48) 결국 그들은 예수를 돌로 치려 한다(8:59). 눈먼 사람을 고쳐준 사건은 이러한 결별을 강조한다. 눈먼 사람은 와서 그를 믿지만(9:38) 그의 부모는 '유대인들'을 두려워하고(9:22), 그를 믿지 않는 바리사이파 사람들은 눈먼 사람이 된다(9:18, 40~41). 표징의 책은 "유대인들 가운데 ... 분열"이 일어나는 것으로 끝맺는다(10:19). 예수를 믿는 사람들도 있지만(10:21, 42) 어떤 사람들은 그가 귀신 들렸다고 생각하며 다시금 돌을 들어 그를 치려 한다(10:20, 31~39).

수난 이야기에 앞서 간주곡이 흐르는 동안, 마지막으로 나오는 표징은 최후의 분열을 초래한다. 사람들이 돌로 치려 한다는 제자들의 만류에도(11:8), 토마가 비관적으로 "우리도 그와 함께 죽으러 가자"고 말함에도(11:16) 예수는 라자로를 살리러 간다. 일부 '유대인들'이 마리아, 마르타와 함께 애도하며(11:19) 예수가 몹시 슬퍼하는 모습을 지켜본다(11:36). 그리고 기적처럼 라자로의 소생을 목격한다. 그 결과 '유대인들' 가운데 "많은 사람"이 예수를 믿게 되지만(11:45) 대사제들과 바리사이파는 그를 죽일 계획을 세운다(11:46~53, 57). 예수의 예루살렘 입성으로 분열은 공연한 사실이 된다. "'유대인들'이 ... 크게 떼를 지어" 예수와 라자로를 보려고 몰려나와 그를 환영하며(12:9, 12~18) 일부 지도자들도 예수를 믿는다(12:42). 그사이 대사제들과 바리사이파는 예수뿐 아니라 라자로까지 죽이려고 모의하고(12:10~11, 19), 회당에서 축출하겠다고 협박하며 사람들을 침묵하게 한다(12:42). 최후의 만찬에서 분열은 돌이킬 수 없는 일이 된다. 예수와 제자들은 모두 유대인이지만, '유대인들'은 이제 별개의 집단을 이르는 말이 된다(13:33). 율법은 우리 것이 아닌 "그들의 율법"이다(15:25). "그들"은 제자들을 회당에서 내쫓을 것이며(16:2). 유대인들과 대사제들은 예수가 고난을 당해 죽게 만들 것이며(18~19장) 이로 인해 제자들은 문을 닫아걸고 숨을 것이다(20:19).

이토록 쓰라리게 '유대인들'을 기술하고 있음에도 불구하고 역설적으로 요한의 복음서는 매우 유대교적이다. 앞서 살펴보았듯 갈등은 '유대인들'의 명절에 벌어지며 과월절에는 빵(6:4~14,25~58), 초막절에는 물(7:2,37~39) 등 요한에게 매우 중요한 상징들이 나타난다. 공관복음서에서 성전 시위 사건은 끝부분에 들어있지만 요한의 복음서에서는 예수 활동의 출발점이다(2:21~25). 공관복음서 저자들과 달리 요한은 예수를 명절 때마다 예루살렘에 가는 독실한 유대인으로 그린다. 복음서 가운데 유일하게 히브리(아람)어 단어인 "메시아"가 등장한다는 점을 염두에 둔다면 이 복음서의 저자와 대상 독자는 모두 유대교라는 배경을 갖고 있음을 추측해볼 수 있다(1:41, 4:25). 예수가 시몬에게 '바위(혹은 반석)'라는 별명을 불러줄 때, 아람어 '게파(게바)'를 헬라어 번역인 '베드로' 앞에 붙이는 저자는 요한뿐이다(1:42, 마태 16:18과 비교). 또한 정결 예법에 따라 마련한 물 항아리(2:6), 사마리아 사람들과 상종하지 않는 관습(4:9), 율법에 따라 필요한 증인의 수(5:31~40, 8:17), 대사제가 한 예언(11:51), 시신을 방부처리 하는 장례풍습(19:39~40) 등 유대인들의 관습이 이 복음서에 만연히 등장한다.

요한의 복음서에는 아브라함(8:33), 이사악(이삭, 3:16), 야곱(4:5,12), 모세와 이집트 탈출기 등(1:17, 3:14, 5:45~46, 6:31~58, 7:38) 이스라엘의 위대한 영웅들의 이야기가 등장할 뿐 아니라 예언서도 여러 번 인용된다(12:13~15,37~40, 19:24,28,36~37 등). 이 복음서 표면 아래에는 구약 사상과 주제가 흐르고 있으며, 구약에 담긴 지혜, 하느님의 말씀, 그리스도(메시아), 왕, 예언자 등의 개념이 요한이 그린 예수에 반영되어 있다. 그렇다면 이러한 복음서에 반유대교적인 태도가 엿보인다는 점을 어떻게 설명해야 할까? 어떤 교회에서는 성금요일에 유대인들을 그린 요한의 복음서 수난 기사를 독서하며 그 본래 의미를 변증하려 한다. 누구의 마음도 불편하게 하지 않기 위해서 말이다. 먼저 그리스도교인들은 오랜 기간 반유대적 성향을 보여 왔음을, 나치가 유대인들에게 귀신 들렸다는 혐의를 씌우려 네 번째 복음서를 이용했음을(8:44 등) 겸허하게 인정해야 한다.

그러나 요한은 예수와 제자들을 '유대인'이라고 말했고 다른 유대인들도 신자가 되었다고 기술했다. 앞서 살펴보았듯 이 복음서에서 이야기가 전개되는 양상을 살피면 예수가 분열을 일으키고 사람들은 믿음과 (오해에서 비롯한) 불신이라는 양 갈래로 나뉨을 알 수 있다. 이는 요한의 전형적인 장치다. 예수를 믿는 눈먼 사람(9:38), 마르타(11:27), 제자들(1:41,49, 2:11), 예루살렘에서 그를 환영하던 무리(12:9,12~18)는 그를 따른다. 예수를 믿지 않는 이들은 물음이(1:19, 2:18) 오해로(6:30,52, 8:27) 바뀌고 결국 눈이 멀어 그를 죽이려 모의하는(9:40~41, 11:46~53) 대적자가 된다. 하느님의 말씀은 자기 땅에 오지만 그의 백성은 그를 맞아들이지 않는다(1:11). 유대인들 사이에서 분열이 일어난 후, 새로이 생겨난 집단이 "자기의 사람들"이라 불리며 끝까지 예수의 사랑을 받는다(13:1). 그러므로 본질상 요한의 복음서 이야기 전개는 다른 복음서들과 같다. 한 유대인 설교자의 가르침이 갈등을 낳고 그 상대자인 권력자들이 대적자가 되어 그를 죽음으로 몰아넣는다. 그러나 그를 따르는 이들은 새로운 공동체를 이루어 끝내 이방인들을 받아들이고 유대교와 결별한다.

앞서 마태오의 복음서가 의심의 여지 없이 유대교적인 배경을 갖고 있음에도 불구하고 바리사이파에 적대적임을, 그리고 이는 유대인 선교가 슬픈 과거였음을 암시하고 있음을 살펴본 바 있다. 마르코의 분노 역시 1세기 말 회당과 결별하면서 입은 상처를 반영한다. 요한의 복음서 또한 이와 유사한 상황을 반영하고 있는 것처럼 보인다. 복음서 저자 중 요한만이 '회당에서 내쫓길'ἀποσυνάγωγος(아포쉬나고고스)지 모른다는 위협을 세 번이나 언급한다(9:22, 12:42, 16:2). 예수와 제자들은 회당에 정기적으로 방문했으며 사도행전 시기에도 제자들은 회당을 찾았다. 그렇기에 이러한 위협은 80년대 중반 '이단에 대한 기도'(비르카트 하미님)가 등장했던 시기 전후를 반영한다고 볼 수 있다. 요한의 복음서가 여러 해를 거쳐서 복잡한 발전을 통해 만들어진 산물이라면 이 복음서가 지닌 유대교적 배경과 적대감, 친근함, 아픔은 모두 설명이 된다. 이 복음서가 66년 일어난 봉기revolt 이전의 팔레스타인 유대교를 알고 있다는 점에서 요한이 속한 교회의 뿌리는 예수 시대의 유대 지방까지 거슬러 올라간다. 예수 사후 예수를 따르는 이들과 유대교 사이에 더 심한 갈등이 일어났고 그 결과 저자는 예수를 오해하고 불신하는 이들, 결국 그리스도 안에 계신 하느님을 대적하는 모든 사람을 가리키는 데 '유대인들'이라는 말을 쓰기에 이르렀다. 요한의 복음서에서 일어나는 분열은 독자에게 예수를 믿는 공동체에 속할지, 아니면 대적자가 될지를 묻는다. 이러한 갈등 속에 요한이라는 독수리의 부리는 날카롭고 발톱에는 날이 서 있다. 요한 서신들을 살펴보더라도 갈등과 분열이 이어졌음을 알 수 있다(1요한 2:18~19, 4:1~6을 보라). 요한은 특정 종족이나 민족을 반대하지 않는다. 그러나 갈등을 겪으며 상처 입은 그는 독자에게 메시아 예수에 대해 결단을 내릴 것을 요구한다.

그의 날개 그늘 아래에서 산다는 것 - 제자됨과 최후의 만찬(요한 13:1~17:26)

여느 동물과 마찬가지로 독수리는 적이 침입하면 자기 새끼를 지키기 위해 주저하지 않고 싸움에 뛰어든다. 또한 같은 본능으로 새끼에게 애정을 쏟으며 보살피기도 한다. 모세의 마지막 노래는 이스라엘을 향한 하느님의 염려를 "새끼들 위에서 퍼덕이며, 날개를 펴서 새끼들을 받아 그 날개 위에 업어 나르는" 독수리와 비교한다(신명 32:11). 이 노래는 하느님께서 모세와 이스라엘 백성을 시나이 산으로 부르셨을 때를 떠올리게 한다. "어미 독수리가 그 날개로 새끼를 업어 나르듯이, 내가 너희를 인도하여 나에게로 데려왔다."(출애 19:4) 시편에서 시인은 "주님의 날개 그늘"로 몸을 숨긴다(시편 17:8, 36:7, 57:1, 63:7, 91:1,4). 예수가 이름이 드러나지 않은 유대교 지도자들과 갈등하는 동안 예수를 믿는 이들을 요한이 어떻게 그려내는지를 살펴보면 흥미로운 사실을 알 수 있다. 요한은 이들을 '개인'이라는 단위로 그린다. 예수는 '군중'과 논쟁을 벌이지만(6~8, 10장), 그와 대화하는 상대는 나타나엘(나다나엘, 1:45~51), 니고데모(3:1~10), 사마리아 여자(4:7~26), 못 가에 있던 남자(5:2~9,14), 간음하다가 잡힌 여자(8:9~11), 눈먼 사람(9:35~38), 마르타와 마리아(11:21~40), 베드로 (13:6~10, 21:15~22) 등이다. 이들은 개인으로 등장하며 몇몇은 예수와 대화하지 않았다면 알려지지 않았을 것이다.

요한은 '제자'라는 말을 78회 사용하며 이는 다른 어떤 복음서보다 도 많다. 그러나 '열두 제자'라는 말은 거의 등장하지 않으며(6:67~71, 20:24), '사도'라는 말은 한 번도 나오지 않는다. 요한은 루가가 그랬 듯 더 넓은 차원에 관심하고 있는 것이다. 요한의 복음서에서 많은 제자는 예수 자신이 부른 이들이 아니라, 다른 사람이 데려온 사람이 다. 세례자 요한은 자신의 제자 중 두 사람을 골라 예수에게 보낸다 (1:35~37). 그중 하나인 안드레아(안드레)는 자기 형제인 시몬 베드로를 데려온다(1:40~42). 동향 출신인 필립보는 예수가 직접 부른 유일한 제 자이며(1:43~44) 그는 다시 나타나엘을 예수에게 데려온다(1:45~47). 후 에 안드레아는 빵과 물고기를 가지고 있는 아이를 데려오며(6:8), 예 수를 찾고 있는 그리스 사람들을 만난 필립보는 이 사실을 안드레아 에게 전하고 두 사람 모두 예수에게 이를 알리러 간다(12:22). 제자들 은 예수가 누구인지를 재빨리 깨닫는다. 안드레아에게 예수는 "랍비" 에서 "메시아"가 되며(1:38,41), 필립보는 그를 율법과 예언을 성취한 이로 본다(1:45). 나타나엘은 "나자렛에서 무슨 선한 것이 나올 수 있 겠소?"라며 예수의 출신을 업신여겼지만 이내 "하느님의 아들이시 요, 이스라엘의 왕이십니다"라고 고백하며 생각을 고친다(1:46~49). 예수가 가나에서 열린 혼인 잔치에서 첫 번째 표징을 행하여 자기 영 광을 드러낸 후 "제자들"은 "그를 믿게 되었다"(2:11). 동시대 다른 제자 집단이 그러하듯 그들은 예수와 함께 다니며(2:2, 3:22) 그를 "랍비"라 부르고(1:38, 4:31, 9:2, 11:8) 예수에게 필요한 것을 챙긴다(4:8,31).

요한의 복음서 중심에 자리한 장들에서, 제자됨discipleship이란 예수가 '유대인들'과 벌인 논쟁을 관통하는 핵심 주제다. 오천 명을 먹인 사건과 생명의 빵에 관한 논쟁 이후 위기가 발생한다. 자신의 살을 먹고 피를 마시라는 예수의 가르침은 "제자들 가운데서 여럿"에게는 너무 '어렵다'(6:60). 해설자는 서글픈 마음으로 그 결과를 전한다.

> 이 때문에 제자 가운데서 많은 사람이 떠나갔고, 더 이상 그와 함께 다니지 않았다. (6:66)

예수가 가슴에 사무쳐 "열두 제자"에게 "너희까지도 떠나가려 하느냐?"라고 물음을 던질 때(6:67), 순간 정적이 흐른다. 공관복음서가 전하는 필립보의 가이사리아 지방 기사와 마찬가지로 이 기사에서도 베드로는 예수가 영원한 생명을 가진 유일한 존재라는 제자들의 믿음을 대변한다.

> 우리는, 선생님이 하느님의 거룩한 분이심을 믿고, 또 알았습니다.
>
> (6:69)

후에 예수는 자신을 믿는 유대인들에게 말한다.

너희가 나의 말에 머물러 있으면, 너희는 참으로 나의 제자들이다.

(8:31)

제자들은 갈등이 고조되는 중심 내러티브에서 거의 등장하지 않는다(5장, 7~11장, 9:2와 11:7~16에서 짧막하게 언급될 뿐이다). 유대인들과 겪는 갈등은 예수 홀로 온전히 감내해야 할 것이다. 그는 자기 땅에 왔다(1:11). 제자들이 끝까지 사랑받는(13:1) 예수의 "사람들"이 되어 무대 한가운데 오르는 것은 유대인들이 예수를 배척할 때뿐이다.

요한이 오해와 의미의 충위를 장치로 사용했음을 고려할 때, 다른 사람들이 그랬듯 제자들도 이따금 예수를 오해하는 것은 어쩌면 당연한 일이다. 부활 후에야 그들은 성전을 두고 예수가 한 말을 이해하고 믿게 된다(2:19~22). 제자들이 예수에게 음식을 가져갔을 때 그는 자기가 먹고 마실 음식은 하느님의 뜻을 행하는 것이라 말한다(4:31~33). 그의 살을 먹고 피를 마신다는 말을 표면적 충위에서만 이해하던 제자들은 그의 가르침이 너무 어렵다고 여겨 그를 떠난다(6:60,66). 예수는 자기 제자들에게 고통은 죄 때문에 생기는 것이 아니라 하느님께서 하시는 일을 드러내기 위해 있는 것이라 설명한다(9:2). 이와 유사하게 그는 제자들이 라자로가 육체적으로 자고 있는지 죽었는지를 왈가왈부하는 데서 벗어나 생명과 하느님 영광을 바라보라고 한다(11:4, 11~15). 제자들은 예수가 당나귀를 타고 예루살렘에 입성한 사건이 지닌 심오한 의미를 그가 부활하기까지 이해하지 못한다(12:16). 그러나 요한은 이러한 오해를 마르코처럼 제자들을 비판하는 수준까지 끌고 가지는 않는다. 오히려 그 반대다. 다른 사람들이 돌아설 때 그들은 달리 갈 곳이 없음을 깨닫고 충절을 다한다(6:67~69). 그들은 예수의 말에 "머물러 있다"(8:31). 의심하는 토마는 설령 죽는다 하더라도 예수와 함께 가자며 동료들을 재촉한다(11:16). 예수가 유대인들을 피해 몸을 숨겼을 때 제자들은 그와 함께한다(11:54). 표징의 책 끝 무렵에서는 분열도 사실상 최종 단계에 이른다. 예수를 오해한 유대인들은 이제 눈이 멀어 예수에게 대적하고, 모여서 그를 죽이려고 모의한다. 반면, 제자들은 예수를 오해함에도 불구하고 그를 믿고 그를 따라 숨고 죽기까지 따를 준비를 한다.

최후의 만찬과 고별 담화(13~17장)는 신실하게 예수를 따르는 제자들의 태도와 다양한 층위에서 이루어지는 이해(오해)가 뒤섞여 있음을 가장 잘 보여주는 예다. 이때 요한은 내러티브 시간의 진행 속도를 대폭 줄인다. 이를 통해 그는 이 내러티브가 매우 중요한 내용을 담고 있음을 독자들에게 알린다. 표징의 책이 몇 년의 시간을 서술하는 데 반해 이후 등장하는 일곱 개 장은 24시간 동안 일어난 일들을 기술한다. 요한은 이를 위해 상당한 공을 들였다. 성찬례 제정 기사는 생략했지만 그 대신 요한의 예수는 마지막으로, 그리고 필사적으로 더 깊이 있는 의미를 전하기 위해, 자신이 배신당한 뒤 죽음을 맞이하고 떠날 때를 대비하기 위해서만이 아니라 이후 교회에서 펼쳐질 역사를 대비시키기 위해 제자들의 발을 씻는다. 예수는 계속해서 제자들에게 "지금" 말하는 것이 그들의 "미래"를 위한 지침이라고 말한다(13:19, 14:29, 25:11, 16:1,4,33). 마지막 때에 이르자 독수리는 자신의 날개 아래 안전한 곳에 새끼들을 불러 모아 한 마리씩 씻겨주고 용기를 북돋는다. 이튿날이면 독수리는 가슴이 꿰뚫려 죽음을 맞이하고 새끼들은 자신의 힘으로 비상해야 할 것이다.

13장은 이때까지 다루어 온 상징, 오해, 다양한 층위를 통해 고별 담화(14~17장)에 담길 내용의 배경이 되는 정황을 제시한다. 내러티브 해설자는 독자들에게 깊은 의미를 가리키면서 이야기를 시작한다. 예수는 자기 사람들을 사랑하되 "끝까지" 사랑한다(13:1). 다른 이의 발을 씻는 것은 예수의 공적 활동을 상징한다(13:8~10). 이는 "지금"은 알 수 없지만 "나중에는" 알게 될(13:7), 제자들이 따라야 할(13:14~17) 사랑의 섬김을 몸소 보여준 것이기도 하다. 제자들은 배신을 주의하라는 예수의 말(13:22)을 이해하지 못한다. 그가 떠나리라는 말(13:33)도 이해하지 못한다. 처음에는 베드로(13:36), 이어서 토마(14:5), 필립보(14:8), 가리옷 사람 유다가 아닌 다른 유다가(14:22) 그가 어디로 가는지, 또 그가 한 말이 무엇을 뜻하는지를 묻는다. 제자들이 예수를 다시 보게 되리라는 약속은 그들에게 더 큰 혼란을 가져다준다(16:17~19). 마침내 제자들이 무슨 말인지 깨닫게 되었다고 말하자, 그들을 위해 기도하기에 앞서(17장) 예수는 마지막으로 평화와 용기를 주기 위해 그들이 흩어져 가리라고 경고한다(16:29~33).

고별 담화는 제자들에게 전하는, 성령 안에서 예수와 그 아버지가 이루는 하나 됨과 사랑에 관한 일종의 긴 묵상을 담고 있다. 모든 고별인사가 그러하듯, 여기에는 예수의 마지막 바람이 들어 있다. 예수는 제자들의 발을 씻은 뒤 그들에게 "내가 너희를 사랑한 것과 같이, 너희도 서로 사랑"하라고 명령한다(13:34~35, 15:12~17). 제자들은 이 명령을 지켜야 한다. 예수와 그의 아버지는 사랑을 통해 서로 안에 거한다(14:10~11,20, 16:28). 이들은 성령을 통하여 이들에게 머무는 신자 안에도 거할 것이다(14:15~17,23,26, 15:1~11). 그리고 성령은 그들을 진리로 인도할 것이다(15:26, 16:7~15). 비록 앞으로 이들은 어려움을 겪고 고난을 겪겠지만(14:1,27,30, 15:18~25, 16:1~4,20~22,32) 예수는 그들에게 평안을 주며 장차 자신의 날개 아래에서 안전을 누리게 되리라고 약속하며 용기를 더한다(14:1~3,18,27, 15:18, 16:20~24,33). 마지막으로 예수는 자신을 통해 하느님의 영광이 드러나기를(17:1~5), 제자들이 보호받기를(17:6~19), 마지막 때에 모든 믿는 자가 태초에 그가 하느님과 함께 가졌던 영광에 이르기를(17:20~26) 간구하는 긴 삼중 기도를 드린다. 그리고 이렇게 담화는 끝난다.

독자들은 최후의 만찬 장면을 보며 만찬을 함께 한 두 인물에게 주목하게 된다. '베드로'는 예수의 부름을 받지 않고 그의 형제 손에 이끌려 예수에게 왔다. 그가 믿음을 고백하기도 전에, 즉 그를 만나자마자 예수는 그에게 새 이름을 준다(1:42를 마태 16:18과 비교하라). 공관복음서에서 그랬듯 베드로는 불쑥 예수에 대한 자신의 믿음을 내뱉는다(6:68~69). 이 충동적인 인물은 예수가 발을 씻는 행위를 잘못 이해하고 처음에는 예수의 행동을 거부했다가 나중에는 온몸을 씻겨달라고 한다(13:6~9)! 그는 죽기까지 예수를 따르겠다며 경솔하게 맹세하기도 하고(13:36~38), 동산에서는 갖고 있던 칼을 휘두르다가(18:10), 끝내 닭이 울기 전 자신이 제자임을 부인한다(18:17,25,27). 예수의 무덤에 가장 먼저 도착하지 않았음에도 가장 먼저 무덤 안으로 들어간 사람도 그다(20:6). 복음서 저자 중 요한만 베드로의 세 번에 걸친 복권reinstatement 이야기를 전한다. 머지않은 시간에, 그는 고기를 낚던 옛 삶의 방식에서 자신을 돌이킨 뒤 예수의 양 떼를 돌볼 것이다. 그리고 최후의 만찬 때 했던 경솔한 약속대로 그는 순교자로 죽음을 맞이할 것이다(21:1~9).

이 내용은 다른 복음서에서 그린 베드로와 일맥상통한다. 허나 요한의 복음서에서 베드로는 이름이 밝혀지지 않은 '예수가 사랑하는 제자' 때문에 그 빛을 잃는다. 예수가 사랑하는 제자는 영광의 책에만 등장한다. 최후의 만찬 때 그는 "절친한 친구"처럼 예수의 품에 기대어 있다. 또한 베드로는 그에게 배신자가 누구인지 물어봐 달라고 요청한다(13:23~26). 그는 십자가 밑에서 예수의 처형을 목격한 유일한 제자이기도 하다. 예수는 죽음을 맞이하며 그에게 자기 어머니를 맡기고 돌보아 달라고 한다(19:25~27,35). 그는 베드로보다 더 빨리 달려가 무덤에 맨 먼저 도착했고, 부활을 맨 먼저 믿었다(20:2~8). 베드로와 함께 물고기를 낚으러 가서도 그는 호숫가에 있는 부활한 예수를 알아본다(21:7). 또 예수는 베드로가 이 제자의 운명에 관해 묻자 그가 상관할 일이 아니라고 말한다(21:20~23). 이름이 알려지지 않은 "다른 제자"는 베드로를 대사제의 집으로 데려가는데, 그는 이 대사제를 알고 있다. 여기서 예수를 부인하는 이는 베드로뿐이다(18:15~17). 이 기이한 "사랑받는 제자"의 정체를 두고 엄청난 논쟁이 있다. 요한의 복음서 마지막 몇 절은 이 제자가, 저자 혹은 이야기 배후에 있는 권위

자임을 교회 지도자들이 확증하는 것처럼 보인다. 이를 단서 삼아 그리스도교 전통은 이 제자를 제베대오(세베대)의 아들 요한과 동일시했다(그의 이름은 이 복음서에서 한 번도 언급되지 않으며 다만 21:2에서 간접적으로 인용될 뿐이다). 이 복음서가 오랜 기간 동안 몇 차례 판본을 거쳐 완성되었다면, 사도 요한은 원전을 전해준 이야기꾼이고 그의 가르침을 바탕으로 교회가 만들어진 것일지도 모른다. 그러나 본문만으로는 이를 분명하게 확인할 수 없다.

그의 정체가 무엇이건, 고별 담화가 이상적인 제자도가 무엇인지를 보여준다면(14~17장) 이 '예수가 사랑한 사람'은 이상적인 제자 역을 맡는다. 요한의 공동체는 베드로가 자신들 공동체의 사랑받는 제자보다 우월하다는 모든 주장을 반대했을 것이다. 그러나 내러티브 해설자는 사랑받는 제자가 그러했듯 독자들도 예수에게 응답하기를 요청한다. 유대인들은 예수를 이해하는 데 실패하고 그에게 대적한다. 제자들은 때때로 예수를 이해하지 못했지만 그를 따른다. 베드로의 경우 경솔하게 믿음을 약속했지만 결국에는 그를 섬긴다. 이 이름 없는 제자는 결정적인 사건마다 등장해 믿음을 보이고 예수에게 사랑을 받는다. 저자가 독자에게 자신이 의도한 의미 층위를 드러낸다고 할 때, 내러티브 해설자는 듣는 이에게 자신의 상징을 보여준다. 이를 통해 독자는 이 미지의 인물에게 자신의 이름을 붙인다. '예수가 사랑하는 제자'가 되는 것이다. 오늘도 독수리는 우리에게 손짓한다. 그의 날개 아래 피난처에는 여전히 우리가 머리를 기대어 쉬기에 넉넉한 공간이 있기 때문이다.

영광의 시간 - 수난(요한 18:1~19:42)

독수리가 하늘을 향해 날아오르는 광경은 장엄하다. 이처럼 요한은 예수가 죽음을 맞이할 때 그를 이 땅에서 자유롭게 하여 높은 곳에 계신 아버지께 돌아가는 모습으로 그린다. 그가 겪은 수난의 시간은 동시에 영광의 시간이다. 이는 고도의 역설이다. 늘 그렇듯 요한의 복음서 내러티브는 사람들이 예수를 끊임없이 오해하는 모습을 그림으로써 다양한 층위를 지니게 된다. 표면적인 층위에서 예수의 적인 '유대인들'은 그가 체포되어 재판을 받고 수치스러운 죽음을 맞이하게 한다. 하지만 독자는 표면 아래 층위까지를 본다. 독자의 눈에 재판정에 서는 것은 '세상'이다. 예수는 왕이라며 조롱당하지만, 더 깊은 층위에서 그는 실제로 왕이며 자신의 영광을 드러낸다. 예수는 그들이 말한 모든 것에 해당하는 존재이자 이를 넘어서는 존재다.

마르코가 그린 예수는 마치 사자가 재갈을 물려 입막음 당하고 조롱당하면서 죽음을 맞이하듯 점차 수동적으로 변한다. 마태오(구약을 성취하기 위한 일이자 예수 자신의 선택이었다)와 루가(신적인 필연성에 따른 일이었다)는 예수가 왜 이렇게 수동적으로 변했는지를 설명한다. 그러나 요한이 그리는 예수는 수난을 겪는 내내 중심을 잃지 않고 능동적으로 상황을 주도한다. 독수리를 구속하기란 쉽지 않은 일이다. 내러티브는 독수리가 높은 곳에서 아래를 내려다보는 것처럼 예수가 모든 것을 알고 있다는 말로 시작하며(13:1~3), "그"는 선두에서 나아간다. 게쎄마니에서 그가 겪은 고뇌를 가장 직접 드러내는 표현은 그의 마음이 "괴로웠다"는 말이다(12:27). 예수는 중심에 서서 사건을 주도하며 스스로 비상하는 삶을 내려놓기로 결정한다(10:18). 어떤 일이 일어날지 알기에(13:1~3), 14~17장의 고별 담화에서 그는 이 모든 것을 제자들에게 설명한다. 그는 '몸소' 자기 십자가를 진다. 요한은 키레네 사람 시몬을 언급하지 않는다(19:17). 예수가 겪은 고난도 부각하지 않는다. 오히려 요한이 그리는 예수는 십자가에 매달린 상황에서도 자신과 자신 주변에서 일어나는 일을 진두지휘한다(19:26~30). 이 복음서가 진행되는 내내 예수는 상황을 주도했다. 이는 죽음의 순간이라 해서 다르지 않다.

수난 이야기는 동산에서 시작해 동산에서 끝난다(18:1, 19:41). 여느 복음서와 달리 게쎄마니라는 이름은 등장하지 않으며 예수는 고뇌에 찬 상태에서 기도하지 않는다. 예수는 그곳에 가서 체포될 뿐이다. 유다는 "등불과 횃불"을 든 군인들과 함께 와서 그때가 밤임을 알려준다(13:30, 18:3). 유다는 예수를 지목하지 않는다. 오히려 모든 것을 아는 예수가 중심에 서서 "너희는 누구를 찾느냐"고 물으며 상황을 주도한다(18:4). "나자렛 사람 예수요"라고 그들이 말하자 그는 대답한다.

내가 그 사람이다. (18:5)

다시 한번 요한은 내러티브의 층위를 엮어둔다. 예수의 말의 원문인 '에고 에이미'Ἐγώ εἰμι는 '내가 (그 사람이다)', '그가 나다'라고 번역할 수도 있지만 동시에 이 복음서에서 '나는... 이다'로 소개한 다른 모든 구절과 연결된, 하느님의 계시를 뜻하는 말로 볼 수도 있다. 그렇게 본다면 군인들이 체포하려 했던 사람을 붙잡기는커녕 이 '하느님의 이름' 앞에 두려워 떨며 땅에 나자빠진 것도 놀랄 일은 아니다. 예수는 상황을 지배하며 자기를 체포하도록 하고 제자들을 물러나게 한다(18:7~9). 베드로가 경솔하게 칼을 휘둘렀고 이로 인해 귀가 잘린 말코스라는 종의 이름을 언급하는 복음서 저자는 요한뿐이다(18:10). 여기서 상황을 주도하는 이가 예수임에도 불구하고, 어쩌면 그렇기 때문에 복음서 저자 중 요한만이 예수가 잡혀 묶였다고 말한다(18:12). 독수리를 날개를 꺾으려 해도 그것이 헛된 일임을 독자는 안다.

재판 장면은 몇 가지 주제를 재현한다. 예수는 자신을 도둑이나 강도와 달리 양을 위하여 자기 목숨을 버리는 선한 목자, 또한 문지기가 지키는, 양이 우리(혹은 뜰, '아울레' αὐλή)를 드나드는 문이라 말한 바 있다(10:1~11). "도둑"(12:6)인 유다가 동산에 오고(18:2) 예수의 양은 떠나간다. 예수는 문지기가 지키고 있는 또 다른 '뜰'에 끌려간다(18:15~16). 예수는 자신의 정체를 밝혔기 때문에, 곧 "나는… 이다"라고 말했기 때문에 재판을 받지만, 같은 장소에서 베드로는 "나는 … 아니다"라고 말해 자신이 예수를 따르는 제자임을 부인함으로써 "자신의" 재판에서 실패하고 만다(18:17,25,27). 시종일관 예수의 대적자인 유대인들은 "강도" 바라빠(바라바)를 택함으로써 예수를 죽음에 이르는 계기를 마련한다(18:40). 빌라도는 몇 번이나 예수를 살리려 하지만, 유대인들은 계속해서 그의 피를 요구한다(18:31,38하, 19:4,6,12,15). 복음서가 무수히 많이 진리를 언급했지만 빌라도는 성육신한 진리를 눈앞에 마주하고도 진리를 알지 못한다(18:38, 14:6 과 비교). 예수를 둘러싼 사람들은 참된 왕위를 두고 옥신각신하지만 (18:33~39, 19:3,15), 예수는 빌라도에게 진정한 힘은 "위에서" 오는 것 이라 가르친다(18:36, 19:11). 그는 가시나무로 된 왕관을 쓰고 자색 옷 을 입은 채 조롱을 당하지만(19:2), 역설적으로 빌라도가 모든 나라 말로 써서 십자가 위에 붙여둔 명패는 그가 정말로 "유대인의 왕"임 을 선언한다(19:19~22). 자신이 예언한 대로 예수는 이제 "들려 올라간 다"(3:14, 12:32). '크리스투스 렉스'Christus Rex(왕이신 그리스도) 상이 십자 가에 못 박힌 예수를 왕관과 자색 옷을 입은 모습으로 묘사하듯 예수 는 나무 위에서도 다스린다.

이제 그는 성서를 성취한다. 예수의 옷은 찢기지 않고 온전하게 남아(19:24) 시편 22장 18절을 성취한다. 마르코는 동일한 시편을 들 어 예수의 절망에 찬 외침을 전했지만, 요한은 다른 분위기를 만들어 낸다. 언젠가 팔레스타인 사막에 간 적이 있다. 당시 우리 일행은 기 후 때문에 하루에 3리터가량의 물을 마셔야 했다. 그리스에 있는 섬 에 관광 여행을 갈 때도 여행사는 이 정도 양의 물을 마실 것을 권한 다. 예수도 이러한 지중해의 열기를 받으며 십자가에 매달려 있었 을 것이며 갈증을 느꼈을 것이다. 하지만 요한에게 "목마르다"는 말 은 구약을 성취하려는 의도를 지닌 말이다(19:28, 시편 69:21을 보라). 이와 마찬가지로 뼈를 부러뜨리는 대신 창으로 옆구리를 찌르는 행 위도 과월절 어린 양에 관한 율법과 그와 관련한 예언을 성취한다 (19:36~37, 출애 12:46, 민수 9:12, 즈가 12:10을 보라). 이 복음서에 수많은

"목격자"가 등장하지만, 마리아를 돌보아줄 것을 부탁받고 창에 찔린 상처에서 흘러나오는 피와 물을 목격하는 마지막 목격자는 사랑받는 제자다(19:26~27, 34~35). 공관복음서에 등장하는 백인대장은 요한에게는 필요치 않다. 이상적인 제자는 끝까지 신실한 목격자다. 그가 이 모든 것의 의의를 설명한다.

요한의 복음서에는 어떠한 어둠도 존재하지 않는다. 서문부터 시종일관 빛과 어둠의 이원론을 사용한 이 복음서는 일식과 같은 특별한 자연현상을 필요로 하지 않는다. 최후의 만찬을 나누던 중, "밤"에 유다는 나간다(13:30). "밤에 걸어 다니면 … 걸려서 넘어진다."(11:10) 사람들은 예수를 체포하러 '밤' 중에 횃불을 들고 온다(18:3). 그러나 빛 가운데 걷는 이는 마지막 역설의 핵심까지 꿰뚫어 본다. 예수가 십자가 위에서 한 마지막 외침, '테텔레스타이'Τετέλεσται는 표면적 층위에서 모든 것이 다 '끝났음'을 뜻할 수도 있으나 실제로는 모든 것을 이루었음을 뜻한다. 모든 것이 "이루어졌다"(19:30). 소설 『반지의 제왕』The Lord of the Rings을 보면 여정이 끝에 이르러 반지에 담긴 악이 파괴되고 나서 운명의 산 위에서 샘과 프로도가 마주한 것은, 끔찍한 어둠, 이 어둠 속에서 다가오는 '모든 것의 끝'이다. 연기는 자욱하고 불길이 치솟으며 용암은 뜨겁게 흐르고 화산재가 휘날린다. 우리의 영웅들은 의식을 잃고 쓰러져 있다. 하지만 이 피할 수 없는 죽음의 순간은 동시에 구원의 순간이다.

독수리 과이히르는 예리하고도 멀리까지 볼 수 있는 두 눈으로 이들을 발견했다. … 거대한 독수리 세 마리가 빠른 속도로 내려가 그들을 구해내 치유의 땅으로 데려갔다.[8]

이처럼 요한의 독수리는 속박당하지 않는다. 그는 영광 가운데 치유하며 빛을 향해 비상한다. 그는 처음부터 끝까지 모든 것을 지배했다. 이제, 그가 와서 이루려 했던 모든 것이 마침내 '이루어졌다'.

떠올라 그 날개 아래서 치유하리라 - 부활(요한 20:1~21:25)

톨킨이 그린 독수리를 통해 요한의 복음서가 전하는 예수상을 비추어 볼 수 있는 예를 하나 더 살펴보자. 크하자드 둠Khazad-dûm에 있는 다리에서 악마 발로그Balrog와 싸울 때, 마법사 간달프는 동료들을 위해 자기 목숨을 희생해 적과 함께 다리에서 떨어져 죽음을 맞이한다. "어둠이 나를 데려갔고, 나는 사유와 시간으로부터 벗어나고 말았다." 그러나 "바람의 왕 과이히르가 그를 다시 찾았다." 이 위대한 독수리는 그를 친구들에게 돌려주고 회색의 간달프는 백색의 간달프로 되살아나 더욱 강한 힘을 얻는다.[9] 이와 마찬가지로 모든 것을 지배하는 요한의 예수는 십자가 위에서 악과 싸움을 벌이며 자신을 희생한다. 그 결과는 그가 다시 살아나는 것뿐이다. 사람들이 가

---

8 J.R.R.Tolkien, *The Lord of the Rings*, Unwin, 1969, pp.983~987. 피터 잭슨은 영화 '반지의 제왕' 3편 결말 부분 최후의 전쟁 말미에 등장하는 이 장면에 놀라울 정도의 생명력을 불어넣었다.

9 J.R.R.Tolkien, *The Lord of the Rings*, pp.348~349,524.

까운 동산에 있는 새 무덤에 예수를 묻고 슬픔에 망연자실할 때까지 (19:41~42), 요한은 과일 껍질을 벗겨내듯 예수의 죽음 기사를 하나씩 전한다. 그리고 이 공허함을 상쇄하고 전체 이야기의 절정, 종결이 될 부활 이야기를 끌어낸다.

요한의 부활 이야기에는 마르코의 수수께끼도, 마태오의 초자연성도 없다. 예수는 여태껏 그래왔듯 모든 것을 지배한다. 그는 자신이 원할 때 나타난다. 동산에 있던 마리아에게(20:14), 문을 걸어두고 다락방에 숨어 있던 제자들에게(20:19), 의심하던 토마에게(20:26), 옛 삶의 방식으로 되돌아가 물고기를 잡던 제자들에게(21:4). 고기를 잡던 이들은 슬픔에 젖어 물 위의 모습 외에는 아무것도 보지 못한다. 그러나 예수는 높은 곳을 나는 독수리가 물 아래를 바라보듯 표면 아래 있는 물고기를 볼 수 있다. 밴쿠버 아일랜드 근교에서 물고기를 잡던, 그 독수리가 그랬듯 말이다. 그뿐만 아니라 그는 먼 곳까지 볼 수 있는 눈으로 베드로가 어떻게 죽게 되는지(21:18~19), 자신이 사랑하는 제자에게 어떤 일이 일어나는지(21:22~23)를 내다본다. 이처럼 사건을 지배하고, 알며, 인도하는 능력은 그에게 새로운 일이 아니다. 요한은 이것이 부활의 결과물이 아니라 맨 처음부터, 서문에 따르면 태초부터 예수의 본성이었다고 말한다. 탁월한 이야기꾼 요한은 지금까지 자신이 전한 모든 주제를 반복하며 이야기를 끝맺는다.

시편을 쓴 시인은 "그의 날개 그늘 아래에서" 기뻐했다. 예언자는 "의로운 해가 떠올라서 그 날개 아래서 치유하리라"(말라 3:20, 새번역등은 4:2)고 예언했다.* 표징의 책에서 활동하던 예수가 그러했듯 이제 부활의 영광 가운데 예수는 어려움에 처한 이들을 치유한다. 그는 눈물을 흘리는 마리아에게 다가가 그녀의 이름을 속삭이면서 부른다. 그리고 그녀를 위로해준다(20:11~17). 두려움에 갇혀 문을 걸어 잠근 제자들에게, 그는 평화와 기쁨을 가지고 찾아간다(20:19~21). 의심에 빠진 토마를 위해 그는 자신을 만져볼 수 있도록 손과 옆구리를 내준다(20:24~29). 또한 여는 이야기의 반향이 들리듯 되풀이되며 남다른 울림을 주는 이야기가 이어진다. 이제 예수는 자신을 세 번 부인한 행동에 괴로워하는 베드로에게 찾아가 이를 되돌릴 수 있도록 세 번 질문을 건넨다(21:1~17). 첫 번째 장부터 마지막 장까지 예수는 한결같이 부른다. "나를 따라라."(1:43, 21:19,22) 복음서 내내 하느님을 "나를 보내신 이"라 불렀던 예수는 이제 제자들을 보낸다.

아버지께서 나를 보내신 것 같이, 나도 너희를 보낸다. (20:21).

사마리아 여자와 눈먼 사람이 그랬듯, 그의 손길이 닿은 사람은 그의 증인이 되어 다른 이에게 증언한다. 마르코의 복음서에서 입을 열지 못하고 놀라기만 했던 여자들과 달리, 마리아는 순종하며 즉시 제자

---

* 새번역을 비롯한 여러 한국어 역본에서 이 구절은 "의로운 해가 떠올라서 치료하는 광선을 발"하리라고 번역되지만, 이 책에서는 '광선'으로 번역된 히브리어 '비크나페하'כְּנָפֶיהָ בְ를 '그의 날개 안에서'로 직역한 영어 번역본을 기준 삼아 번역하였다.

들에게 부활을 알린다(20:17~18).

봄과 보지 못함, 빛과 어둠, 구하고 발견함과 같은 은유는 이 복음서에서 내내 되풀이해 나왔다. 백색의 간달프가 팡고른Fangorn 숲에서 고대의 나무들이 드리운 어두운 그림자에 에워싸여 있던 그의 동료들에게 홀연히 다시 나타났을 때, 그들은 그를 알아보지 못한다. "당신의 이름을 우리가 알 수 있겠소?"[10] 백색의 간달프를 만난 동료들처럼 마리아는 눈물로 가득 차 겨우 어른거리는 모습만 볼 수 있었다. 그렇기에 그녀는 표면적인 층위에서 자신 앞에 나타난 신비한 인물이 동산지기라 생각했다. 이에 예수는 이 복음서에서 처음 했던 말을 되풀이한다. "누구를 찾느냐?"(20:15, 1:38과 비교) 늘 그랬듯 그는 더 깊이 보고 자신의 진정한 정체를 발견하도록 초청한다. "와서 보아라."(1:39,46) 예수의 말에 순종한 마리아는 제자들에게 가서 선언한다. "내가 주님을 보았다."(20:18) 제자들이 문이 잠긴 방에서 주를 "보았을" 때, 그들은 기뻐한다(20:20). 토마는 못자국과 창자국을 "보기" 전까지 믿기를 거부한다. 마침내 그가 보고 믿게 되자, 예수는 "(나를) 보지 않고도 믿는 사람"을 축복한다(20:24~29). 이와 마찬가지로 제자들은 호숫가에서도 이 낯선 이를 알아보지 못한다. 그들이 던진 그물에 기적적으로 물고기가 잡힌 것을 보고 나서야 깊은 깨달음이 찾아온다. "저분은 주님이시다."(21:7) 어떤 사건이든, 보게 되면 사람들은 주 예수의 정체를 깨닫게 된다. 이제 토마의 고백이 완성된다.

---

10 J.R.R.Tolkien, *The Lord of the Rings*, p.515.

나의 주님, 나의 하느님. (20:28)

높은 곳에서 내려다보는 시선으로 복음서를 읽어온 독자에게 이 진리는 처음부터 알려져 있었다. 태초부터 하느님이셨던 말씀은 결말에 이르러서도 하느님임을 인정받는다. 독수리는 날개를 활짝 펴고 아무런 힘도 들이지 않은 채, 쉬듯이 날며 커다란 원을 그리고 돌아왔다. 다른 쪽에서 바라보면, 독수리의 여정은 높고도 높은 곳에서 시작해 땅속 깊은 곳까지 내려갔다 다시 올라오는 여정이었다. 요한의 복음서에서 일어난 모든 일은 하느님이 하느님으로 다시 돌아오는 과정, 독수리가 둥지를 떠났다가 아버지의 품으로 다시 돌아오는 여정이라 할 수 있다. "독수리가 하늘을 날아간 자리"를 따라가다 보면 밤을 지새우며 수고하고도 끝끝내 그를 붙잡지 못할지 모른다. 하지만 그런 우리에게 부활한 예수는 찾아와 우리를 치유하고 용서하고 회복시켜 준다. 그리고 우리를 아침 식사 자리로 초대해 자신의 손으로 물고기를 건네어 준다.

우리에게 부활한 예수는 찾아와
우리를 치유하고 용서하고 회복시켜 준다.
그리고 우리를 아침식사 자리로 초대해
자신의 손으로 물고기를 건네어 준다.

그림 9. 네 복음서, 한 예수, 웨스트민스터 사원 시편집Westminster Abbey Psalter, 1200년경

06

... 하나의 예수?

이 책은 처칠을 주인공으로 한 네 편의 초상, 곧 동맹국과 회담 중인 정치인, 가족과 차를 마시고 있는 가정적인 사람, 전우들과 전쟁에 나선 사람, 그리고 휴일에 그림을 그리고 있는 과묵한 화가를 언급하며 시작했다. 특정한 공통 요소, 이를테면 시가 같은 것이 있기는 하나 각 초상은 매우 다르며 각기 다른 이야기를 전한다. 그러나 그 모든 초상은 동일한 한 인물을 그렸다. 또한 이 책은 복음서가 예수를 주인공으로 하는 일종의 고대 전기라고 제안했다. 그렇다면 각 복음서가 이야기하는 그리스도론, 곧 그들이 그린 각기 다른 예수 그림은 이들을 해석하는 열쇠임이 분명하다. 이에 따라 본론에 해당하는 네 장(2~5장)에서는 처칠의 초상 못지않게 서로 다른 네 편의 예수 초상을 살폈다. 성 마르코가 그린 사자는 무대 위로 뛰어올라 수수께끼처럼 이곳저곳을 종횡무진으로 다니며 포효하다가 지독하리만치 고독하게 죽는다. 성 마태오가 그린 인간의 얼굴을 한 이스라엘 선생은 긴 설교를 하고 사람들에게 배척당하며 새로운 신앙공동체를 세운다. 성 루가는 인내하며 짐을 짊어지고 가는 소를 그리는데 이 소는 모든 이를, 특히 내몰린 사람들을 돌보느라 희생 제물로 죽음을 맞이할 때까지 발길을 멈추지 않는다. 성 요한은 높이 날며, 멀리 보고, 모든 것을 알고 있는 독수리를 그린다. 그렇다면 이제는 피할 수 없는 문제, 다양성plurality과 통일성unity에 관한 문제를 다룰 차례다. 과연 네 편의 복음서와 예수는 어떠한 관계를 맺고 있는가?

네 편의 초상인가, 네 명의 예수인가?

먼저 '네 편의 복음서와 한 명의 예수인가? 네 편의 복음서와 네 명의 예수인가?'라는 질문을 살펴보자. 네 편의 초상화에는 어떠한 통일성이 있는가? 복음서들의 다양성을 존중하면서도 그 뒤에 숨겨진 한 인물을 찾을 수 있는가? 앞서 언급했듯 교부들은 에제키엘서와 요한의 묵시록에 등장하는 네 동물을 복음서 저자들에게 적용했다. 켈트족이 만든 채색된 복음서도 이 동물들을 저자들에게 적용했다. 특히 켈스의 서는 네 동물들을 관주 목록(장과 절을 세로로 나열해 다른 복음서의 평행 구절이나 유사 구절을 찾을 수 있도록 한 안내 목록)을 장식하는 데 사용했다. 이 관주 목록에서 네 복음서는 상호 참조하되 따로따로 나뉘어 있으며 여기서 화가들은 복음서 저자들을 뜻하는 네 상징을 각 복음서에 해당하는 표 맨 위에 따로 그렸다. 네 그림을 합쳐서 우화 속에 등장할 법한 하나의 동물, 중세 예술 작품에서 이따금 발견되는 이른바 '테트라모프'tetramorph('네 개의 형상'을 의미한다)를 만들려는 정황은 발견할 수 없다. 복음서들을 억지로 끌어모아 하나의 문서로 만든다고 했을 때 즉각 떠오르는 것은 2세기 말 타티아누스가 만든 통관복음Diatessaron이다. 이 책은 네 복음서의 차이는 고려하지 않고 네 복음서가 다루는 내용을 한데 엮어 단일한 내러티브로 만들었다.

초대 교회는 하나의 '만능 내러티브'master-narrative를 구축하려는, 혹은 하나의 복음서만 이용하려는 강력한 유혹에 휘말렸다. 복음서가 여럿이라는 점, 즉 예수에 관한 네 개의 일대기가 있음에 따라 그리스도론이 넷이라는 점은 분명 문제였다. 켈수스Celsus, 포르피리우스Porphyry, 율리아누스Julian 등 비非그리스도교 비평가들은 즉각 이 차이에 주목했다. 그들은 여러 이야기가 존재한다는 사실이 하나로는 완벽하지 않음을 시사한다고 말했다. 이는 이레네우스가 『이단을 반박함』에서 땅의 네 방위, 바람이 불어오는 네 방향, 네 마리 동물, 하느님과 계약을 맺은 네 사람을 언급하며 복음서가 네 권이어야 함을 정당화하려 했던, 오늘날 기준으로 보면 쉽사리 이해되지 않는 시도를 설명해준다.[1] 이후 오리게네스Origen of Alexandria에서 아우구스티누스Augustine of Hippo에 이르기까지 네 편의 복음서가 지닌 다양성을 변호하려는 노력은 계속되었다. 의미심장하게도, 초대 교회는 타티아누스처럼 모든 복음서를 하나로 묶어내려 하거나 마르키온Marcion처럼 한

---

[1]   Irenaeus, *Adversus Haereses*, III.11.8~9.

복음서만(루가의 복음서) 전용하려는 시도를 단호히 거부했다. 오히려 초대 교회는 네 편의 복음서를 신약성서 정경으로 보존하기로 했다.

먼저, 오늘날 복음서들을 억지로 끌어모아 하나의 조화로운 복음서를 만들려 한다면, 혹은 그다지 조화롭지도 않은 최소한의 공통분모를 찾아내려 한다면 이는 복음서 저자들이 세심하게 그린 초상화의 가치를 무시하는 것일 뿐 아니라 이를 보존하기 위해 교부들이 쏟았던 노력도 존중하지 않는 시도임이 분명하다. 1장에서는 이러한 시도가 루스벨트를 초대한 처칠이 그림 그릴 때 입는 작업복을 입고 절반은 군복을 걸친 채 차를 대접하는 우스꽝스러운 그림과 같다고 말한 바 있다. 각 그림은 그 자체로 음미해야 하며, 감상하는 이는 각 그림에 담긴 은유나 그림이 전하는 메시지에 주의를 기울여야 한다. 이 책은 예수를 그린 각 초상을 따로따로 상세하게 살펴보고자 했으며, 그리스도교 전통이 복음서 저자를 가리킬 때 쓰는 네 상징을 해석의 지침으로 삼았다. 이 상징들은 별다른 수고 없이도 기억할 수 있으며 각 복음서의 전체 그림을 염두에 두면서 세목을 살피는 데 도움을 준다. 각 복음서 구절을 읽을 때는 언제나 이 전기의 가장 중요한 목적이 특별한 한 인물의 이야기를 특별한 방식으로 전하는 것임을 마음에 새기고 읽어야 한다. 독자들은 물어야 한다. '이 구절은 예수라는 인물에 관해 무엇을 말하려 하는가?' '이 구절은 전체 그림에 어떤 기여를 하는가?' '전체 그림은 이 구절을 이해하는 데 어떤 도움을 주는가?'

둘째로, 캐럴 예배carol services를 드리거나 성 금요일 묵상을 하면서 흔히 일어나는 일처럼 별개의 복음서 구절을 손쉽게 합치려는 시도를 경계해야 한다. 여기까지 책을 읽어왔다면 이제 마태오의 복음서에 등장하는 동방 박사 이야기에 특별한 문학적, 신학적 목적이 있음을(이를테면 왕권, 경배, 예수에게 찾아온 유력한 이방 사람들) 알게 되었을 것이다. 또한 루가가 그린, 여관 뒤로 목자들이 찾아온 초라한 장면은 예수가 낮고 비천한 자들의 짐을 대신 짊어지고 가는 존재라는 루가의 복음서의 주제를 드러낸다. 마구간 하나에 두 무리를 함께 모아 둔다면(어떠한 복음서도 이렇게 말하지 않는다) 두 주제는 충돌을 일으켜 어떠한 것도 제대로 전달되지 않을 것이다. 이와 같은 맥락에서 마르코는 십자가에 달려 한 마디 외침만을 남긴 고적한 예수를 그린다.

나의 하느님, 나의 하느님, 어찌하여 나를 버리셨습니까? (마르 15:34)

그러나 요한은 예수가 남긴 승리의 외침을 강조한다.

다 이루었다. (요한 19:30)

어느 쪽이든 이 구절들은 각 복음서가 그려낸 그림과 그림에 담긴 신학이 나타난 결정적인 지점이다. 전례 독서를 할 때 두 구절을 한꺼번에 낭독한다면 사람들은 첫 번째 구절에 담긴 참혹함도, 두 번째 구절에 담긴 강력한 힘도 느낄 수 없을 것이다.

셋째로, 오늘날에 이르기까지 많은 교회가 각 복음서에 충분한 시간을 들여 집중하지 못했으며 그 결과 복음서들 사이에 있는 미묘한 느낌의 차이, 각 복음서가 드러내는 신학을 제대로 파악하지 못했다. 과거 주일 예배 독서에 사용했던 성서정과는 매주 이 복음서에서 저 복음서로 건너뛰곤 했다. 그러나 여러 복음서에서 뽑은, 10절에서 20절 분량에 해당하는 구절을 한 번에 읽어서는 사람들의 머리에 복음서가 전하는 그림이 그려지지 않을 것이다. 미국에서 휴가를 보내며 이 책을 쓰는 동안 우연히 '개정공동성서정과'Revised Common Lectionary를 알게 되었다. 이 성서정과는 3년 주기로 순환하는 A, B, C로 되어 있으며 셋 다 공관복음서 중 하나를 골라 한 해에 사용할 수 있게끔 목록을 구성해 두었다. 요한의 복음서는 별도로 부활절과 축일에 쓰인다. 한 복음서에 집중하는 방식은 각 복음서에 담긴 예수의 초상, 각 복음서가 관심하는 대상이나 주제에 관해 1년이라는 시간을 거쳐 듣는 이의 머릿속에 그려질 수 있게 한다는 점에서 긍정적이다. 또한 이러한 방식은 설교자가 한 복음서에 대한 주석에 몰입할 수 있게 해주며 설교를 통해 성서 내용을 신자에게 올바르게 전하게 해준다. 잉글랜드 성공회에서도 개정공동성서정과를 쓰기로 한 것은 반가운 소식이다. 하지만 나는 매년 부활절이나 축일에 요한의 복음서에 나온 수난 기사만을 쓰기보다 그해에 해당하는 복음서가 전하는 수난 기사를 써야 한다고 생각한다. 그렇게 되면 요한의 복음서가 그리는 예수의 초상은 그 자체로 한 해에 걸쳐 다루어야 마땅하다. 하지만 많은 교회가 3년 주기를 사용하므로 이는 현실적으로 힘든 일이다. 전국의회General Synod에서 나는 4년제를 채택해야 한다고 발언했지만 이는 받아들여지지 않았다.

복음서 저자들과 초대 교회는 모두 서로 다른 네 복음서, 그리고 각기 다른 예수의 모습을 담은 복음서 특유의 문학적이고 신학적인 의미를 보존하고자 했다. 하지만 더 놀라운 점은 복음서 저자들이 거리낌 없이 특유의 영웅 초상을 그리기 위해 변화를 주었음에도 불구하고, 네 편의 복음서가 본질적으로 같은 이야기를 한다는 것이다. 네 편의 복음서 모두 예수의 활동 시기는 그가 세례를 받고 나서 죽을 때까지였다고 말한다. 또한 그가 갈릴래아와 예루살렘에서 위대한 업적을 남겼다고, 놀라운 말을 전하고, 사람들을 치유했으며, 또 가르쳤다고 말한다. 이러한 예수를 만난 사람들은 각기 다른 반응을 보여 누군가는 그를 믿고 따랐고 누군가는 그에게 대적했다. 이러한 구도는 모든 복음서에서 유사한 이야기 구조를 띠고 나타난다. 예수는 당대 종교 지도자들과 갈등했으며 이 때문에 결국 제자들이 교회를 세우게 된다. 복음서 저자들은 모두 예수를 그리스도, 주님, 하느님의 아들 등으로 높여 부른다. 네 편의 복음서 모두 예수가 예루살렘에 와서 유대교 지도자들에게 체포된 뒤 로마 당국에 의해 십자가에서 처형되었다고 보도한다. 이후 기이한 일들이 일어났다는 점도 마찬가지다. 네 편의 복음서가 있기에 우리는 예수를 그린 네 편의 초상화를 본다. 하지만 이 복음서들은 모두 예수에 관한 하나의 이야기를 담고 있다. 네 편의 복음서는 이 이야기의 네 가지 형태version라고도 할 수 있다.

네 편의 복음서에서 다시 하나의 예수로

예수를 그린 네 편의 초상이 다양하면서도 줄거리와 골격의 통일성이 있다는 점을 고려하면 이 초상들과 이른바 역사적 예수의 관계에 관해 물음을 던질 수 있다. 즉 역사 속에서 실존했던 예수와 네 편의 초상 사이에는 어떠한 연속성이 있는가? 마르코의 복음서는 '마르코의 예수'(이 말은 마르코의 창작물임을 암시한다)를 이야기하는 것일까, 아니면 '마르코가 바라본 예수'(이 말은 이 복음서 저자가 역사 속에서 실존했던 인물을 특정한 방식으로 바라보고 이해했음을 암시한다)를 이야기하는 것일까? 복음서 저자들은 자신들이 갖고 있던 원자료에서 적절한 자료를 '선택한 것'일까? 아니면 그들이 직접 '만든 것'일까? '그의 이야기'his story와 '역사'history는 어떠한 관계를 맺고 있는 것일까? '그의 이야기'가 '역사'가 아니더라도 진리일 수 있을까?

요한은 빌라도로 하여금 묻게 한다. "진리가 무엇이오?"(요한 18:38) 오늘날에도 카메라, 녹음기 등의 장비를 사용하고 말을 그대로 글로 옮긴 기록이 있음에도 불구하고 학계에서는 여전히 역사적 진실의 의미를 두고 논쟁을 벌이곤 한다. 다큐드라마와 다큐멘터리의 차이, 허구fiction과 실화faction의 차이가 무엇인지도 종종 논쟁의 도마 위에 오른다. 우리는 고대인들이 진리truth와 신화myth, 거짓lies과 허구fiction를 어떻게 이해했는지 고려하지 않은 채 현대적인 개념들을 고대 문서에 들이대서는 안 된다. 현대적인 사고방식으로 볼 때 '신화'는 진실이 아닌 '옛날이야기'를 뜻한다. 그러나 고대 세계에서 신화는 심오한 진리, 다시 말해 단순한 사실보다 훨씬 더 참된 진리를 전달하는 매

개였다. 진리의 반대말은 허구가 아니라 거짓과 기만이다. 역사는 기만하는 데 이용될 수 있듯 이야기는 진리를 전하는 데 활용될 수 있다. 고대 세계가 진리와 허구를 어떻게 이해했는지는 무척 복잡한 문제이기에 이 자리에서 상세하게 다루기는 힘들다. 그러나 기억해야 할 점은 고대인들이 특정 진술의 논리적 중요성보다 그 진술이 담고 있는 도덕적 가치와 철학적 유용성에 더 관심을 기울였다는 것이다. 고대인들은 사실fact보다 진리truth에 관심했다. 빌라도가 예수를 향해 던진 질문은 요한의 복음서에 '참'과 '진리'라는 말이 대략 45회 등장한다는 사실을 반영한다.

네 편 복음서의 진위를 두고 이른바 '보수'와 '진보'가 벌이는 논쟁이 빈번하게 21세기 용어로 전도된다는 점은 안타까운 일이다. 언젠가 한 학생은 내게 질문했다. "요한은 대놓고 '진리'에 관심하면서 왜 예수에 관한 자료를 계속 '가공'fabrication하는 겁니까?" 학생의 질문에 등장한 '가공'이라는 말에는 부정적인 어조가 담겨 있지만, 이 말이 이처럼 부정적인 느낌을 갖게 된 것은 그리 오래되지 않았다. 고대 전기 『아그리콜라』Life of Agricola를 살펴보면서 이 점을 따져보자. 아그리콜라는 78년부터 84년까지 브리타니아를 다스렸던 로마 총독으로, 그의 사위이자 유명한 역사가 타키투스가 그의 일대기를 기록했다. 이 책의 1/4은 스코틀랜드 어딘가에 있는 한 고지에서 벌어진 로마인과 브리타니아인의 마지막 전투를 기술하는 데 전념한다. 타키투스는 기본적인 사실, 예를 들면 이 최후의 결전이 있던 날짜나 장소를 전하는 데 관심이 없다. 대신 그는 양측 장군이 참전을 앞둔 병력에게 용기를 주려고 행한 긴 출전 연설 두 편을 실었다. 이 중 한 연설, 아그리콜라의 연설은 사위 타키투스에게 아그리콜라 자신이 했던 연설을 추억에 잠겨 이야기해 주었을지 모르지만, 칼레도니아 족장 칼가쿠스Calgacus의 연설은 분명 타키투스가 '가공'한 것이다.[2] 실제 저 고대 브리타니아인은 아름답게 균형 잡힌 라틴어 수사학으로 로마인이 벌이는 일들을 조목조목 비판하기는 고사하고, 자신이 언급한 일 중 절반이라도 알았을 리 만무하다. 그러나 타키투스는, 그리고 당시 이 일대기를 읽은 이들 역시 현대적인 의미에서 '가공'의 혐의를 이 저작에 씌우지 않았다. 당시로써 이는 상상할 수 없는 일이었다. 설령 칼가쿠스가 실제로 말한 적이 없다 하더라도, "그들은(로마인들은) 땅을 황무지로 만들어놓고 이를 평화라 부른다." 같은 문장이 뿜어내는 간결함과 풍성한 의미는 참되며 이 일대기를 접한 독자들에게 윤리적인 도전을 던진다.[3] 타키투스에게는 이것이 전투가 벌어진 시간이나 장소 같은 단순한 '사실'보다 더 중요한 '진리'였다. 또한 이 어록은 경제 세계화와 '평화 유지'군이 초래하는 여러 부작용에 직면한 오늘날의 세계, 현시대 정권들에도 마찬가지로 '참되다'. 현대 무기가 아무리 발전했다 하더라도 이를 썼을 때 이 땅에 정의롭고 항구적인 평화는 오지 않았으며 도리어 '땅을 황무지로 만들어' 놓곤 했다.

복음서가 예수를 그린 전기적 초상이라면 독자들은 다른 고대 전기 작품들을 보며 작품과 주인공의 관계를 살필 필요가 있다. 복음서

---

[2] Tacitus, *Agricola*, 30~32.

[3] *Ibid*, 30.5, "solitudinem faciunt, pacem appellant"

가 여럿이기에 다양한 예수 기사를 접할 수 있듯, 철학자 소크라테스Socrates나 로마 정치가 카토Cato 등 다른 고대 주인공을 다룬 일대기들도 여럿 존재한다. 고대 작가들은 역사 서술(물론 여기에도 상당 수준의 해석이 들어갔다)과 '엔코미움'encomium, 즉 구체적인 사실들은 접어두고 누군가를 칭송하기 위해 기록한 찬가eulogy를 명확하게 구분했다. 문학 장르라는 관점에서 볼 때 당시 전기 작가들은 이 양극단 사이에서 작업했다. 전기 작가들은 역사 서술을 할 때보다는 더 적극적으로 주인공을 '해석'했다. 그렇다고 해서 주인공에 관한 찬가나 고대 소설을 쓰듯 하지는 않았다. 기사는 역사 속에 실존했던 인물과 연관성이 있어야 했다. 이는 복음서 저자들이 저자 특유의 예수를 그릴 때 확보할 수 있는 운신에 제약이 있었음을 보여준다. 고대 전기, 그리고 복음서를 접했을 때 우리는 역사를 바라보는 현대적 기준을 들이대서는 안 된다. 그렇다고 전설이나 소설에서 볼 수 있는 창의성을 기대해서도 안 된다.

최근 일부 연구는 복음서에 '허구'적인 요소가 있다면 이는 진정성이 없으며 신뢰할 수 없다고 단정한다. 안타까운 일이다. 문학 비평의 관점으로 조금 더 살펴보면 고대 전기를 쓴 작가 중 누구도 증거를 확보한 역사 문서를 제공하려 하지 않았다. 당시 전기 작가들은 인물의 '내면'으로 들어가려 했다. 게다가 오늘날에도 많은 전기에는 전기 작가의 상상력에 기댄 요소가 있다. 요한이 '진리'를 강조했을 때 이는 '증거가 확보된 사실'이 아니다. 그는 예수가 누구인지를 알려주는 더 높은 차원의 '진리'를 독자에게 알리려 했다. 그리고 이를 위해 그는 전기라는 형식으로 글을 썼다. 그에게 예수는 "길이요, 진리요, 생명"이었다. 타키투스의 칼가쿠스가 로마 제국주의를 규탄하며 마태오의 예수가 새로운 모세처럼 산 위에서 말하듯 요한의 예수는 말한다.

나는 길이요, 진리요, 생명이다. (요한 14:6)

이때 독자들이 예수나 칼가쿠스가 정말로 그렇게 말했는지를 묻는다면 이는 핵심을 완전히 놓치는 것이다. 저 말은 거짓이나 허구가 아니다. 작가가 독자에게 말하고자 하는, 일정한 방식을 통해 전하고자 하는 진리다.

일부 현대 비평가들은 전기가 이처럼 해석의 역할을 담당하고 있음을 일축한다. 그들은 '역사적 예수'를 복원하기 위해 복음서 저자라는 막을 '벗겨 버리려' 한다. 그러나 칼가쿠스의 연설을 타키투스가 지어냈다고 해서 이를 벗겨내려 한다면, 내러티브에 담긴 문학적 의미와 타키투스 저작이 지닌 역사적 의미를 모두 잃어버리고 만다. 이러한 접근은 환원주의적 오류를 범할 위험이 있다. 엑서터 대성당 Exeter Cathedral을 '한낱 돌무더기'라 부르며 의미와 해석이 켜켜이 쌓인 수 세기를 벗겨 버리려 하거나, 인간을 '화학 성분 한 줌과 물 한 동이를 합친 혼합물', 혹은 '이기적 유전자의 모음'에 불과하다고 말한다면 거기에 담긴 의미는 날아가 버리고 만다. 이러한 진술은 가장 낮은 층위에서 옳을 수 있으나 그렇다고 해서 그보다 높은 의미의 층위들이 하나의 층위로 환원될 수는 없다. 양파 껍질을 벗겨내듯 네 편의 복음서를 다루어 예수가 '한갓 유대교 예언자'임을 폭로하려 한다면, 중요한 것을 아무것도 남기지 않을 각오를 해야 할 뿐 아니라 복음서를 전기라는 장르로 읽어냄으로써 얻는 중요한 의미까지 놓치고 만다. 이러한 해석의 층위들은 이 '인물'이 저자들에게 어떠한 영향을 미쳤는지 보여주는 것이다.

물론 실제 역사를 복원하는 것은 중요하다. 19세기에 유행한 '역사적 예수 탐구'Quest for the Historical Jesus와 1950~60년대 '새로운 탐구'New Quest는 다양한 예수상을 그려냈으며 일부 결과물은 나머지와 견주었을 때 설득력이 있다. 최근에는 예수를 당대 사회적, 역사적 정황에 자리매김하려는 시도가 이루어지고 있다. 일부 연구자들, 특히 '예수 세미나'Jesus Seminar는 예수를 헬레니즘의 배경 아래 있던 방랑 철학자, 혹은 견유학파에 빗대었다. 최근 학자들 사이에 더욱 공감대를 이루는 견해는 예수를 유대교 배경에 굳건하게 뿌리 내린 종말론적 예언자로 보는 것이다. 이들에 따르면 다른 예언자들처럼 예수는 설교하고 가르치며, 당신의 백성을 도전하고 심판하러 오시는 하느님의 활동을 철저하게 강조했다. 이것이 예수가 말한 하느님 나라Kingdom of God, 좀 더 정확히 번역하면 하느님의 다스림Kingship of God이다. 예수의 비유는 모두 하느님이 다스리는 특정 영토나 장소가 아니라 하느님의 '통치'rule가 알려질 때 벌어지는 일에 관한 이야기다. 그는 하느님의 나라·다스림을 예비하려면 죄에서 돌이켜야 한다고 가르쳤지만, 동시에 하느님께서 죄인과 내몰린 이를 자애로이 사랑하시며 자유로이 받아주신다고도 말했다. 성전 시위 사건에서 전형적으로 드러나는 이러한 태도는 종교 권력과의 갈등을 일으킬 수밖에 없었다. 결국 당대 종교 지도자들은 예수를 로마인들에게 넘겨 십자가에서 죽음을 맞이하게 만들었다. 그들은 자신들을 훼방했던 수많은 예언자의 결말이 그러했듯 사건이 종결되었다고 생각했다. 하지만 이는 끝이 아니었다. 하느님께서 예수를 죽음에서 일으키셨다는 믿음으로, 그를 따르는 사람들이 빠른 속도로 늘어났다. 이렇게 초기 그리스도교 공동체가 형성되었고 이 공동체는 유대교와 결별하게 된다.

예수를 복원하려는 이들 중 일부는 그가 유대교 배경에 너무도 잘 어울리는 인물이라는 결론을 내린다. 그러나 이렇게 되면 왜 모든 사람이 그를 십자가에 못 박으려 했는가가 이해하기 어려워진다. 다른 한편에서는 예수 자신이 하느님 나라의 도래, 혹은 (어떤 이들이 선호하는 표현을 빌자면) '하느님의 승리'를 위해 중요한 역할을 떠맡았음을 알고 있었다고 보며, 예수의 활동과 궁극적으로 그의 죽음을 통해 확연히 드러난 이 역할을 강조한다. 어떠한 식으로 보든 그의 가르침과 설교는 하느님을 향한 그의 시선과 떼려야 뗄 수 없었기에 고도로 신학적일 수밖에 없다. 이 인물은 언제나 해석을 요청한다. 그의 뜻과 목적은 단순한 사실에 있지 않으며 유의미한 '진리'에 방점이 찍혀 있다. 그러므로 우리는 복음서를 읽을 때 복음서 저자라는 막을 벗겨내려 하기보다, 예수가 사람들에게 어떠한 영향을 미쳤는지, 그를 따르는 사람들이 어째서 그가 여전히 살아있다고 믿었는지를 살펴야 한다. 모든 것의 동기가 되는, 이 비범한 네 편의 초상화가 만들어진 계기를 설명하는 역사적 '핵심'을 파고들어야 한다.

마르코의 복음서에서 예수의 정체는 초자연적 수단, 악마, 하늘에서 들려온 목소리를 통해 드러난다. 그리고 십자가 곁에 있던 백인대장이 마지막으로 이를 확언한다.

참으로 이분은 하느님의 아들이셨다. (마르 15:39)

이러한 예수의 정체는 마태오의 복음서에서 예수 탄생 시 찾아온 동방 박사(마태 2:2, 11), 폭풍에 휩싸인 배에 그와 함께 타고 있던 제자들(14:33), 산 위에 있던 새로운 공동체 등(28:17)을 통해 드러난다. 이들은 모두 예수를 경배한다. 루가의 복음서를 보면 눈에 띄는 변화를 감지할 수 있다. 그는 '주 하느님'을 뜻하는 '호 퀴리오스'ὁ κύριος를 복음서 초반부터 사용해 이를 예수를 부르는 중심 용어로 삼는다. 예수는 곧 하느님이다. 요한의 복음서는 이를 더 노골적으로 드러낸다. 그는 서문에서 선언한다.

그 말씀은 하느님이셨다. (요한 1:1)

이 선언은 토마의 고백과도 곧장 연결된다.

나의 주님, 나의 하느님! (요한 20:28)

네 편의 복음서 모두 예수가 한 활동, 예수가 전한 말을 담아냄으로써 그가 하느님을 위해 행동하고 말한다는 데 의견을 모은다. 예수는 단순한 예언자가 아니다. 하느님 나라를 중재하는 인간도 아니다. 예수의 활동과 말에 이들이 비범하고도 놀랍게 반응하는 이유는 이에 합당한 반응이 경배, 곧 하느님께만 드릴 수 있는 경배이기 때문이다. 복음서는 넷일 수 있다. 그러나 이 네 편의 복음서가 증언하는 예수는 오직 하나다. 그는, 인간으로 우리 가운데 오신 하느님이다.

네 편의 복음서에서 나아가 여러 예수로

작가는 자기에 대한 이해를 바탕으로 주인공의 초상을 해석하여 그리곤 한다. 이레네우스는 복음서 저자뿐 아니라 저자들이 그린 예수 초상에도 네 동물을 적용했다. 네 상징은 "하느님 아들의 성향을 보여주는 은유"로, 예수가 어떤 의미를 갖는지 알려준다. 그리하여 사자는 예수의 왕권을, 소는 그의 희생을, 인간은 그가 인간으로 오셨음을, 독수리는 그의 성령을 뜻한다.[4] 해석을 하지 않고서는 역사를 이해할 수 없듯, 인물 설정을 고려하지 않고 전기를 이해할 수는 없다. 전기의 주인공은 저자의 삶을 바꾸어 놓았고 저자 역시 독자의 삶을 바꾸기 위해 글을 쓴다. 그렇다면 저자와 주인공, 그리고 독자 간의 상호 침투interpenetration는 피할 수 없는 일이다. 주인공이 여전히 살아 숨 쉬며 저자의 글에 영감을 불어넣는다고 믿는다면 이후 창조

---

[4] Irenaeus, *Adversus Haereses*, III.11,8~9.

적인 전개가 이어질 수밖에 없다. 분명 나자렛 예수에게는 규정하기 어려운 무언가가 있다. 권력자들이 그랬듯 독자가 그를 못 박고 그 위에 커다란 돌을 무더기로 쌓은 뒤에도 그는 예상치 못한 곳에서 다시 나타난다.

그러므로 역사적 예수를 복원하려는 시도가 유행처럼 번졌다가 이를 다시금 돌이킨다 해도 이는 놀랄 일이 아니다. 그리스도교 이야기는 언제나 그래왔다. 당대에 타티아누스의 통관복음은 '만능 내러티브'로 인기를 누렸다. 그러나 2세기와 3세기에는 또다시 예수에 관한 수많은 기록이 등장했다. 이 중 일부는 파편밖에 남아있지 않아 확증하기는 어려우나 전기라는 장르를 활용한 것으로 보인다(『나자렛 사람의 복음서』Gospel of the Nazarenes, 『에비온 복음서』Gospel of the Ebionites). 『토마의 복음서』Gospel of Thomas와 같은 문헌은 내러티브 구조가 전혀 없는 어록 모음이다. 또 일부 문헌은 기존의 복음서가 다루지 않은 시간을 예수의 유아기나 소년기에 관한 전설(가령 예수가 흙으로 새를 만들어 날려 보냈다는 이야기)로 채우거나 마리아의 이야기를 전할 때까지 시간을 거슬러 올라가기도 했다(『야고보의 원 복음서』Protevangelium of James). 이러한 두 경향, 곧 여러 복음서를 하나의 만능 내러티브로 환원하려는 경향과 기사를 무한히 늘려가려는 경향은 2세기 후반과 3세기, 그리고 4세기까지 초대 교회가 신약성서 정경을 확정하고 예수의 본성과 위격을 두고 씨름하는 동안 내내 논쟁이 되었다. 한편으로 신약성서에 네 편의 복음서를 수록했다는 사실은 정경이 다양성을 허용하고 있음을 뜻한다. 다른 한편 초창기 공의회에서 일어났던 그리스도론 논쟁은 초기 그리스도교가 예수 이해에 일정한 제약을 두고자 했음을 뜻한다.

451년 열린 칼케돈 공의회는 마침내 예수가 인성과 신성이라는 두 본성을 지닌 한 위격이라는 정통 그리스도론 공식을 확정했다. 이 책에서 예수에 관한 네 편의 초상을 살피며 언급했던 두 요소를 모두 담으려 한 것이다. 한편 이러한 진술은 교회가 그리스-로마 세계로 이주해 갔음을 반영한다. 방랑하는 유대교 랍비이자 하느님 나라의 예언자요 대리인이었던 예수를 당시 교회는 그리스 철학의 언어로 표현했다. 문화의 흐름에 따라 예수상은 다시금 새로이 해석되었고 또 새로이 표현되었다. 이러한 그리스도론 전개는 불가피한 일이었다. 수 세기를 거치며 셀 수 없을 만큼 수많은 예수상이 등장했고 다양성은 더욱 확대되었다. 초기 교회에 있는 모자이크화를 보면 예수는 자신에게 맡겨진 사람들을 돌보는, 수염을 말끔하게 밀어내고 곱슬머리를 한 젊은 목자로 나온다. 이후에도 예수 이해는 변천을 거쳤다. 십자가에 무력하게 달렸던 사람은 콘스탄티누스 치하에서 처음으로 로마 제국의 통치자가 되었다. 더 나아가 비잔틴 시대에 예수는 '판토크라토르'Pantocrator, 곧 우주의 지배자가 되었다. 예술 분야에서 예수를 그릴 때도 이러한 시대의 흐름과 보조를 맞추었다. 로마 시대, 황제의 자색 토가를 입었던 예수는 중세 프레스코화와 성상icon에서는 하얀 예복을 입고 긴 머리에 턱수염을 한 모습으로 사람들을 준엄하게 바라본다.

15~16세기 르네상스 시대에 이르자 예수는 '보편 인간'Universal Man

이 되었다. 미켈란젤로Michelangelo, 라파엘로Raphael, 엘 그레코El Greco 같은 이들은 당시 새롭게 등장한 사실적 기법으로 예수를 그렸다. 종교개혁자들이 복음서를 자국어로 번역한 것처럼, 루터는 종교 예술이 영원하신 하느님의 거울로서 예수의 인성을 반영해야 한다고 주장했다. 요한 제바스티안 바흐Johann Sebastian Bach는 '성 마태오 수난곡'St Matthew Passion과 '성 요한 수난곡'St John Passion에 가슴을 울리는 곡조를 입힘으로써 이를 강조했으며 알브레히트 뒤러Albrecht Dürer는 예수를 그릴 때 자신의 얼굴을 사용했다(Self-portrait, 1500년경). 이는 작자의 자기 이해를 통해 주인공을 해석함을 분명하게 보여준다. '이성의 시대'The Age of Reason라 불리는 17세기와 18세기에는 계몽주의에 바탕을 둔 합리적 예수 이해가 등장했다. 데이비드 흄David Hume은 기적 이야기를 일축했으며, 라이마루스Reimarus나 레싱Lessing 같은 학자는 역사적 예수 탐구, 다시 말해 인간 선생인 예수를 찾으려는 시도를 벌였다. 그들은 예수를 소크라테스 같은 이들에 견주었다. 19세기에는 낭만주의적 관념론의 영향을 받은 이들이 예수의 일대기를 썼으며 홀먼 헌트Holman Hunt는 '세상의 빛'The Light of the World(Keble College, Oxford, 1853)에서 수염이 덥수룩하게 나고 왕관을 쓴 인물이 무성한 수풀로 뒤덮인 영혼의 문을 암담하게 두드리는, 동시에 그림을 보는 이를 호소하듯 바라보는 장면을 그렸다. 선교사 파송 운동이 전 세계로 퍼져나가면서, 예수는 인도식 예복을 입고 다리를 꼬고 앉은 모습으로 그려지거나 중국풍 버드나무 무늬 접시 가운데 제자들과 차를 마시는 모습으로 새겨지는 등 모든 문화에 속한 사람이 되었다.

끝으로 마지막 세기에 자유주의는 해방자 예수라는 길을 열었다. 그리스도 안에서 "유대 사람도 그리스 사람도 없으며, 종도 자유인도 없으며, 남자와 여자가 없다"(갈라 3:28)는 바울로의 주장은 노예제 폐지에서 여성 사제직에 이르는 다양한 운동의 동인이 되었다. 히틀러 암살 모의에 가담했다가 투옥된 디트리히 본회퍼Dietrich Bonhoeffer에서 라틴 아메리카에서 억압적인 정권에 대항해 투쟁한 로마 가톨릭 사제들에 이르기까지, 이 해방자를 통해 사람들은 해방을 위해 총을 들 수도 있지 않느냐며 물음을 제기했다. 동시에 이 시대 비폭력주의의 사도라 할 수 있는 간디Mahatma Gandhi나 마틴 루터 킹Martin Luther King Jr.과 같은 이들은 자신들의 행동과 영감의 원천으로 예수를 꼽았다. 노샘프턴 성 마르코 성당St Matthew's, Northampton에 걸려 있는, 그레이엄 서덜랜드Graham Sutherland가 제2차 세계 대전 직후 그린 '십자가 처형'The Crucifixion은 예수의 수난을 이 세계가 겪는 고통과 동일시한다. 반면 코번트리 대성당Coventry Cathedral에 있는 거대한 태피스트리 '보좌에 앉으신 그리스도'Christ in Majesty는 1960년대풍의 확신으로 가득하며 다시금 높은 곳에 있는 보좌에 앉아 우주를 다스리는 예수를 그린다. 푸른 눈을 가진 순수 혈통 아리아인으로 묘사한 나치 예수의 그림도 존재한다. 또 대중문화를 들여다보면 앤드루 로이드 웨버Andrew Lloyd Webber와 팀 라이스Tim Rice가 만든 뮤지컬 '지저스 크라이스트 슈퍼스타'Jesus Christ Superstar에서 막달라 여자 마리아는 "그는 남자, 그는 그저 한 남자일 뿐인데"라고 노래하면서도 그가 왜 그리 자신의 마음을 움직이는지 알지 못한다. 이후 사람들은 예수를 부의 창출을 외치는 예언자로 보기도 했다. 대처 여사가 스코틀랜드 장로교회 총회에서 행한 유명한 주해 설교에 따르면 선한 사마리아 사람은 상처 입은 사람을 위해 개인 의료 보험을 구매해주는 사람으로 해석될 수도 있다. 그사이 할리우드에서는 예수 이야기를 다양한 방식으로 보여주려는 시도가 이어졌다. 몬티 파이튼 팀Monty Phyton이 만든 '브라이언의 생애'Life of Brian(1979)에서 멜 깁슨Mel Gibson이 연출한 '패션 오브 크라이스트'The Passion of the Christ(2004)에 이르기까지, 예수를 그린 수많은 영화가 나왔고 대부분 엄청난 논란을 일으켰다.

이렇듯 네 편의 복음서가 그린 예수는 신학계, 문화계, 신앙과 예술 영역에서 수많은 '예수들'로 뻗어 나갔다. 다시금, 해석이 쟁점으로 떠오른다. 이 모든 예수 초상은 동등하게 타당한가? 이렇게 예수는 세대마다 다시 태어나도 되는 것일까? 예수를 자신의 모습에 따라 마음껏 만들고 또 만들어내고, 소비 사회의 입맛에 맞는 그리스도론을 선별해도 되는 것일까? 이러한 해석에는 어떠한 한계가 있을까?

경계선 안에 있는 다양성

처음에 다루었던 처칠의 그림들의 경우, 처칠 부인은 자기 남편을 그린 초상에 관해 그 기준이 주관적일지언정 제한이 있다고 보았다. 코번트리에 가면 지금도 그레이엄 서덜랜드가 그린 그리스도 태피스트리를 볼 수 있지만, 그가 그린 악명 높은 처칠 초상화는 더는 볼 수 없다. 처칠 부인의 마음에 들지 않는다고 이 그림을 없애 버렸기 때문이다.* 반면 처칠을 그린 수많은 캐리커처와 만화는 차트웰에 살아남아 있다. 그중 일부 작품은 누가 봐도 처칠이라는 것을 알 수 있게 해주는 요소들이 묻어 들어가 있지만 이질적인 작품도 있다. 가령 나치 선전물이 그린 처칠은 (예를 들면 처칠 하면 빼놓을 수 없는 시가처럼) 누구나 처칠임을 알아볼 수 있게 하는 요소가 있지만, 이 작품은 역사적 증거도 없고, 다른 그림들이 전개해온 연속성과도 단절된 모습을 하고 있다. 즉 처칠에 관한 초상들을 어느 정도 해석할 수 있는지, 그 다양성을 가늠할 때 우리는 '역사적 증거'와 '전개되어 온 전통'을 기준 삼을 수 있다.

처칠의 초상과 마찬가지로 신약성서에는 네 편의 복음서가 있다. 이는 우리가 예수를 바라볼 때 다양성과 포괄성이 나타남을 시사한다. 복음서가 마흔네 권이 아니라 네 권이라는 점은 다양성에도 한계가 있음을 알려준다. 다른 초상, 이를테면 출처가 불분명한 영지주의 복음서들은 정경으로 받아들여지지 않았다. 초대 교회는 네 개의 구별되는, 서로 다른 예수상을 간직함으로써 미래에 그려질 예수상이 나아갈 수 있는 경계선을 마련했다. 로버트 모건Robert Morgan은 이러한 다양성을 문제로 볼 것이 아니라 역사와 교리를 재건하기 위한 신학적 기회로 삼아야 한다고, 더 많은 '예수의 신앙상信仰像'을 촉진하는

---

* 영국 의회는 1954년 처칠의 여든 번째 생일을 기념하여 당시 영국 최고의 화가 중 한 명인 그레이엄 서덜랜드에게 초상화를 의뢰했다. 그러나 막상 구부정하게 앉아 다소 찌푸린 얼굴을 한 나이든 모습의 처칠을 담아낸 서덜랜드의 그림을 본 처칠과 아내 클레멘타인은 몹시 마음에 들어하지 않았다고 한다.

준거로 이해해야 한다고 주장했다. 그에 따르면 정경인 네 편의 복음서는 '자극제이자 제어장치'의 역할도 한다.[5] 우리는 다양성을 만났을 때 타티아누스의 통관복음으로 돌아가는 식의 뻔한 대응, 다시 말해 단일한 만능 내러티브로 조화를 이루려 하거나 뒤죽박죽으로 합쳐놓는 방식을 거부해야 한다. 네 편의 복음서는 새로운 그림을 그리게 하는 '자극제' 역할을 한다. 동시에 네 복음서는 이 과정에서 '제어장치' 역할을 한다. 이 때문에 이레네우스는 복음서가 더도 덜도 아닌 '넷'이어야 한다고 말한 것일지 모른다. 바람의 네 방향과 땅의 네 모퉁이를 운운하며 네 편의 복음서의 당위를 말하는 그의 주장을 문자 그대로 받아들이지 않는다 해도, 정경이 네 편의 복음서를 수록했다는 점은 우리에게 많은 생각의 여지를 남겨둔다.

어떤 이들은 네 편의 복음서가 네 개의 '원자료', 곧 네 사도의 소명에 관한 가르침에 해당한다고 주장했다. 그들에 따르면 마태오의 복음서는 야고보의 가르침, 마르코의 복음서는 베드로의 가르침, 루가의 복음서는 바울로의 가르침, 요한의 복음서는 요한의 가르침을 전한다. 이와는 달리 네 편의 복음서가 '청중'과 관련되어 있다고 말하는 이들도 있다. 이 관점에 따르면 마태오의 복음서는 유대인들을, 마르코의 복음서는 로마인들을, 루가의 복음서는 그리스인들을, 요한의 복음서는 교회 공동체를 '청중'으로 상정한 문서다. 나는 예수를 그린 네 편의 초상들이 지닌 다양성이 여러 '성향'

---

[5] Robert Morgan, *Interpretation* 33.4, October 1979, p.386.

을 고려한 것일 수 있다고 본다. 마태오의 복음서가 그리는 인간 선생은 율법과 가르침에 관심하는 이, 여러 가지를 분명하게 하고 한데 묶는 것에 관심하는 이의 마음을 끌 것이다. 마르코의 복음서가 그리는 수수께끼 같은 사자는 고난을 겪고 있는 이, 암울한 상황에 처한 이에게 힘을 줄 것이다. 루가가 그린 열심히 일하는 소는 억압받는 이들의 곁에서 해방을 위해 안간힘을 쓰는 이들에게 영감을 불러일으킬 것이다. 요한의 복음서가 그린 높이 비상하는 독수리는 신비주의자의 넋을 잃게 할 것이다. 어떤 이들은 네 편의 복음서를 융 심리학이 말하는 '성격 기능'personality functions과 연결 짓기도 한다. 그들은 이 성격 기능 개념을 성격 유형 분석에 활용한 심리학자 마이어스와 브릭스Myers-Briggs의 분석 틀을 빌어, 마태오의 복음서는 논리적이면서도 질서정연한 '사고형 복음서'Thinking gospel, 마르코의 복음서는 생생하고 시각적이며 즉각적인 내러티브를 담은 '감각형 복음서'Sensing gospel, 루가의 복음서는 무거운 짐을 지고 가는 이들에게 관심을 쏟는 '감정형 복음서'Feeling gospel, 요한의 복음서는 은유와 상징이 나래를 펼치는 '직관형 복음서'Intuitive gospel라고 보았다.*

네 편의 복음서가 지닌 다양성은 수천 년에 걸쳐 수많은 예수상이 생기는 데 자극제 역할을 했다. 또한 우리가 살아가는 근대 이후의

---

* 모녀 심리학자 브릭스와 마이어스가 개발한 성격 유형 분석틀은 오늘날 '마이어스-브릭스 유형 지표'MBTI: Myers-Briggs Type Indicator로 알려져 있다.

postmodern, 나아가 무신론 이후의post-atheistic 세계, 서구권의 낙관적인 과학적 인본주의와 동구권의 공산주의가 모두 붕괴하고 난 21세기 세계에 걸맞은 새로운 예수상을 그리도록 사람들을 고무한다. 그렇다면 어디까지 이를 허용할 수 있을까? 그 한계란 무엇일까? 네 편의 복음서는 어떻게 이 모든 그림을 '제어'할 수 있을까? 흥미롭게도, 4라는 수는 운동경기장을 둘러싼 면의 수이기도 하다. 축구든 미식축구든, 럭비든, 야구든 경기를 진행하려면 공은 경기장 안에 있어야 한다. 경기장 밖으로 공이 나가는 것은 '한계'를 넘어서는 것이기에 심판은 '라인아웃'이나 '스로인'을 선언해 공을 경기장 안으로 다시 넣고 이때에야 비로소 경기는 재개된다. 한계, 경계선을 넘어가면 크리켓에서는 6점을 얻고 야구에서는 홈런이 된다. 모든 사람은 여기에 갈채를 보낸다. 그러나 경기가 계속되려면 공은 다시금 경기장 안으로 들어와야 한다.

그리스도교 교리라는 고전적인 진술은 바로 이러한 한계, 혹은 경계선 역할을 한다. 교리는 울타리 혹은 경계선이다. 삼위일체 교리는 하느님의 본성을 정의하는 것이 아니라(누가 감히 그분을 기술할 수 있을까) 일정한 한계를 긋는데 그 목표가 있다. 누군가 '삼위성'three-ness을 극단으로 밀고 간다면 그는 성서에서 말하는 유일신 전통과 조화를 이룰 수 없는 '삼신론자'가 된다. 반대로 '일체성'one-ness을 지나치게 강조한다면 그는 결국 세 양태로 일하는 한 분 하느님을 말하는 '양태론자'modalist가 된다. 양태론은 성부가 수난을 당하고 십자가 위에서 죽고 나면 성 토요일에 우주를 관장할 수 없으며 부활의 날에 부활을 일으킬 이가 부재한다는 문제를 해결할 수 없다. 마찬가지로 고전적인 '두 본성'의 성육신 교리는 예수에 관한 모든 것을 분명하게 말해 주지는 않지만 일종의 부정형 시험지negative tests 역할을 한다. 예를 들어 누군가 예수가 한 사람의 인간에 불과하다거나 인간 예언자라 말하거나, 반대로 실제로는 이 세상과 결코 관계하지 않는 하느님이라고 말한다면 그는 그리스도교 전통과 결별한 것이다.

그렇다면 네 생명체를 상징으로 하는, 각기 다른 그리스도론을 품은 네 편의 복음서도 경기장의 범위를 규정할 수 있을까? 또한 한 예수와 그를 그린 다양한 초상을 적절히 평가하는 데 도움을 줄 수 있을까? 그리스도교 전통에서 초기 교부들은 하나가 아닌 '네 편'의 그림을 택함으로써 이후 모든 세대가 예수라는 인물을 새로운 방식으로 그릴 수 있게 하는 밑바탕을 만들었다. 동시에 그들은 네 편의 그림'만'을 인정함으로써 그리스도교 전통에 머무르고자 하는 이들이 경기할 수 있는 경기장을 마련해 두었다. 한 편의 복음서를 멋지게 설명하기 위해 애를 쓰다 이내 경기장에 있는 경계선에 공이 닿을지도 모른다. 그리고 사람들은 여기에 갈채를 보낼지도 모른다. 하지만 공이 다시 경기장 안으로 올 때까지 경기는 재개되지 않는다. 최초에 이 경기를 시작한 인물인 역사적 예수는 경기장의 네 경계선 '사이' 어딘가를 달리고 있다. 그는 한 곳에 묶여 있기를 거부한다. 역사가 흐르는 동안 등장했던 많은 예수상은 네 편의 복음서가 그린 경기장 경계선 안에서 자신의 역할을 감당했으며 경기에 공헌하기도 했다.

그러나 어떤 그림들은 경계선을 넘어가 버렸다. 서구권의 식민지 확장과 함께 전해진 문화 제국주의자 예수는 가난하고 비천한 이들 가운데 있는 예수를 강조하는 네 편의 복음서와는 너무나 동떨어져 있다. 무장한 혁명가 예수, 아리아인 인종차별주의자 예수 역시 모든 민족에게 평화를 가져다준 예수를 이야기하는 성서 전통과 결별한, 얼토당토않은 해석이다. 예수를 하느님의 영으로 바라보려는 시도들은 네 편의 복음서가 분명하게 보여준, 그의 '인성'을 진지하게 다루지 않는다. 꾸란이나 일부 유대교 전통이 말한, 혹은 근래 일부 신약학자들이 복원한 역사적 예수가 그러하듯 예수를 인간 예언자로만 보려는 시도는 성서 본문에서 사람들이 그를 '경배'한다는 사실을 공정하게 평가하지 않는다.

칼케돈 공의회에서 하나의 예수가 두 본성을 지니고 있다고 결정했을 때 당시 교회는 그리스 철학의 개념을 빌어 왔는지 모른다. 그러나 이는 경기장에 머물러 있기 위한 노력, 네 편의 복음서가 그린 초상에 충실하기 위한 노력의 결과였다. 그리스도 가현설Docetic Christologies(헬라어 '도케인'δοκειν(보이다)에서 유래한 말)은 예수가 '보기에만' 인간인 신적 존재였다고 함으로써 경기장의 경계를 넘었다. 그리스도 양자설Adoptionist Christologies은 예수를 세례를 받고 난 뒤에야 하느님의 양자가 된 인간 예언자라 봄으로써 경기장 반대편 경계를 넘어섰다. 이 두 가지 해석은 오늘날 예수를 이해하는 다양한 방식 배후에 숨겨져 있다. 나름의 관점에서 일정한 정당성을 지니고 있다 하더라도 이러한 해석들은 네 편의 복음서가 마련한 경기장인 그리스도교 전통 바깥에 있는 것이다. 예수를 그린 이 네 편의 초상화는 다양성을 보장하는 동시에 한계를 설정해주는 자극제이자 제어 장치다.

전기, 신앙, 경배

지금까지 우리는 복음서가 전하는 내러티브를 예수 전기로 보고 전통적인 복음서 상징을 따라 읽었다. 전기는 이야기의 한 형태다. 인류는 이야기를 통해, 곧 해석에 공동체라는 차원을 열어주는 이야기를 통해 자신의 정체성을 찾는다. 이야기는 어떠한 식으로 전달되든 삼각 구도, 곧 저자, 본문, 독자 혹은 이야기꾼, 이야기, 청중이라는 구도를 갖는다. 가족은 가족 모임에서 가족 구성원의 지난 이야기를 들음으로써 자신의 정체성을 찾는다. 한 사회는 구성원들의 이야기를 통해 자신들의 정체성을 담은 역사를 빚어간다. 이처럼 그리스도교 교회가 지닌 위대한 두 이야기는 창조Creation와 성육신Incarnation이다. 전기는 이를 표현하는 이상적인 문학 장르다. 전기는 한 사람의 삶을 통해 의미를 만들어내고create 이를 구체화incarnate하기 때문이다. 유대-그리스도교 전통에는 예로부터 지금까지 창조 교리에 뿌리를 둔 강력한 현실주의적 차원이 있다. 이처럼 현실에 대한 긍정적인 태도를 바탕으로 초기 그리스도교 작가들과 공동체들은 고대 전기라는 장르 아래 그들이 이해한 나자렛 예수를 표현할 수 있었다. 다른 종교 집단이나 철학 학파들도 자신들이 속한 공동체의 시조founder 이야기를 통해 자신들의 정체성을 규정했다. 그러나 최초의 그리스도교인들에게 부활은 다른 종교 집단과 철학 학파들의 이야기들과는 견줄 수 없는 반향을 일으켰다. 부활 기사는 이야기 속 영웅이 사망한 시조가 아니라, 성령을 통하여 영감을 주고 이야기를 창조했고, 또 창조하고 있다고, 이야기를 듣는 이들 가운데 지금도 살아있는 현존이라고 말하기 때문이다. 하느님이 이 현실에, 예수라는 인물 안에서 이 땅에 뿌리내렸다. 후에 만들어진 용어를 빌려 말하자면, 성육신 사건이 일어난 것이다. 이와 마찬가지로 예수는 이야기 안에 뿌리내렸고, 이야기는 내러티브를 통해, 전기라는 양식으로 체현된 신학을 통해 구체화하였다.

학계에서 이루어지든 교회에서 이루어지든 복음서를 살펴볼 때는 이 차원을 결코 잊어서는 안 된다. 어떤 이들은 원자료라든지, 예수에 관한 전승을 보존했던 공동체처럼 본문 '배후의' 문제에만 관심을 기울이며, 어떤 이들은 '하느님 나라' 같은 본문 '안에' 있는 내용과 주제에만 관심한다. 하지만 우리는 관계의 삼각 구도를 염두에 두고 본문 '앞에' 서 있는 이, 바로 독자 혹은 청자를 의식해야 한다. 복음서의 원자료, 내용, 혹은 주제가 무엇이었건, 전기는 본래 사람들이, 사람들에 관해, 사람들을 위해 쓴 것이다. 잘 그린 초상화는 언제나 보는 이가 인물과 대면하게 해주며 그로 하여금 일정한 반응을 끌어낸다. 처칠을 담은 네 편의 그림이 우리를 주인공에게 데려가 우리의 마음에 반향을 일으키듯 네 편의 복음서는 우리를 초대해 질문을 던지게 한다. '그는 어떠한 인물인가?' '그는 어디서 이러한 권위를 얻었는가?' 그리고 이제 가장 중요한 질문이 솟아오른다. '나는 그를 어떻게 대해야 하는가?' 이 책은 네 편의 복음서가, 그 다양성에도 불구하고 독자들로 하여금 한 예수와 대면하게 한다고, 예수가 곧 하느님이라는 깨달음을 얻게 해준다고 주장했다. 그리스도교 독자들은 여기에 동일한 반응을 보였다. 그들은 믿음을 갖게 되었으며, 이는 경배로 이어졌다. "나의 주님, 나의 하느님!" (요한 20:28)

에제키엘이 본 환상에서 하느님의 보좌를 떠받치는 천사(거룹)들의 얼굴은 사자, 인간, 소, 독수리의 모습을 하고 있었다(에제 1:10, 10:14). 성 요한의 묵시록에서도 이 네 생명체는 하느님의 보좌를 둘러서 있다(묵시 4:7). 이 네 생명체가 하느님께 영광을 돌릴 때면, 천사들과 원로들, 그리고 주위에 있는 무수한 사람은 하느님을 향해 엎드려 경배한다(묵시 4:10, 5:8,11,14). 결국 이 네 상징은 '경배'라는 정황 속에서만 이해할 수 있다. 켈스의 서에 복잡하게 그려진 그림들이 그러하듯, 성 마르코의 날뛰는 사자, 성 마태오의 이스라엘 선생인 인간, 성 루가의 무거운 짐 짊어지고 가는 소, 그리고 성 요한의 높이 나는 독수리는 우리가 네 편의 복음서를 분명하게 이해하도록 도와준다. 그리하여, 우리는 한 예수를 볼 수 있게 된다.

성 마르코의 날뛰는 사자,

성 마태오의 이스라엘 선생인 인간,

성 루가의 무거운 짐 짊어지고 가는 소,

그리고 성 요한의 높이 나는 독수리는

우리가 네 편의 복음서를

분명하게 이해하도록 도와준다.

그리하여, 우리는

한 예수를 볼 수 있게 된다.

추천 도서 목록

1장 네 편의 복음서

복음서 비평 관련

· **Richard A. burridge,** *What are the Gospels? A Comparison with Graeco-Roman Biography*, SNTS Monograph Series 70 (Cambridge University Press, 1992, revised second edition, Grand Rapids: Eerdmans, 2004).

복음서가 일종의 고대 전기임을 입증하는 내 박사 학위 논문을 출판한 책으로 상당 부분 내용을 새롭게 하고 수정했다.

· **Paula Gooder (ed.),** *Searching for Meaning: An Introduction to Interpreting the New Testament* (London: SPCK, 2008).

세계의 주요 학자들이 신약성서 관련 다양한 비평 도구, 방법, 접근에 관해 쓴 기초적인 소논문들을 엮어놓은 유익한 책.

교부들의 저술에 나온 복음서 상징에 관한 다양한 설명

· **T.C. Skeat,** 'Irenaeus and the Four-Gospel Canon', *Novum Testamentum* 34.2 (1992), pp. 194-199.

  이레네우스에 관한 쉽고도 간결한 논문. 신학 전문독자라면 고전이라 할 수 있는 테오도르 찬Theodor Zahn의 독일어 논문 한 편을 살펴볼 수 있겠다.

· **Theodor Zahn,** 'Die Thiersymbole der Evangelisten', pp. 257-275. of volume II, *Der Evangeliencommentar des Theophilus von Antiochen,* in his series *Forschungen zur Geschichte des neutestamentliche Kanons und altkirche Literatur* (Erlangen: Andreas Deichert, 1883).

삽화가 있는 복음서 사본

· **George Henderson,** *From Durrow to Kells: The Insular Gospel books 650-800* (London: Thames and Hudson, 1987).

  흑백사진자료를 다량 수록한, 이 분야에 관한 가장 포괄적인 자료집. 각 삽화 복음서를 따로 살피고자 한다면 다음 책들을 추천한다.

· **Michelle P. Brown,** *The Lindisfarne Gospels and the Early Medieval World* (London: British Library, 2010).

· **Janet Backhouse,** *The Lindisfarne Gospels* (Oxford: Phaidon, 1987).

· **Bernard Meehan,** *The Book of Kells: An Illustrated Introduction* (London: Thames and Hudson, 1995).

위의 책들은 모두 수많은 삽화를 수록하고 있다. 그리고 런던에 있는 대영 도서관에서는 린디스파른 복음서, 더블린에 있는 트리니티 칼리지에서는 켈스의 서 CD-Rom 자료를 구할 수 있다.

2~5장 복음서

아래에 소개하는 책들은 여러 복음서를 다룬 책들이며 유용하면서도 읽기 쉽다. 또한 손쉽게 구할 수 있는 저작들이다.

· **Graham N. Stanton,** *The Gospels and Jesus* (Oxford University Press, second edition, 2002).『복음서와 예수』(대한기독교서회)

시중에서 구할 수 있는 최고의 복음서 입문서. 1부에서는 각 복음서를 차례로 살피고 2부에서는 예수와 관련한 문제들을 다룬다.

· **Edward Adams,** *Parallel Lives of Jesus: Four Gospels - One Story* (London: SPCK, 2011).

각 복음서 내러티브를 차례로 기술한 책. 각 복음서가 여섯 개의 주요 사건을 어떻게 다루는지를 흥미롭게 비교한다.

· **Pheme Perkins,** *Introduction to the Synoptic Gospels* (Grand Rapids: Mich.: Eerdmans, 2007).

복음서가 어떻게 기록되었는지, 그리고 그 원자료로 추정되는 것에 관해 유용한 내용을 담고 있는 책. 마르코, 마태오, 루가의 복음서에 대한 문학적 접근을 차례로 소개하고 이후 등장한 복음서에 관한 논의를 소개하면서 내용을 마무리한다.

· **Stephen C. Barton,** *The Spirituality of the Gospels* (London: SPCK, 1992). 『사복음서의 영성』(CLC)

각 복음서 저자가 예수 안에 나타난 하느님의 현존을 어떻게 이해하는지를 밝히는 책. 학문적으로 성과를 거둔 유용한 저서다.

· **F.J. Matera,** *Passion Narratives and Gospel Theologies: Interpreting the Synoptics Through Their Passion Stories* (New York: Paulist Press, 1986).

마르코와 마태오, 루가의 복음서를 차례로 다루며 특히 수난 내러티브를 각 복음서의 신학과 연관 지어 해설하고 있다.

2장 마르코의 복음서

주석서

· **Eduard Schweizer,** *The Good News According to Mark* (London: SPCK, 1971).

마르코의 복음서에 관한 고전적인 주석으로 꼽힌다.

· **Morna D. Hooker,** *The Gospel According to St Mark in the Black's New Testament Commentaries Series* (London: A&C Black, 1991).

읽고 이해하기 쉬운 주석으로, 대부분의 영역에서 논의가 훌륭하다.

· **Ched Myers,** *Binding the Strong Man: A Political Reading of Mark's Story of Jesus* (New York: Orbis, 1988, 2008). 『강한 자 결박하기』(대장간)

마르코의 복음서를 로마 제국이라는 사회학적, 정치적 배경을 염두에 두고 읽어낸 탁월한 책. 지난 20년간 엄청난 영향력을 행사했다.

마르코의 내러티브 기법과 관련하여

· **Robert C. Tannehill,** *'The Gospel of Mark as Narrative Christology' in Perspectives on Mark's Gospel, Semeia* 16 (1979), pp. 55-95.

마르코의 복음서를 예수에 관한 이야기로 보며 접근한 고전적인 논문.

· **David Rhoads and Donald Michie,** *Mark as Story: An Introduction to the Narrative of a Gospel* (Philadelphia, Penn.: Fortress Press, 1982). 『이야기 마가: 복음서 내러티브 개론』(이레서원)

마르코의 복음서에 담긴 수사법, 정황, 이야기 구성, 인물을 문학적 관점에서 연구한 탁월한 저작으로 이 저작 이후 문학적 관점을 바탕으로 한 접근이 큰 영향력을 행사하게 되었다. 조아나 듀이Joanna Dewey가 참여한 개정판(1999, 2012)에는 이 복음서의 구전성oral nature에 관한 논의를 추가했다.

마르코의 복음서의 심화된 독서를 돕는 책들

· **William Telford (ed.),** *The Interpretation of Mark,* Issues in *Religion and Theology* 7 (London: T & T Clark, second edition, 1995).

1960년대와 70년대에 발표된 마르코 복음서 관련 주요 논문을 모아 놓은 모음집으로 서문이 특히 도움을 준다.

· **William Telford,** *The Theology of the Gospel of Mark* (Cambridge University Press, 1999).

가장 중요한 마르코의 복음서 연구자가 쓴 탁월한 개론서.

· **Elizabeth Struthers Malbon,** *Mark's Jesus: Characterization as Narrative Christology* (Waco, Tex.: Baylor University Press, 2009).

마르코의 복음서 기사에서 마르코가 예수와 다른 사람들의 인물을 어떻게 설정하고 이것이 어떻게 상호작용을 일으키는지를 세밀하게 연구한 책.

· **Jack Dean Kingsbury,** *The Christology of Mark's Gospel* (Philadelphia, Penn.: Fortress Press, 1983).『마가의 기독론』(나단)

하느님 아들, 그리고 사람의 아들을 포함한 예수의 정체에 관한 다양한 이론을 상세하게 다룬 책.

3장 마태오의 복음서

주석서

· **Eduard Schweizer,** *The Good News According to Matthew* (London: SPCK, 1976).『마태복음』(국제성서주석, 한국신학연구소)

신학적, 영적 통찰이 적절한 조화를 이루고 있는 주석.

· **W.D. Davies and Dale C. Allison,** *The Gospel According to St Matthew* in the International Critical Commentary Series (Edinburgh: T & T Clark, Vol. 1,1988, Vol. 2,1991, Vol. 3,1997).

향후에도 영향력을 행사할 만한 최고의 주석서. 헬라어 본문에 바탕을 두고 있어 두껍고 값도 비싸지만, 도서관에 소장하고 참고할 만한 가치가 있다. 1권에서는 많은 분량을 할애하여 마태오 복음서의 모든 주요 문제를 소개하고 있다.

마태오의 복음서 내용, 주제, 내러티브 관련

· **Graham N. Stanton (ed.),** *The Interpretation of Matthew,* Issues in Religion and Theology 3 (Edinburgh: T & T Clark, second edition, 1995).

유용한 논문들을 모아놓은 모음집. 엮은이가 마태오의 복음서 관련 학계 논의를 탁월하고 명료하게 소개했다.

· **Graham N. Stanton,** *A Gospel for a New People: Studies in Matthew* (Edinburgh: T &T Clark, 1992).

가장 중요한 마태오의 복음서 연구자 중 한 사람의 저작. 유익한 서론과 함께 본론에서는 마태오의 복음서에 대한 다양한 접근, 복음서가 지닌 여러 주제, 교회와 회당이 분리되는 배경 등에 관해 논의한다.

· **Warren Carter,** *Matthew: Story-teller, Interpreter, Evangelist* (Peabody, Mass.: Hendrickson, 1996, 2006).

모든 주요 영역을 분명하게 다루며, 오늘날 정황에서 마태오의 복음서를 어떻게 읽고 이해할지 유익한 안내를 제공한다.

· **Ulrich Luz,** *The Theology of the Gospel of Matthew* (Cambridge University Press,

1995). 『마태공동체의 예수 이야기』(대한기독교서회)

유럽에서 가장 대표적인 마태오의 복음서 주석가 중 한 사람의 유익한 개론서.

· **Jack Dean Kingsbury,** *Matthew as Story* (Philadelphia, Penn.: Fortress Press, revised second edition, 1988). 『이야기 마태복음』(요단)

마태오가 예수, 제자들, 유대교 지도자들을 다루는 방식에 내러티브 연구를 적용한 저작.

4장 루가의 복음서

주석서

· **F. Evans,** *Saint Luke* (London: SCM Press, 1990).

주요 영역에 대한 서론에 100쪽 넘는 지면을 할애하고, 나머지 800페이지 가량에 주석을 할애했다. 방대한 분량 덕에 다소 비싸지만 저자가 평생 연구해온 연구결과를 담고 있으며 도움을 주는 통찰들 또한 풍부하다.

· **Joseph A. Fitzmyer,** *The Gospel According to Luke,* Anchor Bible Vol. 28 on Lk. 1—9 and Vol. 28A on Lk. 10—24 (New York: Doubleday, 1981/1985). 『앵커바이블 누가복음 1,2』(CLC)

이 책의 서론은 이 분야에서 손꼽힐 만큼 뛰어나며, 상세한 주석과 해설을 담고 있다.

루가의 복음서 신학과 관심사 관련

· **Hans Conzelmann,** *The Theology of St Luke* (New York: Harper & Row, 1960, Philadelphia, Penn.: Fortress Press paperback edition, 1982).

　'시간의 중심'Die Mitte Der Zeit(1953/57)의 영문판으로 루가의 복음서가 지닌 구속 신학에서 역사와 지리가 지니는 위상을 연구한 고전이다.

· **Joel B. Green,** *The Theology of the Gospel of Luke* (Cambridge University Press, 1995). 루가의 복음서 신학의 전반을 아우르는 명쾌한 개론서.

· **Robert C.Tannehill,** *The Narrative Unity of Luke-Acts: A Literary Interpretation, Vol. I* (Philadelphia, Penn.: Fortress Press, 1986).

　내러티브 비평을 적용해 루가의 복음서에 등장하는 예수, 사람들, 제자들, 권력자들에 관한 기사를 분석한 저작. 2권(1990)에서는 같은 방법으로 사도행전을 분석한다.

5장 요한의 복음서

주석서

· **Richard A. Burridge,** *John* (Oxford: Bible Reading Fellowship, 1998, 2008, 2010). 각 구절에 관한 논의를 기도를 곁들여 이해하기 쉽게 해설한 책. 캔터베리 대주교는 2008년 람베스 회의Lambeth Conference 2008를 위한 예비 연구에 이 책을 선정하였다.

· **Raymond E. Brown,** *The Gospel According to John,* Anchor Bible Vol. 29 on Jn. 1-12 그리고 29*A on Jn.* 13-21 (NewYork: Doubleday, 1966/1970, New Haven, Conn.: Yale University Press, 2007). 『앵커바이블 요한복음 1, 2』(CLC)

　　요한의 복음서와 관련해 고전적인 저작. 본문에 관한 주요 쟁점을 잘 소개한 서론뿐 아니라 본문 주석 역시 탁월하다. 이 책 서론은 프란시스 J.몰로니Francis J. Moloney가 편집해 개정 출판한 바 있다. *An Introduction to the Gospel of John* (NewYork: Doubleday, 2003). 『요한복음 개론』(CLC)

· **Andrew T. Lincoln,** *The Gospel According to St John,* Black's New Testament Commentary (London: A & C Black, 2005).

　　현대적인 주석서로, 최신 정보를 반영한 서론을 담고 있다. 보급판으로 구할 수 있다.

요한 내러티브의 배경과 신학

· **John Ashton (ed.),** *The Interpretation of John,* Issues in Religion and Theology 9 (Edinburgh: T & T Clark, second edition, 1997).

　　역사적으로 중요한 관련 논문들을 엮어둔 선집으로, 서론이 포함되어 있다.

· **Warren Carter,** *John: Story-teller, Interpreter, Evangelist* (Peabody, Mass.: Hendrickson, 2006).

　　요한의 복음서의 장르, 플롯, 등장인물을 명쾌하게 설명한 개론서. 오늘날

다종교 세계에서 요한의 복음서를 읽고 해석하는 방법에 대한 지침을 제공한다.

· **Ruth Edwards,** *Discovering John* (London: SPCK, 2003).
요한의 복음서를 이해하는 데 있어 다루어야 할 여러 핵심 쟁점을 다룬 훌륭한 저작. 읽고 이해하기 쉽다.

· **D.M. Smith,** *The Theology of the Gospel of John* (Cambridge University Press, 1995). 『요한복음 신학』(한들)
주요 신학 주제를 폭넓게 다룬 탁월한 저작.

· **Barnabas Lindars,** *John, JSNT New Testament Guides* (Sheffield Academic Press, 1990).
제4복음서 연구와 관련한 주요 쟁점을 간결하고 이해하기 쉽게 소개한 개론서.

· **R. Alan Culpepper,** *Anatomy of the Fourth Gospel: A Study in Literary Design* (Philadelphia, Penn.: Fortress Press, 1983). 『요한복음 해부』(요단)
복음서 연구의 관심사를 배경이라는 문제에서 내러티브, 플롯, 인물 설정, 암시된 해설, 독자의 역할 연구로 옮겨놓는 혁명을 일으킨 책.
성서 이야기를 톨킨과 C.S.루이스 문학에 비추어 좀 더 살펴보고자 하는 이는 다음 책을 참조하라.

· **Richard A. Burridge,** *Faith Odyssey: A Journey Through Life* (Oxford: Bible Reading

Fellowship; Grand Rapids, Mich.: Eerdmans, revised edition, 2003).

6장 하나의 예수?

신약성서 정경 확립 관련

· **Harry Y. Gamble,** *The New Testament Canon: Its Making and Meaning* (Philadelphia,

Penn.: Fortress Press, 1985, Eugene, Oreg.: Wipf & Stock, 2002).

간결하고 명쾌한 해설서. 복음서 관련 부분은 24~35쪽.

· **Bruce M. Metzger,** *The Canon of the New Testament: Its Origin, Development, and*

Significance (Oxford: Clarendon, 1987). 『신약정경형성사』(기독교문화사)

초대 교부들의 저술에 담긴 모든 증언을 충실하고 상세하게 다루었다.

특히 '복음서의 다양성'(262~264쪽)과 복음서 순서의 다양성을 다룬 부분

(296~297쪽)을 참조하라.

역사적 예수 연구 관련

· **E. P. Sanders,** *The Historical Figure of Jesus* (Harmondsworth: Allen Lane, Penguin,

1993, 1995).

관련 분야에서 가장 읽기 수월한 저작. 학문적으로 심화된 읽기를 원하는

이들은 샌더스가 쓴 *Jesus and Judaism* (London: SCM Press, 1985) 『예수와 유대교』(크

리스챤다이제스트)를 참조하라.

· **N.T. Wright,** *Who was Jesus?* (London: SPCK, 1992, 2005).

가벼운 분량이지만 생동감 있는 논의를 담은 보급판. 다양한 역사적 예수 탐구Quests를 간단히 살피고, 잘 알려진 특정 관점을 비판한 후 라이트 자신의 대안적 주장을 개괄적으로 실어 두었다. 보다 학문적으로 이를 다룬 책으로 같은 저자가 쓴 *New Testament and the People of God* (London: SPCK, 1992) 『신약성서와 하나님의 백성』(크리스챤다이제스트), *Jesus and the Victory of God* (London: SPCK, 1996) 『예수와 하나님의 승리』(크리스챤다이제스트), *The Resurrection of the Son of God* (London: SPCK, 2003) 『하나님의 아들의 부활』(크리스챤다이제스트)이 있다.

· **Gerd Theissen and Annette Merz,** *The Historical Jesus: A Comprehensive Guide* (London: SCM Press, 1998). 『역사적 예수』(다산글방)

역사적 예수 논의를 상세하고 철두철미하게 다룬 책.

진리에 관한 고대 세계의 이해 관련

· **Christopher Gill and T. P. Wiseman (eds),** *Lies and Fiction in the Ancient World* (Exeter University Press, 1993).

다양한 유형의 고대 문학을 아우르는 흥미로운 논문 선집. 안타깝게도 전기문학은 다루지 않았다.

· **B.R. Pelling,** 'Truth and Fiction in Plutarch's Lives' *in* **A. Russell** (ed.), *Antonine Literature* (Oxford University Press, 1990), pp. 19-52.

한 사람의 고대 전기 작가라는 주제를 상세하게 다루었다.

다양한 예수 초상 관련

· **Richard A. Burridge and Graham Gould,** *Jesus Now and Then* (London: SPCK; Grand Rapids, Mich.: Eerdmans, 2004).

신약성서에서 초대 교회와 칼케돈 공의회를 거쳐 오늘날의 논쟁에 이르기까지 그리스도론 논의를 알기 쉽게 다루었다.

· **Jaroslav Pelikan,** *Jesus through the Centuries: His Place in the History of Culture* (New Haven, Conn.: Yale University Press, 1985, 1999).『예수, 역사와 만나다』(비아)

초기 그리스도교부터 20세기에 이르기까지 수많은 예수 기사를 다룬, 가장 읽기 쉽고 흥미로운 저작. 그림을 곁들인 설명을 찾는 이는 같은 저자가 쓴 *The Illustrated Jesus through the Centuries* (New Haven, Conn.: Yale University Press, 1997)를 참조하라.

복음서의 다양성 관련

· **Oscar Cullmann,** 'The Plurality of the Gospels as a Theological Problem in Antiquity' in his collection *The Early Church: Studies in Early Christian History and Theology*, ed. A. J. B. Higgins (Philadelphia, Penn.: Westminster Press, 1956), pp. 37-54, translated from the original German article in *Theologische Zeitschrift*, i (1945), pp. 23-42.

· *Interpretation*, volume 33.4 (October 1979)에는 Charles H. Talbert, 'The Gospel and the Gospels', pp.351-362, Jack Dean Kingsbury, 'The Gospel in Four

Editions', pp.363-375, Robert Morgan, 'The Hermeneutical Significance of Four Gospels', pp. 376-388. 등 유용한 논문들이 담겨 있다.

· **Graham N. Stanton,** *'The Fourfold Gospel', New Testament Studies* 43 (1997), pp.317-346. 이 논문은 Graham N. Stanton, *Jesus and Gospel* (Cambridge University Press, 2004), chapter 2, pp.63-91에 다시 수록되었다. 이 책은 그가 때 이른 죽음을 맞기 직전에 출간되었으며, 세계 신약학계를 주도하는 학자 중 한 명이었던 그의 주요 논문들을 수록해놓았다. 탐독할 가치가 충분한 책이다.

| 찾아보기 |

ㄱ

가리옷(가롯) 유다 Judas Iscariot 88, 96, 107,
116,140, 142, 155, 170~171, 176, 199, 206,
218, 221, 274~275, 277

가장 큰 계명 Greatest Commandment 140, 163,
205

간디, 마하트마 Mahatma Gandhi 304

개정공동성서정과Revised Common Lectionary 290

경배worship 128, 132, 134, 137~139, 142~143,
156, 160, 172, 175~176, 235, 289, 299~300,
311~312, 314

교부early church Father 53, 58, 65, 77, 119, 286,
288, 310, 318, 328

구성 비평composition criticism 47

구조structure 28, 30~31, 50, 54~55, 78, 84~86,
90, 102, 112, 114~115, 145~147, 186, 188,
190, 206, 239, 241~242, 246, 291, 301

그리스바흐J.J.Griesbach 39

기적miracles 42, 46, 48, 87~89, 92, 103, 119,
139, 143, 157~158, 184, 195, 199, 201, 217,
228, 235, 241~242, 251, 259~260, 281, 296,
303

ㄴ

내러티브narrative 32~33, 41, 47~49, 54~55,
65, 71, 75, 78, 80, 82~85, 88, 91, 94, 101, 111,
118, 120, 122, 125~127, 130, 144, 146~147,
156~157, 164, 169, 182~183, 186, 188, 190,
197, 211, 220, 241, 244, 247~248, 250, 254,
255~256, 267~268, 273~274, 287, 296, 301,
307~308, 312~313, 319~321, 323~327

내포 독자implied reader 52

ㄷ

(복음서의) 다양성 Plurality of gospels 286~287,
301~302, 305~308, 311, 313, 328, 330

다윗David 76, 105, 109, 127~129, 133~134,
138~139, 141, 144, 160, 163, 181, 185, 187,
196, 198, 205

단화pericope 41~42, 45

담화discourses 48, 111, 138, 144, 146~150, 152,
154, 156~159, 161, 163, 203, 222, 240, 247,
250~251, 253, 268~270, 272, 274

대상 독자intended reader 51~52, 165, 261

대처, 마거릿 Margaret Thatcher 305

더로우의 서 Book of Durrow 68

뒤러, 알브레히트Dürer Albrecht 303

디카이아르쿠스Dicaearchus 235

ㄹ

루터, 마르틴 Martin Luther 53, 303

린디스파른 복음서 Lindisfarne Gospels 69, 74,
124, 134, 178, 230, 319

ㅁ

마이어스와 브릭스 Myers-Briggs 308

모건, 로버트 Robert Morgan 306

모세Moses 62, 133~135, 137~139, 141, 144,
146, 180, 184, 226, 228, 233, 236~237, 243,
252~253, 261, 264, 296

문학 비평literary criticism 33, 36, 51, 55, 58, 83,
244, 250, 295

ㅂ

바리사이파(바리새파) Pharisees 43, 89, 92, 101,
112, 136, 140, 143, 149, 151, 158~161, 163,
165, 167, 194~196, 198, 203~207, 209~210,
215, 228, 239, 248, 252, 259~260, 263

바흐, 요한 제바스티안 Johann Sebastian Bach 54,
303

반지의 제왕 Lord of the Rings 232, 257, 277~278

베드로Peter 57, 79~81, 85, 88, 93, 95~98,
102~105, 114, 142, 154~157, 159, 161, 175,
182, 194~195, 197, 199~202, 210, 212, 215,
217, 221~222, 239, 261, 265~266, 269~272,
275, 279~280, 307

변모transfiguration 38, 95, 97, 103~104, 138, 161,
200~201, 215, 226

보른캄, 귄터Günther Bornkamm 46

본회퍼, 디트리히 Dietrich Bonhoeffer 304

불트만, 루돌프 Rudolf Bultmann 29, 41~42

브라이언의 생애 The Life of Brian 305

비르카트 하미님birkath ha-minim 166, 263

비유parables 32, 36, 38, 42, 47, 66, 88, 92~93,
99, 110~111, 140, 143~146, 148~153, 159,
162, 164, 167~168, 192, 204~205, 209~213,
215, 218~219, 233, 240, 297

빌라도Pilate 85, 116, 171, 206, 221, 223, 254,
275~276, 292~293

ㅅ

사도행전Acts of the Apostles 26, 179, 182~183,
188, 191~193, 201~202, 204, 206, 212,
215~217, 220, 222~223, 229, 263, 325

사람의 아들(인자) Son of Man 43, 101, 103~105,
115, 118, 142~143, 150, 153~154, 163, 196,
322

산상 설교 Sermon on the Mount 48, 145, 147, 157

삼위일체Trinity 58, 234, 309

상징symbols 20, 51, 59~61, 63~72, 75, 77, 89,
110~111, 114, 125~126, 168, 179~181, 208,
214, 231~234, 248, 251~253, 258, 261, 269,
272, 286, 288, 300, 308, 310, 312, 314, 318

서덜랜드, 그레이엄 Graham Sutherland 304~306

성령Holy Spirit 57, 58, 80, 90, 130, 136, 195,
207, 216~217, 219, 229, 245, 269, 270, 300,
313

성전Temple 61, 82, 84, 106~114, 117, 136,
138~139, 141, 161~162, 166, 171, 181,
183~186, 188, 190~191, 202, 204~207, 212,
214~215, 220, 226, 229, 240, 243, 245, 258,
261, 267, 298

성취(이루다)fulfilment 49, 52, 128, 130,

133~134, 136~137, 139~141, 144, 150, 162, 164~165, 167, 169~170, 172, 186, 192~193, 207, 209, 217, 219, 227~228, 265, 273, 276~278, 289

세례자 요한 John the Baptist 37, 66, 77~79, 135, 152, 158~159, 183, 185, 187, 194~195, 198, 205, 217, 228, 235~236, 239, 241, 246, 251, 253, 256, 258, 265

소크라테스Socrates 295, 303

수사rhetoric 50, 55, 294, 321

수용사reception history 54

(복음서의) 순서order of the gospels 62~64

슈미트, 칼 Karl Ludwig Schmidt 29, 41~42

시편Psalms 66, 70, 77, 108, 117, 126, 138, 146, 172~173, 180~181, 184, 225, 233, 253, 264, 276, 279, 284

C.S.루이스C.S.Lewis 76, 78, 86, 99, 218~219, 231~232, 327

ㅇ

아그리콜라Agricola, governor of Britain 293~294

아브라함Abraham 127~130, 133~134, 141, 144, 168, 177, 184~185, 187~188, 209, 243, 253, 261

아슬란Aslan 76~78, 86, 98, 116, 122, 231

아우구스투스Augustus, emperor 187

아우구스티누스(캔터베리 대주교) Augustine, Archbishop of Canterbury 67, 68

아우구스티누스(히포의 주교) Augustine, Bishop of Hippo 36, 39, 64, 287

아이오나Iona 68, 70

안티오키아(안디옥) Antioch 64, 165, 167

암브로시우스Ambrose, Bishop of Milan 63, 66, 68

야브네Yavneh 166

양식 비평form criticism 29, 42, 45~46, 55

에제키엘(에스겔) Ezekiel 59~61, 63~67, 138, 173, 253, 286, 314

엘리야Elijah 117~118, 138, 173, 195, 198, 208, 213, 226

엠마오Emmaus 196, 208, 228

역사적 예수historical Jesus 292, 296~297, 301, 303, 310~311, 328~329

영향 비평effect criticism 54

영향사Wirkungsgeschichte 53~54

예루살렘Jerusalem 48, 81, 87, 105~109, 111~114, 128, 132, 138, 140, 161~163, 165~167, 171, 173, 183, 186, 190~192, 195~196, 203~204, 206, 208, 214, 216, 220, 224, 226, 228~229, 243, 260~262, 267, 291

예수Jesus

    탄생, 유아기/유년기 이야기birth/infancy stories 37, 65, 71, 76, 91, 125, 127, 130, 132~135, 139, 142, 181, 183~184, 187, 193, 218~219, 221, 235, 299, 301

    요한에게 받은 세례baptism by John 30, 76~78, 80, 82~83, 100, 104, 117, 136, 150, 159, 175, 183, 187, 195, 198, 214, 216~217, 234, 239, 291, 311

    활동ministry 43, 47~50, 67, 79, 81, 83, 86~87, 89, 92~94, 106, 126, 134, 140, 146, 156~158, 172, 177, 181, 187, 191, 194, 196, 199, 203, 205, 207, 213, 215~216, 219, 223, 229, 238, 240~241, 243, 251,

261, 269, 279, 291, 297~298, 300

정체identity of Jesus 81, 83, 92, 99, 100,
102~104, 106~107, 111~112, 116, 119,
132~133, 136~137, 139, 141, 143, 160,
166, 169, 172~176, 194~196, 198, 217,
252~253, 256, 275, 281, 299, 312, 322

수난, 십자가와 죽음 Passion, crucifixion and
death 25, 29~31, 38, 48, 54, 67, 68, 71,
81~83, 85, 91, 95~96, 102~105, 107~108,
114~119, 123, 152, 157, 161~162,
164~165, 168~170, 172~176, 189,
193, 199~201, 206, 220~223, 225~228,
240~241, 243~44, 249, 251, 255, 257, 260,
262, 268, 271, 273~279, 286, 289~291,
298~299, 302~304, 309, 320

부활resurrection 31, 37~38, 48, 58, 66, 71,
98, 119~120, 125, 139, 143, 147, 155, 165,
174~175, 191~193, 197, 201~202, 205,
208, 217, 220, 226~228, 242, 245, 253,
267, 271, 278~280, 282, 309, 312, 329

예수 세미나 Jesus Seminar 297

왓슨, 데이비드 David C.K. Watson 40, 43

요하네스 스코투스 에리우게나 John Scotus
Eriugena 233

요한의 묵시록 Revelation 61, 63, 192, 286, 314

(복음서의) 원자료sources of the gospels 40, 44,
46~48, 55, 88, 190, 221, 239, 241, 292, 307,
313, 319

유대교(유대인) Jewish/Jews 42, 52, 60, 80,
88, 111~113, 116, 118, 127~129, 132~133,
140~141, 147, 149, 152, 156, 161, 163~167,

169, 171, 176, 186~188, 192, 213~214,
236~239, 243, 253~256, 258~264, 266~268,
272~273, 275~276, 291, 297~298, 302, 304,
307, 311~312, 324, 328

유대전쟁Jewish War(AD 66~70) 114, 166, 263

유혹temptation 78, 136, 142, 170, 172, 186, 206,
287

이레네우스Irenaeus, Bishop of Lyons 61, 63, 65,
68, 71, 287, 300, 307, 318

이방Gentiles 52, 127, 129~130, 134~135, 137,
141, 158~160, 162~169, 171~172, 175, 177,
187, 190, 206, 208, 213~214, 223, 225, 228,
235, 258, 263, 289

이사야(서) Isaiah 61, 138, 159, 180, 186~187,
197, 207, 233, 236, 253

인물 설정characterization 72, 193, 250, 253,
255~256, 300, 327

일대기lives 30, 35, 55, 76, 128, 182, 221,
234~235, 256, 287, 293~295, 303

ㅈ

잠언Proverbs 77, 126, 180, 208, 233, 237,
239~240

정경canon 58, 63~64, 67, 288, 301, 306~307,
328

제자disciples 37, 46, 78, 80, 83, 85, 87, 89,
93~104, 106, 108~109, 114~115, 118~120,
129, 132, 137, 139, 142~143, 146~149, 151,
153~161, 164~165, 168, 170, 174~177,
191~196, 198~201, 204, 208, 211, 214~215,
217, 219~222, 224~228, 238~239, 242, 245,
251, 256, 259~260, 262~272, 274~275, 277,

279~281, 291, 299, 303, 324~325

종말(론) End/eschatology 100, 111, 114, 139,
149~150, 153, 174, 192, 205, 297

지상명령Great Commission 177

지저스 크라이스트 슈퍼스타 Jesus Christ Superstar
304

(하느님의) 지혜 Wisdom of God 237~238, 253,
261

진리truth 236, 238, 246, 253, 256, 270,
275~276, 281, 292~296, 298, 329

ㅊ

처칠, 윈스턴 Sir Winston Churchill 21~24, 26~27,
29, 33, 70, 285, 288, 305~306, 313

최후의 만찬 Last Supper 38, 107, 120, 170,
200~201, 228, 242, 260, 264, 268, 270~271,
277

축귀(귀신을 내쫓음)exorcism 81, 88~89, 93~94,
96, 101~102, 106, 108, 157, 199, 213, 240

치유(병 고침)healing 41~42, 49, 79~81, 83, 88,
89, 94, 101~102, 105~106, 108, 139~140, 148,
157~161, 199, 201, 203~204, 212, 217, 223,
229, 252, 259, 278~280, 282, 291

ㅋ

카토Cato 295

칼가쿠스Calgacus 294, 296

칼뱅, 장 Jean Calvin 53

칼케돈 공의회 Council of Chalcedon(AD 451) 302,
311, 330

켈스의 서 Book of Kells 20, 67, 70, 121~122,
286, 314, 319

켈트 전통 Celtic tradition 67~69, 71, 286

Q 자료 Quelle 37, 39~40, 88, 90, 126, 144~145,
164, 189, 190, 203, 215, 217, 329

클레멘스Clement of Alexandria 38, 240

키케로Cicero 186

킹, 마틴 루터 Martin Luther King Jr. 304

ㅌ

타키투스Tacitus 31, 293~294, 296

타티아누스Tatian 25, 287, 301, 307

토마스 아퀴나스 Thomas Aquinas 53

톨킨, J.R.R.J.R.R.Tolkien 232, 257~258, 278, 327

통관복음Diatessaron of Tatian 25, 287, 301, 307

ㅍ

패션 오브 크라이스트 The Passion of the Christ
305

편집 비평redaction criticism 46~47, 55

플루타르코스Plutarch 31, 186

플리니우스Pliny 34

필로스트라투스Philostratus 31

ㅎ

하느님(하늘) 나라kingdom of God/heaven 42, 78,
81, 95, 97, 103, 108, 147~148, 150, 152~153,
156, 163~164, 167, 169, 172, 192, 240, 251,
297~298, 300, 302, 313

헌트, 홀먼 Holman Hunt 303

히에로니무스Jerome 64, 66~67, 136

복음서

마태오의 복음서gospel of Matthew

원자료sources 126~127

배경, 기록 연대와 장소 164~168

유년기 내러티브(마태 1~2장) 127~134

세례와 유혹(마태 3~4장) 134~137

산상 설교(마태 5~7장) 48, 144~148, 157

담화(마태 5~7, 10, 13, 18, 23~25장) 144~156

이스라엘과 벌인 갈등(마태 8~23장) 156~168

수난(마태 26~27장) 168~174

부활(마태 26~27장) 174~177

마르코의 복음서gospel of Mark

서두opening chapters 41, 75, 76, 78~80, 82~83, 91

문체와 구조style and structure 78~86, 102~103

샌드위치 구조'sandwiches' 84~86, 90, 109~111, 114

예수의 활동(마르 1~8장) 86~93

예수의 정체(마르 8~10장) 99~106, 299, 322

성전(마르 11~13장) 106~115

수난(마르 14~15장) 115~119

부활(마르 16:1~8) 119~123

루가의 복음서gospel of Luke

서문(루가 1:1~18) 35, 38, 49, 51, 57, 65, 181, 182, 188, 221

유아기 내러티브(루가 1~4장) 181~188, 218

문체와 구조style and structure 182, 188~193

지리적 구조geographical structure 48, 190~191, 193, 206, 228

원자료sources 189, 221

예수의 정체identity of Jesus 193~196, 198, 299

종교 지도자religious leaders 202~207

활동ministry 191, 194, 196, 199, 203, 205, 207, 215, 216, 219, 223

영성Spirituality 214~220

수난(루가 18~19장) 220~226

부활(루가 20~21장) 226~229

요한의 복음서gospel of John

구조structure 48

서문(요한 1:1~18) 234, 236, 237, 238, 242, 244, 250, 251, 254, 256, 277, 279

문체와 구조style and structure 239~250

예수의 정체identity of Jesus 250~257, 299

'유대인들'과 벌인 갈등(요한 2~12장) 258~264

최후의 만찬과 고별 담화(요한 13~17장) 268~272, 274

사랑받는 제자Beloved Disciple 245, 271, 272, 277, 279

수난(요한 18~19장) 243~244, 249, 255, 260, 262, 273~278

부활(요한 20~21장) 278~282

진리truth 292~300

옮긴이의 글

그리스도교인에게나 비그리스도교인에게나, 예수는 여전히 뜨거운 인물이다. 온갖 신학 서적, 신앙 서적뿐 아니라 예수에 관한 문학 작품, 미술 작품, 음악 작품이 쏟아져 나온다. 논란이 될지언정 그는 끊임없이 이 세계 무수한 이에게 영감을 주는 인물이다. 그렇다면 사람들은 어디서 이 영감을 얻을까? 예수를 언급한 가장 오래된 기록은 신약성서에서 제일 큰 비중을 차지하는 바울로의 서신(그중에서도 '데살로니카인들에게 보낸 첫째 편지'(데살로니가전서))이지만, 이 서신들은 주로 예수의 의미에 초점을 맞추고 있으며 예수의 생애, 죽음을 구체적으로 다루고 있지는 않다. 뻔한 답일지도 모르나, 예수라는 인물에 다가서려면 신약성서에 있는 네 편의 복음서를 보아야 한다.

복음서에 관한 수많은 해설서가 나와 있고, 교회에서 수없이 되풀이되어 읽히며 설교나 강론의 소재로 쓰이기에 네 편의 복음서가 2천 년 전에 쓰인 문헌이라는 사실은 종종 간과되곤 한다. 하지만 이는 엄연한 사실이다. 플라톤이 남긴 저작이나 그리스 비극을 원문으로 (혹은 원문을 충실하게 번역한 번역본으로) 읽었을 때 사람들은 친숙함보다는 낯섦을 느낀다. 아득한 시간의 간격이 눈에 들어오고, 그 간격 사이에 있는 인간 이해, 세계 이해의 변화가 감지되기 때문이다. 신앙 혹은 '교리'라는 필터를 벗겨내고 네 편의 복음서를 읽어도 마찬가지다. 분명 바울로의 서신들과는 다른 방식으로 예수라는 인물을 다루고 있으며 이 인물을 중심에 놓고 이야기하고 있기는 하나, 복음서는 예수라는 인물이 구체적으로 어떻게 태어났고, 어떠한 교육을 받았으며, 어떻게 자라나 어떠한 활동을 펼치고 어떻게 죽었는지 오늘날 전기에서 이야기하듯 이야기하지 않는다. 사건들은 매끄럽지 않게 전개되고 일부 내용은 오늘의 시선에서는 신화적이기까지 하다. 게다가 좀 더 세밀하게 들여다보면 네 복음서에는 서로 충돌하는 내용도 있다. 예수가 뜨거운 인물인 만큼이나 네 편의 복음서는 뜨거운 텍스트, 여러 논란을 일으킬 가능성이 잠재된 텍스트다.

이러한 복음서를 두고 오늘날 사람들은 크게 두 가지 방식으로 본문을 읽는다. 하나는 '교리'라는 필터를 가지고, 신앙의 눈으로 네 편의 복음서를 취합해 읽는 것이다. 또 다른 하나는 복음서에 산재한 다름과 모순, 그리고 초자연적인 요소를 걸러내고 일정한 정보를 취합해 읽는 것이다. 이 둘은 이른바 근대적인 관점을 받아들이느냐 받아들이지 않느냐는 점에서 대척점에 서 있는 듯하나 본문의 복수성, 복음서가 지닌 다양성과 다름을 인정하지 않는다는 점에서는 동일하다. 『복음서와 만나다』의 지은이 리처드 A. 버릿지는 이 양극단을 지양하고, 저자-본문-독자라는 관계를 유념하며 복음서'들' 자체를 존중하며 읽는 방식을 택한다.

먼저 버릿지가 주목하는 '다름'은 '저자'다. 알려져 있다시피 네 복음서는 각기 다른 시기와 정황에 속한 각기 다른 사람 혹은 공동체에 의해 기록되었으며, 그리스도교 전통은 이 기자(혹은 공동체)를 마태오, 마르코, 루가, 요한이라 이름 붙였다. 특별히 버릿지는 복음서를 남긴 이들을 '기자'writer가 아닌 '저자'author라 부르는데, 이는 마태오, 마르코, 루가, 요한이 누군가가 불러준 이야기를 단순히 받아 적거나 취합하는 데서 그치지 않고 자신들이 만나고 경험한 예수를 적극적으로 표현, 달리 말해 '해석'했음을 함축한다. '저자의 다름'에 주목함으로써 버릿지는 복음서가 2천 년 전 팔레스타인(좀 더 구체적으로는 각 복음서가 기록되고 읽힌 각기 다른 정황)이라는, 우리와는 상이한 배경 아래 기록되었음을 분명히 할 수 있게 하며, 그들이 우리 시대와 전혀 다른, 나아가 각 저자도 서로 다른 인간 이해와 세계 이해를 갖고 있었음을 염두에 두고 복음서를 읽을 수 있게 한다.

다음으로 지은이가 주목하는 '다름'이자 이 책의 중심이 되는 요소는 '본문이 그린 예수상像'이다. 각기 다른 눈을 가진 저자들이 각기 다른 정황에서 예수를 바라보고 이를 표현, 해석했기에 복음서는 고유의 색채를 지닌 전기들, 예수를 그린 서로 다른 초상화라 할 수 있다. 이 초상화 감상을 돕는 도구로 지은이가 택한 것은 '상징'이다. 그리스도교 전통은 에제키엘서와 요한의 묵시록이 묘사하는 환상적인 장면에 등장하는 네 동물, 곧 인간, 사자, 소, 독수리를 복음서 저자를 가리키는 네 상징으로 여겼다. 버릿지는 이 상징들을 저자들이 그린 예수 초상의 특성으로 두고 각 복음서를 읽는다. 그에 따르면 마르코가 그려낸 예수는 사자와 같이 홀연히 나타나 포효하듯 하느님 나라를 선포하며 사방을 빠르게 다니다가 자신의 보금자리에서 죽임을 당한다. 이와 달리 마태오는 인간의 모습을 한 이스라엘 선생 예수를 그려 예수가 이스라엘을 위해 참된 가르침을 주는 지성, 곧 선생이며 모든 것을 밝히 드러내는 이임을 보여주려 한다. 루가는 예수를 모든 무거운 짐 진 자의 짐을 대신 지고 흔들림 없이 목표를 향해 나아가는, 모든 이에게 필요한 존재인 소로 그리며, 마지막으로 요한이 그린 예수는 모든 시간과 공간, 역사와 지리를 훌쩍 뛰어넘은 높은 곳에서 모든 것을 내려다보며 그를 따르는 이들에게 참된 진리를 은밀히 드러내는 독수리다. 버릿지는 이 네 상징을 각 복음서가 그린 예수의 특징을 가리키는 것으로 삼는 데는 학자일 뿐 아니라 그리스도교인들의 신앙을 인도하는 사제로서 그리스도교 신앙 전통을 존중하는 마음이 담겨있다. 하지만 그렇다고 해서 학자로서의 그의 모습이 가려지지는 않는다. 예민한 독자들이라면 각 복음서의 내용을 살필 때 버릿지가 현대 신약학의 논의들을 충분히 이해하고 또 소개하고 있으며 동시에 버릿지 특유의 시선 또한 담아 놓고 있음을 어렵지 않게 알 수 있을 것이다.

　네 편의 초상이 지닌 특징을 살핀 뒤 버릿지는 복음서에 담긴 예수의 초상을 인류가 어떠한 식으로 해석해 왔는지를 간단히 언급한다. 그리고 그 끝, '지금, 여기'에 독자, 바로 우리가 있다. 버릿지도 말했듯 그리스도교 전통은 예수를 따르는 척도, 정경canon으로 하나가 아닌 네 편의 복음서를 선택함으로써 세계사에 유례없이 등장했던 한 인물을 다양한 방식으로 보도록 허용했다(하나의 답만을 원하는 신앙인들에게는 이 자체가 도전적인 사실일지도 모른다). 한편 그리스도교 전통이 복음서 정경을 넷으로 한정했다는 사실은 그 다양한 시선에도 한계가 있음을 일러준다(무한한 자유를 갈망하는 현대인들에게는 이 자체가 하나의 도전이 될 것이다). 인류는 네 편의 경계선이 그어진 경기장 안에서, 다양한 방식으로 예수를 발견해왔다. 때로는 그 경계선을 지나치게 협소하게 재단해 좁은 방식으로 예수를 볼 때도 있었고, 때로는 그 경계선을 넘어서 지나치게 자의적인 방식으로 예수를 볼 때도 있었다. 이 양극 사이에서 창조적이고 풍요로운 해석이 나올 때도 있었다. 언젠가, 또 다른 발견이 이루어지면 이 경계선 자체가 바뀔지도 모르며, 예수를 발견하고 해석하는 경기 자체가 커다란 전환을 겪을지도 모르겠다. 하지만 설사 그렇다 할지라도 지금 여기서 이루어지고 있는 경기의 규칙을 알아야 한다는 점은 변하지 않는다. 이 책의 안내를 따라 복음서를 살피는 길은 이를 위한 유익한 첫걸음이 될 수 있다.

아울러 성서를 곁에 두고 이 책을 함께 읽기를 권한다. 방대하게 인용된 성서 구절을 함께 살피며 버릿지의 이야기를 따라간다면 한결 더 풍요로운 읽기가 될 것이다. 그리고 그럼으로써 네 편의 복음서와 이 책이 가리키는 한 인물, 예수를 더욱 분명하게 볼 수 있으리라 믿는다. 한편 이 책을 한국어로 옮기며 인명과 지명 등 고유 명칭

은 교회 일치를 위해 개신교와 천주교가 협력해 번역한 『공동번역 개
정판』(1999)의 표현을 존중하되 본문을 인용할 때는 지은이가 영어
번역본으로 사용한 신개정표준역NRSV: New Revised Standard Version과 유사
한 대한성서공회판 『새번역』(2004)을 따랐다. 같은 맥락에서 공동번
역과 새번역의 책 이름, 인명 및 지명 등이 다른 경우, 단어가 처음
나올 때 두 이름을 함께 적었음을 밝혀둔다(예: 마르코의 복음서(마가복
음), 갈릴래아(갈릴리)).

2017년 공현절 즈음

손승우

덧붙이는 말

각 복음서를 읽는 방법이 여럿 있듯이 이 책도 다양한 방식으로
읽을 수 있다. 지은이가 제시하듯 이 책을 순서대로 따라가며 상징을
중심으로 '날실'을 읽어내는 것도 방법이지만, 주제에 주목하여 횡으
로 '씨실'을 읽는 것도 한 가지 방법이 될 수 있다. 세례나 최후의 만
찬, 십자가, 부활 등 사건을 비교하며, 혹은 종교 지도자나 제자들,
베드로 등 등장인물 묘사를 대조하며, 복음서들이 함께 다루지만 관
점을 달리하는 요소를 씨실로 엮어낸다면 이 책을 더욱 입체적으로
활용할 수 있을 것이다. 337쪽에는 이 책을 이와 같은 방식으로 쓸 수
있도록 각 복음서가 다루고 있는 주제에 따라 별도의 색인을 마련해
두었다.

복음서와 만나다
- 예수를 그린 네 편의 초상화

초판 1쇄 | 2017년 2월 5일
　　 3쇄 | 2022년 10월 15일

지은이 | 리처드 A. 버릿지
옮긴이 | 손승우

발행처 | 비아
발행인 | 이길호
편집인 | 이현은
편　집 | 민경찬 · 양지우
검　토 | 박용희 · 김경민
제　작 | 김진식 · 김진현 · 이난영
재　무 | 이남구 · 김규리
마케팅 | 유병준 · 김미성
표지그림 | 유지혜

출판등록 | 2020년 7월 14일 제2020-000187호
주　소 | 서울시 강남구 봉은사로 442 75th Avenue 빌딩 7층
주문전화 | 010-2088-5161
이메일 | innuender@gmail.com

ISBN | 978-89-286-3758-4 03230
한국어판 저작권 ⓒ 2017 ㈜타임교육C&P